HEYNE BIOGRAPHIEN

Zu den Autoren

BRYAN HAMMOND ist Buchhändler, der sich auf die darstellenden Künste spezialisiert hat. Er hat als historischer Berater bei der Filmdokumentation über Josephine Baker (›Chasing A Rainbow‹, 1986) mitgewirkt und besitzt ein einzigartiges Baker-Archiv.

PATRICK O'CONNOR, 1949 in London geboren, ist Chef-Herausgeber der Opera New York. Seine Artikel und Essays sind in vielen Zeitschriften erschienen, u. a. in The Times Literary Supplement, Observer und Independent.

Bryan Hammond
Patrick O'Connor

JOSEPHINE
BAKER

Die schwarze Venus

Deutsche Erstausgabe

Wilhelm Heyne Verlag
München

HEYNE BIOGRAPHIE
12 / 215

Aus dem Englischen übersetzt
von Annekatrin Gudat

Titel der Originalausgabe:
JOSEPHINE BAKER

ISBN 3-453-05334-6

Inhalt

Das sensationellste Weib,
das Menschenaugen je gesehen haben oder je sehen werden.

Ernest Hemingway

Geleitwort

Sie strahlte. Sie zauberte. Sie wollte bewundert werden. »Schaut mich an! Schaut mich an!«

So werde ich Joséphine Baker immer in Erinnerung behalten. Wir waren ungefähr gleich alt und standen auf der Bühne. Sie spielte die Hauptrolle – ich fing gerade erst an. Immer wenn ich ihr am Bühneneingang begegnete, fiel mir auf, mit welcher Erhabenheit sie sich bewegte. Ihren schwarzen, mit Rotfuchs eingefaßten Sealmantel drückte sie liebevoll an ihren Körper wie ein Revuegirl, das seine Schönheit betonen will. »Schaut mich an!« Dann entschwand sie nach Paris.

1929 kam ich mit Lew Leslie's Blackbirds für eine Spielzeit nach Paris ins Moulin Rouge. Joséphine Bakers Name war in aller Munde und zierte die Folies-Plakate in der ganzen Stadt. Ich ging in die Vorstellung, um sie zu sehen. Als sie die Bühne betrat, war ich von ihrem Anblick wahrhaftig geblendet. Dieser honigfarbene Körper, die Federn, das Glitzern – »Schaut mich an!« – und – »Ich bin ein Star!« Ich war so tief beeindruckt von all diesem Glanz, daß ich gar nicht mehr hinter die Bühne ging, um sie zu begrüßen. Am nächsten Tag ließ ich ihr eine kurze schriftliche Mitteilung zukommen; sie antwortete nicht, aber das spielte keine Rolle.

Als ich 1930 wieder nach Paris kam, war die großartige Mistinguett enthront; statt dessen war Joséphine jetzt der Liebling der Pariser. Das eigens für sie geschriebene Lied »J'ai Deux Amours« wurde überall gespielt und gesungen. »Schaut mich an!« Paris folgte ihrem Ruf und betete sie an.

1930 siedelte ich nach London um. Nach dem Krieg (1949) fuhr ich wieder einmal nach Paris. Joséphine feierte Triumphe an den Folies-Bergère. Für ihren großen Auftritt als Maria Stuart, die Königin von Schottland, trug sie eine prachtvolle Robe, die die ganze Bühne bedeckte. Am Ende der Szene sang sie »Ave Maria«. Auch damals suchte ich sie nicht hinter den Kulissen auf. Es war zu lange her.

Einige Zeit später kam Joséphine nach London, um im Café de Paris zu singen. Ich ging mit dem Gefühl in die Vorstellung, daß ich sie dieses Mal willkommen heißen sollte. Ich klopfte also an ihre Garderobentür, sagte meinen Namen und trat ein. Anfänglich schien sie ein wenig überrascht und blieb auf Distanz – völlig verändert –, dann begann sie, von ihrer Familie in Les Milandes zu erzählen, und daß sie Geld brauche – sie trat in Spanien, in der Schweiz oder sonstwo in Cabarets auf.

Sie wirkte traurig und müde – deshalb ging ich nach ein paar Minuten wieder. Als sie dann über die berühmte Treppe des Café de Paris auf die Bühne hinabschritt, war kein Anzeichen von Müdigkeit mehr zu erkennen. Sie sagte wieder »Schaut mich an!«, und ihr ergebenes Publikum kam dieser Aufforderung mit Begeisterung nach.

Das nächste Mal sah ich sie 1960 bei einem Gala-Abend in Monte Carlo. Ein Tusch – und sie trat auf die Bühne. Sie war dicker geworden und trug einen Mandarin-Hosenanzug; ihr Kopf war in dazu passende Seide gehüllt. Sie sang vor einem unaufmerksamen disziplinlosen Publikum und, nachdem sie ihre Nummer zu Ende gebracht hatte, machte sie – bei schwachem Applaus – ihren Abgang. Es war herzzerreißend.

Am 19. August 1974 betrat im London Palladium ein lebendiges Wunder in einem türkisblauen Satinoverall, mit einem riesigen Folies-Kopfschmuck aus Juwelen und Federn und in Satinstiefeln die Bühne.

»Schaut mich an!« Ja, ja! Die Zuschauer jubelten und die Presse schwärmte vor Begeisterung! Sie hatte einen ungeheuren Erfolg, der ihr auch in Paris treu blieb, wo sie einige Monate später mit ihrer neuen Revue ebenfalls stürmischen Beifall ernten sollte. Leider war das ihr letzter großer Auftritt.

Aber nein – als der Trauerzug zur Messe in die Madeleine zog, traten die Pariser noch einmal an, um einen letzten Blick auf sie zu werfen – und Abschied zu nehmen.

Elisabeth Welch

9

Joséphine Baker
in den Niederlanden 1960
das erste Photo, das
dieser Sammler in der
Februarausgabe 1963
der Zeitschrift *She*
von ihr zu Gesicht bekam

Vorwort

Vor fünfundzwanzig Jahren las ich ganz zufällig in einer Zeitschrift einen Artikel über Joséphine Baker, der mich sofort begeisterte. Die Bilder hatten mich in ihren Bann gezogen: eine faszinierende, unwiderstehliche Persönlichkeit, die wahrlich exotisch und zutiefst menschlich zugleich war. Diese Frau interessierte mich, und ich brannte darauf, mehr über sie zu erfahren. Ich fing an, Material über sie zu sammeln.

Zuerst bekam ich nur ab und zu einmal ein Buch, ein Photo oder eine Zeitschriftennotiz in die Hände. Später machte ich es mir dann zur Aufgabe, dieses einzigartige Leben und diese großartige Karriere möglichst umfassend festzuhalten. Im nachhinein wurde ich in meinem Entschluß noch bestärkt, als ich erfuhr, daß Joséphine geplant hatte, ein Joséphine Baker-Museum zu stiften; eines der Projekte, die sie nicht mehr verwirklichen konnte. Für meine Sammlung, aus der auch das Bildmaterial für dieses Buch stammt, bin ich jahrelang auf der Jagd gewesen, und viele treue Freunde, die ihre Adleraugen in meinen Dienst gestellt hatten, waren mir dabei behilflich. Inzwischen besitze ich ein Archiv von Photos und Postkarten, Büchern, Zeitschriften und Zeitungsausschnitten, Plakaten und Theaterprogrammen, Notenblättern und Aufnahmen, Autogrammen und Briefen. Nichts ist zu klein oder unbedeutend, wenn es ein weiteres Mosaiksteinchen zum Bild des Stars beitragen kann.

Wenn man den Namen Joséphine Baker hört, denkt man zumeist nicht an die große Sängerin – völlig zu Unrecht, denn ihre Stimme war wirklich bemerkenswert und erstaunlich vielseitig –, sondern an die umjubelte Revuekönigin der Pariser Music-Hall, die in erster Linie durch den Glanz ihrer Erscheinung wirkte. Ihre Liebe zu Kindern, die zur Gründung ihrer multirassischen »Regenbogenfamilie« führte, ist ebenfalls in Erinnerung geblieben. Auch durch ihre mutige und aufopferungsvolle Arbeit für die französische Widerstandsbewegung während des Zweiten Weltkrieges, durch ihren Einsatz für die Bürgerrechte und durch ihre offene Kampfansage an Rassismus und Bigotterie jedwelcher Art hat sie sich großen Respekt verschafft.

In all der Zeit, in der ich mich mit ihrem Leben befaßt habe, beeindruckten mich die Qualitäten und Widersprüche in Joséphines Charakter und Talent immer mehr: Ihre Ideale und Werte; ihr Glamour und ihre Vitalität auf der Bühne und ihre Bescheidenheit im Privatleben; ihre künstlerische Leistung; ihr unauslöschbares *joie de vivre;* ihr Mut, zu den eigenen Überzeugungen zu stehen und danach zu leben, selbst auf die Gefahr hin, daß es ihren persönlichen Interessen schaden könnte; ihre Würde, besonders wenn sie eine Niederlage einstecken mußte; ihr Mitgefühl.

Erst in der letzten Dekade ihres Lebens war es mir vergönnt, sie »live« auf der Bühne zu sehen, aber mir wurde auch das Privileg zuteil, ihr noch einige Male privat zu begegnen – zuletzt wenige Tage vor ihrem Tod im Bobino Theatre. Sie auf der Bühne zu sehen, war ein wundervolles, unvergeßliches Erlebnis, das sich – wie bei allen großen Stars und gerade weil sie so einmalige Qualitäten besaß – mit Worten allein nicht beschreiben läßt. Als sie auf die Siebzig zuging, hatte ihre Stimme nichts von ihrer ursprünglichen Kraft oder Reinheit verloren und vermittelte noch immer dieselbe Freude und Gefühlstiefe. Der Charme und die Grazie, der Stil und das sichere Auftreten: Sie war ganz die alte und wie immer faszinierend.

Die Auswahl des Bildmaterials für dieses Buch war oft furchtbar schwierig, denn Joséphines außergewöhnliches Leben war so ungemein facettenreich. Es verlief kreuz und quer durch verschiedene Länder und durchmaß alle Höhen und Tiefen. Trotzdem hoffe ich, daß die Leser, die Joséphine Baker vielleicht nie gesehen haben, mit Hilfe der Bilder und Kommentare etwas von dem Glanz und der Faszination verspüren, die von ihr ausgingen.

Eine solch starke Persönlichkeit wird niemals in Vergessenheit geraten. Schauen Sie sich die Bilder an, schauen Sie ihr in die Augen, und Sie werden einen ungewöhnlichen Menschen vor sich sehen.

Allen Freunden, die für mich seit 1963 Ausschau nach Kostbarkeiten und Andenken für mein Joséphine Baker-Archiv gehalten haben, bin ich zu tiefstem Dank verpflichtet. Es waren zu viele, als daß ich sie hier alle aufzählen könnte, und ich hoffe, daß die, die ich nicht erwähnt habe, wissen, daß ich sie nicht weniger schätze als die anderen. Für ihre besondere und dauerhafte Unterstützung danke ich: Jean-Marie Cochet, Angelo Giannecchini, Ivory Moss, Graham Nightingale, David Robinson, Stan Smith, Tobias Tak und meiner Mutter, von der ich meine erste Joséphine Baker-Schallplatte bekam. Großen Dank schulde ich ebenfalls: Gérard Béguin, Harold Carlton, Ricki Gray, Erika Hümberg, Juha Käyhkö, Janine und Roland Masure, José Mora, Christian Nauwelaers, Luiz Nogueira, Jacques Primack, Christopher Ralling und dem Team von *Chasing A Rainbow,* Roger Rouchon, Michel Rougé, Jan de Werk und nicht zu vergessen der inzwischen verstorbene Jack Hockett und Didier Terroy. Auch all den Memorabilien-Händlern, die mir so gute Dienste geleistet haben, möchte ich an dieser Stelle meinen Dank aussprechen.

Mein Dank gilt ferner John Tennant, dessen Enthusiasmus mich von diesem Buch überzeugte, und Liz Calder, die mein Projekt sofort unterstützte. Bei Jonathan Cape danke ich Frances Coady und Jill Sutcliff für ihren wertvollen Rat und ihren ermutigenden Zuspruch: desgleichen Madeleine Nicklin, die sich unermüdlich um Berge von Genehmigungen für die Bilder und um die Klärung von Copyright-Problemen bemühte. Mein ganz besonderer Dank gilt Lynn Boulton, meiner Designerin, für ihr stetes Interesse, ihre Hilfe und Geduld während dieser ganzen Zeit. Auch Sheila Watson, meiner Agentin, möchte ich für all ihre Mühen und Ratschläge meinen Dank aussprechen. Zu guter Letzt danke ich Patrick O'Connor, mit dem ich zusammen arbeitete, für seine sorgfältigen Recherchen, sein umfassendes Wissen über jene Zeit und für seine hervorragenden Texte, die so viel dazu beitragen, den zweidimensionalen Bildern Ausdruck zu verleihen.

Bryan Hammond

Einleitung

Joséphine Baker war ein Bühnengenie. Eine großartige, innovative Tänzerin und eine wunderbare Sängerin mit einem sicheren Instinkt für Timing und Phrasierung, der sie vom Anfang ihrer Karriere bis zu ihren letzten Auftritten kurz vor ihrem Tod nie im Stich ließ. Auch als Schauspielerin hatte sie großes Talent, doch leider konnte sie es nie in einem passenden Rahmen unter Beweis stellen. Sie gehörte zu den großen Persönlichkeiten auf der Bühne der zwanziger Jahre, und kaum ein anderer besaß ein solch enormes Durchhaltevermögen. Es wird oft gesagt, ein Star brauche vor allem Glück, um nicht so schnell von der Bildfläche zu verschwinden, aber das Erfolgsgeheimnis liegt doch wohl eher in der Flexibilität begründet; in der Kunst, immer wieder neues Publikum für sich zu gewinnen, und auch in der Abstimmung der physischen Möglichkeiten auf den jeweiligen Ort der künstlerischen Betätigung.

Im Fall von Joséphine Baker war dies die Pariser Music-Hall. Bessie Smith und Billie Holiday – die eine nur ein bißchen älter und die andere ein bißchen jünger als Joséphine – tourten kreuz und quer durch die amerikanische Provinz, und beide starben, bevor sie fünfzig wurden. Josephine tanzte nackt vor dem Publikum der Pariser Music-Hall und starb als Nationalheldin. Hatte sie nicht recht? In Amerika war sie nur ein Chorus-Girl wie viele andere; in Frankreich wurde sie bald eine der berühmtesten Frauen ihrer Zeit, setzte Modesignale und war einer der letzten großen Stars der französischen Music-Hall.

Auf den Begriff Music-Hall muß ich vielleicht ein bißchen näher eingehen. Das, was die Pariser als »le music-hall« bezeichnen, unterscheidet sich sehr von der Art Unterhaltung, die man gegen Ende des neunzehnten Jahrhunderts in Großbritannien genauso nannte. Diese entspräche eher dem französischen »café concert«. Das spätere Varieté und die kurzlebigere Art von Revue, die vor dem Ersten Weltkrieg aus Amerika importiert wurde, sind wieder ganz etwas anderes. Die Pariser Music-Hall stand und fiel – wie alle diese Theatergattungen – mit ihren Gesangsstars: Von den Chansonnetten der Champs-Elysées, die Degas malte, bis hin zu den Plattenstars unserer Zeit wurden die Lieder von Generation zu Generation weitergereicht. Colette schrieb dazu: »Für einen Theaterkritiker ist die Music-Hall wie Schule schwänzen. Ein Abend in einer luxuriösen Music-Hall stillt meinen Appetit, ein Drama hingegen regt ihn nur noch mehr an.«

Wenn es um Rassenvorurteile und Hautfarbe geht – ein Punkt, der in einer Joséphine-Baker-Biographie natürlich nicht fehlen darf –, habe ich es im großen und ganzen vorgezogen, einfach das heute gebräuchliche Wort Schwarze zu verwenden, und nicht Afroamerikaner oder die Bezeichnung Neger und Farbige, die Joséphine selbst benutzte und als ganz normal empfand.

In meiner Darstellung von Joséphine Bakers Lebenslauf habe ich mich soweit wie möglich auf ihr künstlerisches Schaffen konzentriert, das meiner Meinung nach immer unterbewertet wurde. Dies wird nicht das letzte Buch über Joséphine sein – im Laufe ihres Lebens hat sie an vier verschiedenen Ausgaben ihrer Memoiren mitgearbeitet, womit sie ihre eigene Literaturproduktion sicherstellte. Nach ihrem Tod schrieb ihr Ehemann Jo Bouillon zusammen mit Jacqueline Cartier ein weiteres Buch, das auf Joséphines Briefen, bereits veröffentlichten Erinnerungen und Berichten ihrer Kinder – der berühmten »Regenbogenfamilie« – basiert. Wer mehr über ihr Familienleben erfahren möchte, sollte dieses Buch lesen. Lynn Haneys Biographie *Naked at the Feast*, die 1981 herauskam, beschreibt sehr detailliert Joséphines Kindheit in St. Louis. Zitate daraus habe ich mit Absicht vermieden, da ich keinen Zugang zu den Originalinterviews hatte.

Bei meinen Recherchen waren mir viele Leute behilflich. Hierbei denke ich in erster Linie an Joséphine Bakers Söhne, Brian Bouillon-Baker und Jean-Claude Bouillon-Baker. Im Sommer und im Winter 1987 trafen wir uns mehrmals in Paris, und sie sprachen ganz offen über ihre Kindheit und die Erfahrungen mit ihren Eltern aus heutiger Sicht. Als ich ihnen bei unserer dritten Zusammenkunft dafür danken wollte, daß sie mir so bereitwillig Auskunft erteilten, sagte Brian, sie fühlten sich als Joséphines Söhne in gewisser Weise dazu verpflichtet, den Menschen, die sich für Joséphine interessierten, von ihr zu erzählen. In Frankreich war mir auch Mme. Arletty eine große Hilfe. Sie sang für mich den Originaltext von Scottos »La Petite Tonkinoise«, und durch ihre Erzählungen wurden Joséphine, Maurice Chevalier, Reynaldo Hahn und andere große Persönlichkeiten der *belle époque* wieder lebendig. James Baldwin, Jérome Coignard, Emmanuel Decaux, Guillaume Garnier, Peter Leslie, Marc Outin, Oliver Smith, Bruno Villien und die Angestellten und Direktoren der Bibliothèque de l'Arsenal, der Phonothèque Nationale, der Bibliothèque de l'Opera und des Musée des Arts de la Mode waren mir alle eine große Hilfe.

In England bekam ich wertvolle Unterstützung von Jane, Lady Abdy, Jane Ades, Natalie Caron, Margaret Crosland, John Culme, Peter Eyre, Norma Field, Madge Garland, Philippe Garner, Jonathan Gili, Diana Holman-Hunt, Sarah Howell, Sir Bernard Ledwidge, Michael Parkin, Mary Sandys, der verstorbenen Lea Seidl und The Rev. Charles Sinnickson. Ebenso hilfreich waren das Personal und die Direktoren des National Sound Archiv, des British Film Institute, der Mander and Mitcheson Collection und der unschätzbaren London Library. Einer der vielen Gefallen, die George Stuart und Vivian Liff mir taten, war, daß sie mir die einzige bekannte Aufnahme von Anna Judic, der ersten Interpretin von Offenbachs *La Créole,* vorspielten. Dank der Aufgeschlossenheit und der kostbaren Erinnerungen der großartigen Elisabeth Welch konnte ich mir Joséphine in ihren Tagen bei Sissle und Blake lebhaft vorstellen. Meine Agentin Deborah Rogers sorgte wie immer für den entscheidenden Lebensfunken.

In den Vereinigten Staaten gilt mein besonderer Dank Jean-Claude Baker, Jean-Marie Besset, Alexander Crary, David Cronin, dem ich dieses Buch widme, Elizabeth Kendall, Robert Kimball, Leo Lerman, Hitch Lyman, Richard Newman, dem Biographen von Florence Mills, der den Text gegengelesen und während des Schreibens viele nützliche Vorschläge gemacht hat, Stephen Pascal, Richard Sennett und all den Freunden und Angestellten des New York Institute for the Humanities an der New Yorker Universität, Bobby Short, Richard und Andrea Traubner und Patricia Willis von der Beinecke Rare Book and Manuscript Library der Yale University. Die Direktoren und Angestellten des Performing Arts Research Center der New York Public Library im Lincoln Center, das Schomburg Center, das Shubert Archive, das Center for Jazz Studies der Rutgers University und die Rare Books Division der Butler Library an der Columbia University waren alle sehr hilfreich. Mein Briefwechsel mit Dr. Alfred Frankenstein in Israel war sehr unterhaltsam und brachte mich ein großes Stück weiter.

Für ihre Unterstützung bei meinen ersten Recherchen in der Geschichte der Music-Hall bin ich Eric und Irina Barton, denen der weltberühmte Baldur Bookshop in Richmond gehört, zu besonderem Dank verpflichtet; ebenso May Palmer, Barry Duncan und Colin Shrieve.

Aufrichtigen Dank schulde ich ferner drei Freunden, ohne deren anfängliche Ermutigung ich nie ein Wort geschrieben hätte: Ann Barr, meiner langjährigen Kollegin bei *Harpers & Queen*, John Gross, dem ehemaligen Herausgeber des *Times Literary Supplement* und Robert Harling, dem Herausgeber von *House and Garden*.

Zu besonderem Dank bin ich Bryan Hammond verpflichtet, dessen einzigartige Sammlung von Fotographien, Presseartikeln und anderem Material über Josephines Leben die Inspiration und die *raison d'être* für dieses Buch waren.

Liz Calder, die das Projekt bei Jonathan Cape in die Hand genommen hat, möchte ich meinen herzlichen Dank aussprechen. Desgleichen Tom Maschler und Frances Coady, die es durchgesehen haben und mir soviel wertvolle Unterstützung zuteil werden ließen. Die Engelsgeduld von Lynn Boulton, die für das Layout zuständig war, verdient eigentlich eine Sondermedaille. Einen besseren Herausgeber als Jill Sutcliff hätte ich mir nicht wünschen können.

Zu guter Letzt und gleichzeitig zuallererst fühle ich meinen Eltern zu Dank verpflichtet, denn sie waren es, die mich im Alter von zwölf Jahren zum erstenmal in die Folies-Bergère mitnahmen und die es nie zu überraschen schien, daß ihr Sohn schon als Kind einen so ausgefallenen Geschmack an den Tag legte und die Fußballschuhe verstauben ließ.

Patrick O'Connor

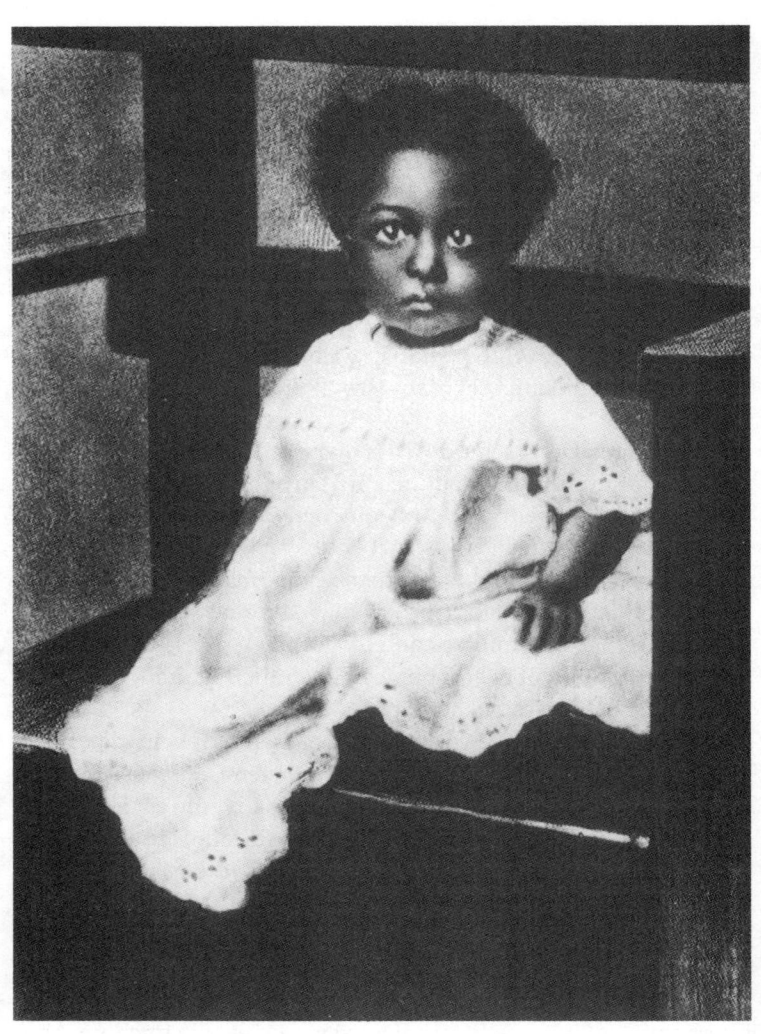

Ich hatte schon viel von St. Louis gehört.
Es konnte ziemlich brutal und gefährlich sein,
d. h. deinem Wohlbefinden abträglich sein.

Count Basie

18

I

St. Louis' Geschenk an St. Denis

1 Tapferkeit war ihre größte Tugend. Schönheit, Charme und Eleganz hätten ihr nicht viel genutzt, denn für die Slumbewohner von St. Louis war es zu jener Zeit eine Frage des Mutes, ob sie etwas Besseres erreichen würden.

Josephine Freda, die uneheliche Tochter von Carrie MacDonald und Eddie Carson, kam am 3. Juni 1906 zur Welt. Später wurde sie als Josephine Baker oder auch als Gräfin Pepito Abatino, als Madame Jean Lion und Madame Jo Bouillon, als Chevalier de la Légion d'Honneur, als Trägerin des Croix de Guerre und der Rosette de la Résistance bekannt.

In seinem Gedicht »A Une Dame Créole« (Einer Kreolin) aus *Les Fleurs du Mal* (Die Blumen des Bösen) hatte Charles Beaudelaire fünfzig Jahre zuvor ihr Erscheinen bereits angekündigt:

Si vous alliez, Madame, au vrai pays de gloire,
Sur les bords de la Seine ou de la verte Loire,
Belle digne d'orner les antiques manoirs,

Vous feriez, à l'abri des ombreuses retraites,
Germer mille sonnets dans le coeur des poètes,
Que vos grands yeux rendraient plus soumis que vos noirs.[1]

Zögt, Herrin, Ihr ins echte Land von Sieg und Kranz,
Zum Strand der Seine oder zu der Loire Grün,
Ihr schön genug zu höhn der alten Schlösser Glanz,

Da würden wohl durch Euch im Schein von Silbermonden
Viel tausend Lieder in der Dichter Herzen blühn,
Die Euren Augen mehr als Eure Neger fronten.

Als Josephine im Alter von neunzehn Jahren zum ersten Mal zu den Ufern der Seine gelangte, wurde sie gefragt, warum sie Tänzerin geworden sei. »Weil ich in einer kalten Stadt geboren bin, weil ich während meiner ganzen Kindheit entsetzlich gefroren habe, weil ich mir immer gewünscht habe, auf der Bühne zu tanzen«, antwortete sie.[2]

Mittlerweile tanzte sie Charleston und Black Bottom; 1906 war in St. Louis der Cake Walk in Mode gewesen. Der erste in der langen Reihe der berühmten afroamerikanischen Tänze, die auf den Tanzböden des zwanzigsten Jahrhunderts dominieren sollten, ging aus dem chalk-line walk hervor, wie er zu Zeiten der Sklaverei getanzt wurde. »Es wurde nicht herumgehüpft, sondern nur eine Strecke mit Kurven und ähnlichen Schwierigkeiten in gerader Haltung abgeschritten, wobei die Tänzer einen Eimer voll Wasser auf dem Kopf balancieren mußten. Das Paar, das am aufrechtesten ging und am wenigsten oder gar kein Wasser verschüttete, war der Sieger.«[3]

Josephines Schwester Margaret erinnert sich an das Talent, das ihre Mutter bei diesem Tanz an den Tag legte: »Jeden Sonntag war Mama in der *dance hall* die begehrteste Tänzerin. Keine konnte tanzen wie sie, ein volles Glas Wasser auf dem Kopf, ohne jemals einen Tropfen zu verschütten.«[4]

Carrie MacDonald, die von Apalachee-Indianern und schwarzen Sklaven aus South Carolina abstammte, war einundzwanzig, als Josephine geboren wurde. Zur Zeit der Weltausstellung 1904 hatte sie als Kellnerin in St. Louis gearbeitet. Nachdem sie Josephines Vater kennengelernt hatte, versuchte sie ihr Glück auch im Entertainment und bei Laienspielen und sang und tanzte in Bars und Restaurants.

Josephines Vater Eddie Carson, ein umherziehender Straßenmusikant – er spielte Schlagzeug – hatte einen olivfarbenen Teint. Die Einheimischen nannten ihn deshalb »spinach« (Spinat), was bedeutet, daß spanisches Blut in seinen Adern floß.[5] Später behauptete Josephine, er sei ein spanischer Tänzer namens Moreno gewesen.[6] Er und Josephines Mutter haben nie geheiratet, und nach der Geburt des zweiten Kindes Richard trennten sie sich.

Carrie heiratete bald darauf Arthur Martin und bekam noch zwei Kinder, Margaret und Willie Mae. Josephine wohnte die meiste Zeit bei ihrer Großmutter und Großtante Elvara, die beide sichtbar indianischer Abstammung waren. Sie wurde – manchmal – zur Schule geschickt, wo sie sich ständig mit den Lehrern anlegte:»Ich mag es nicht, wenn man mir sagt, was ich zu tun und zu lassen habe. Meine Freiheit war mir immer lieber.«[7] Im Alter von acht Jahren mußte sie arbeiten gehen und wohnte auch bei ihren Dienstherren. Eine alte Jungfer, für die sie einmal arbeitete, verbrühte sie eines Tages mit kochend heißem Wasser, um sie für ein Mißgeschick zu bestrafen. Als Josephine sich wieder erholt hatte, kam sie zu einem Ehepaar. Schon nach kurzer Zeit machte der Hausherr erste Annäherungsversuche, und Josephine kehrte nach Hause zurück.

In Josephines Kindheit war kein Platz für Unschuld; die Familie war arm, und Arthur hatte für gewöhnlich keine Arbeit. Sie lernte schnell, auf den Märkten irgend etwas Eßbares aufzutreiben, und verdiente sich ein paar Cents, indem sie bei den Rangierbahnhöfen Kohlenbrocken einsammelte, die sie dann verkaufte. Als ihre Tante Elvara starb, hatte Josephine Angst, den Leichnam anzuschauen, aber ihre Großmutter belehrte sie:»Vor den Lebenden muß man sich fürchten, nicht vor den Toten, mein Kind.«[8] In der Nacht zum 2. Juli 1917 – Josephine war damals elf Jahre alt – wurde East St.Louis zum Schauplatz eines Rassenkrawalls, der zu den schlimmsten in der amerikanischen Geschichte zählte.

Siebenundvierzig Jahre später erzählte Josephine Dotson Rader: »East St. Louis war schrecklich; dort ging es noch grausamer zu als im tiefsten Süden. Ich war noch ein kleines Mädchen und ich erinnere mich nur noch daran, wie die Menschen über die Brücke aus East St. Louis flohen, um den ›Ledernacken‹, den Weißen, die sie verprügelten und umbrachten, zu entkommen. Ich werde nie vergessen, wie unsere Leute schrieen und zur Brücke drängten, wie einer schwangeren Frau der Bauch aufgeschlitzt und einem Freund meines Vaters ins Gesicht geschossen wurde. Noch heute sehe ich sie vor mir, wie sie rennen, um zur Brücke zu kommen. Seitdem finde ich keine Ruhe mehr.«[9]

Nur wer keine andere Wahl hatte, lebte in East St. Louis. Es war eine industrielle Trabantenstadt, und die Menschenmassen, die hier dichtgedrängt – oft in Baracken – zusammenhausten, verdienten ihren Lebensunterhalt in den großen Fabriken, auf den Rangierbahnhöfen und in den Verpackungsbetrieben. Von 1900 bis

1910 hatte sich die schwarze Bevölkerung schätzungsweise verdreifacht. Das schürte die Angst, daß die Neuankömmlinge – zumeist aus den Südstaaten – den Ortsansässigen die Jobs wegnehmen könnten, und die ohnehin schon stark ausgeprägten Rassenvorurteile der weißen Wählerschaft wurden durch zwei Wahlkampagnen noch genährt. Demokratische Kandidaten beschuldigten die Republikaner der »Ansiedlung von Negern, d. h. daß sie kurz vor den Wahlen Schwarze aus den Südstaaten, wo sie kein Wahlrecht hatten, in die Nordstaaten umsiedelten, um so unerlaubterweise den Stimmenanteil der Republikaner zu erhöhen.«[10]

Auch wenn diese Anschuldigungen zumeist nicht auf statistischen Tatsachen beruhten, so waren die Spannungen innerhalb der Arbeiterschicht doch real vorhanden – die Rassentrennung bestand in nahezu allen Lebensbereichen. Schon seit Wochen gab es Anzeichen dafür, daß die Konflikte zwischen der schwarzen und der weißen Bevölkerung zu einem Aufruhr führen würden. Im Juni kam es zu gewalttätigen Auseinandersetzungen, an denen Presseberichte über teilweise total erfundene Verbrechen oft nicht ganz unschuldig waren. Am 1. und 2. Juli fielen weiße Banden nachts in die vornehmlich von Schwarzen bewohnten Gebiete von East St. Louis ein. Mehr als 1 500 Farbige flohen von East St. Louis über die Brücke nach St. Louis.

Das Ausmaß des Schadens war enorm — zahlreiche Häuser wurden niedergebrannt und geplündert. Die Aufrührer kannten keine Gnade; sie töteten und verprügelten alle Schwarzen, die ihnen in die Quere kamen. Weiße Kinder und junge Frauen standen dabei und feuerten ihre Leute an oder beteiligten sich sogar selbst an den Gewalttätigkeiten. Ein paar Männer hängten eine Leiche an einem Telegraphenmast auf und, während sie den Körper hochzogen, schrieen sie: »Packt an und zieht für East St. Louis!«

Als ein Untersuchungsausschuß des Kongresses sich dann schließlich mit den Vorfällen dieses furchtbaren Tages befaßte, hieß es, »es seien mindestens acht Weiße und neununddreißig Neger getötet worden«.

Die National Association for the Advancement of Colored People nannte eine Zahl von über einhundert. Es stellte sich heraus, daß in den Berichten über schwarze Zuwanderer, Gewalttäter und Streikbrecher stark übertrieben worden war, und die Aufwiegler vieles einfach erfunden hatten. Viel schlimmer aber war, daß die Mörder im nachhinein noch in ihrem Rassenwahn bestätigt wurden, denn weder die Stadt noch die Regierung unternahmen irgendwelche Anstrengungen, den Opfern Gerechtigkeit widerfahren zu lassen.

Während man sich nach dem Aufruhr bemühte, das Feuer unter Kontrolle zu bekommen, glaubte Josephine, in den Rauchschwaden Gott zu erkennen: »›Es ist der Allmächtige Vater‹, vernahm ich eine Stimme. Und ich wußte, daß diese Stimme die Wahrheit sprach, denn ich hatte Gott schon einmal gesehen.«[11] »Den Heiligen Geist« zu spüren, Visionen zu haben oder von Empfindungen überwältigt zu werden, gehörte zum Ritual der Kirche, die Josephine besuchte. Dieses Ritual war auch der Ursprung der Spirituals, die an die Stelle der Choräle traten, um den Glauben in musikalischer Form zum Ausdruck zu bringen. Wie die meisten schwarzen Musiker jener Zeit machte auch Josephine ihre ersten Erfahrungen mit Musik in der Kirche. Ihr ganzes Wissen über das Theater und seine Gebräuche hatte sie sich als Zuschauerin bei Straßentheatern und aus Zeitungen (mit denen ihr Stiefvater die Wände ihres Hauses tapezierte) angeeignet, in denen – damals wie heute – oft Bilder aus der Theaterwelt zu sehen waren.

Als Kind hörte Josephine eine Mischung aus Volksmusik, populären Tanzliedern und Ragtime; aus der Verschmelzung dieser drei Elemente entstand der Sound des zwanzigsten Jahrhunderts. Die Straßenmusik in St. Louis faszinierte sie besonders: »Wenn in einem der Häuser an der 15th Straße ein Lampion im Fenster leuchtete, wußten wir, daß dort am Abend eine ›house rent party‹ stattfand. Man konnte dort für ein paar Dimes tanzen und trinken und half so dem Gastgeber, seine Miete zu bezahlen. Ich hörte jemanden auf einem alten Klavier spielen. Durch die geöffnete Tür erhaschte ich einen Blick auf einen schlampigen Burschen, der auf den Tasten herumhämmerte: Gelbe Schuhe mit runder Kappe, grüne Socken, blauer Pullover, rosa Hemd ohne Kragen und Zigarette im Mundwinkel. Er nahm einen kräftigen Schluck Whiskey aus einem Glas, das auf dem Klavier stand ... Und dann das Lied, das er spielte und zu dem die Frauen sangen! ›Do that one one little thing papa a long time‹. Die Melodie verfolgte uns bis in die 16th Straße.«[12]

Auch die Klagelieder aus East St. Louis, die W. C. Handy in seiner berühmten Anthologie *Blues* beschreibt, waren Josephine vertraut:

Immer wieder »Blue Spirit« und die »Blue Note«, obwohl es nur acht Takte waren. Sie wurden schon in den ersten zehn Jahren unseres Jahrhunderts oder vielleicht sogar noch früher in Kentucky gesungen. Wahrscheinlich stammen sie von dort. Viele Tramps zogen Richtung St. Louis, wenn sie einmal wieder das große Reisefieber packte; East St. Louis war die letzte Station, bis zu der man gefahrlos auf den Dächern der Eisenbahnwaggons mitfahren konnte, während die Schaffner nach heimreisenden blinden Passagieren Ausschau hielten.[13]

East St. Louis auf der anderen Seite des Flusses oder die Armenviertel der Stadt, in denen Josephine lebte, boten keinen Schutz mehr. Nach den schrecklichen Ereignissen des Jahres 1917 hatte Josephine nur noch ein Ziel – der Armut, den Streitigkeiten innerhalb der Familie und St. Louis zu entfliehen.

Heirat oder Mutterschaft (manchmal beides zusammen) schienen der einfachste Weg zu einer gewissen persönlichen Freiheit, denn ansonsten gab es für ein junges Mädchen aus armen Verhältnissen nur die Alternative, auf unbestimmte Zeit mit seinen Eltern oder Großeltern in einem Raum leben zu müssen. Im Alter von dreizehn Jahren heiratete Josephine einen Jungen namens Willie Wells.[14] Das war damals in den Südstaaten nichts Ungewöhnliches, aber die Ehe zerbrach zwangsläufig nach ein paar Monaten.

Josephine nahm eine Stelle als Kellnerin im Old Chauffeur's Club an, wo sie die Jones Family Band kennenlernte. Old Man Jones spielte Horn, seine Frau Trompete und ihre Tochter Doll Geige. Durch sie kam Josephine ans Booker T. Washington Theatre, das sie bislang nur als Zuschauerin kennengelernt hatte, wenn sie dort mit Margret zusammen musikalische Darbietungen anschaute. Zum erstenmal bot sich ihr die Gelegenheit, vor Theaterpublikum aufzutreten. Sie wurde zusammen mit den Jones engagiert und führte einen kleinen, komischen Tanz auf. Sie hatte Erfolg. Ihre Grimassen – Nase rümpfen, schielen und Zunge in die Backe stecken –, mit denen sie schon ihre Lehrer in Rage gebracht hatte, und die später Europa in Verzückung versetzen sollten, brachten das Publikum zum Lachen.

Seit dem Bürgerkrieg gab es ein Musical-Theater speziell für Schwarze, und 1920 wurde die Theatre Owners' Booking Association (T.O.B.A., bekannt als »tough on black asses« [»hart zu Schwarzärschen«]) gegründet, die zumeist im Süden und Mittelwesten Auftritte für schwarze Künstler organisierte. Diese Art des Entertainments war anfänglich eine Mischung aus Vaudeville, Minstrel und Volksmusik und erinnerte in gewisser Weise an die organisierten und doch improvisierten Musikabende, die die Sklaven auf den Plantagen der Südstaaten zuerst zu ihrem eigenen Vergnügen und später auch zur Unterhaltung ihrer »Dienstherren« veranstalteten. Aus diesen Shows, die auch auf Tournee gingen, leiteten sich Stil und Kult der Unterhaltung von Schwarzen und für Schwarze ab. Weiße Künstler übernahmen diese Musik zum großen Teil für ihre Lieder und Tänze. Diese Unterhaltungsform machte Künstler wie Bert Williams und George Walker zu großen Stars, oder auch Abbie Mitchell und ihren Mann Will Marion Cook, den Komponisten von »I'm Coming Virginia!« und Ernest Hogan, der die Hauptrolle in Cooks Show *Clorindy* oder *The Origin of the Cake Walk* aus dem Jahre 1898 spielte. Cook schrieb dazu: »Meine Refrainsänger sangen wie die Russen, führten den Cake Walk auf und tanzten wie Engel, schwarze Engel! Das umpha-umpha der Minstrels war vergessen! Der ganze Massa Linkum-Kram gehörte der Vergangenheit an! Wir waren Künstler und ließen uns durch nichts mehr aufhalten, und so blieb es zehn Jahre lang.«[15] Diese und noch eine Handvoll anderer schwarzer Shows erreichten um die Jahrhundertwende herum ein breiteres weißes Publikum, aber der Erste Weltkrieg, die Tango-Begeisterung, das Kino und das Grammophon brachten sie 1920 wieder aus der Mode.

Das Engagement der Jones wurde um eine Woche verlängert, und als die Truppe weiterzog, ging Josephine einfach mit und gehörte von nun an zu den »Dixie Steppers«. Überraschenderweise stellte sich ihre Familie diesem Entschluß nicht in den Weg. »Wenn sie ihrer eigenen Wege gehen will, dann sollten wir sie lassen«, sagte Carrie.[16]

Der Produzent der Show war Bob Russell, dessen Firma Russell & Owen's Big Spectacular am Stile's Pekin Theatre in Savannah,

Georgia, ansässig war. Sie warben für sich als »Die beste farbige Repertoirebühne, die das Publikum je gesehen hat. Alles Brandneu, Nur Die Qualität Altbewährt« und hatten *The Lady Barber* mit Little Tommy Parker und *The Charming Widow* mit Florence Mills und Blanche Thompson auf die Bühne gebracht.

Die Hauptattraktion der Show war Clara Smith, eine der berühmten Smiths – zwischen denen keinerlei verwandtschaftliche Beziehung bestand –, die in den Kindertagen des Jazz Karriere machten: Bessie, Mamie, Trixie und Willie »The Lion«. Sie war weiß Gott ein Star.

Durch den stahlblauen Vorhang trat sie in einem modischen Humpelrock, der »Uniform der Flüsterkneipenzeit«, und einem schwarzen, mit weißem Pelz besetzten Abendumhang auf die Bühne und sang schlüpfrige Songs wie:

Oh, Oooh Mr Mitchell, I'm crazy 'bout your sweet poon-tang
Oh, Oh Mr Mitchell, You've got me going with a bang.

Clara, »die Weltmeisterin des Heulens«, war vor allem eine Bluessängerin. Für Carl Van Vechten war ihr »cry to a cruel Cupid« (Anklage gegen die Grausamkeit der Liebe) genauso ergreifend und urwüchsig wie ein Spiritual, »es war freudvoll und leidvoll, sie singen zu hören.«

Eine Zeitlang verlief Clara Smiths Karriere parallel zu der von Bessie Smith; sie waren einander wohlgesonnene Rivalinnen und auf einigen Schallplatten sangen sie sogar im Duett; gelegentlich traten sie auch gemeinsam auf. Clara achtete immer auf gute Klavierbegleitung; sie arbeitete mit Lemuel Fowler, dem Komponisten von »He May Be Your Man, But He Comes to See Me Sometimes«, aber auch mit James P. Johnson, Louis Armstrong, Fletscher Henderson und Spencer Williams, der später in Josephine Bakers Karriere eine sehr wichtige Rolle spielen sollte. Josephine bewunderte Claras Pianisten, der sie auf der Tournee begleitete: »Wenn er Boogie spielte, meinte man, das Rattern eines fahrenden Zuges zu hören – ein Geräusch, das allen reisenden Theatergruppen nur allzu vertraut war. Er kannte auch die ganzen alten Lieder aus dem Süden, und wenn wir unter uns feierten – weil die Einnahmen gut waren, weil jemand Geburtstag hatte oder weil jemand in einer

Stadt Verwandte wiedergetroffen hatte – dann tanzte und sang ich dazu.«[17]

Clara fand Gefallen an Josephine und nahm sie mit in ihre Garderobe, wo sie sich Claras außergewöhnliche Kleider und ihr ausgefallenes Make-up ganz genau anschauen konnte: »Sie trug sehr kurze, enganliegende, durchsichtige Kleidchen über einem zarten, rosa Höschen, hauchdünne Strümpfe und Schuhe mit hohen Absätzen.«[18] Voller Verwunderung stellte sie fest, daß Clara blaßlila Gesichtspuder auflegte, und daß ihre Zähne von den Zigarren und dem Pfeifentabak schon ganz gelb waren. Aber das war alles unwichtig, wenn sie sang.

Auf der Tournee kam Josephine auch kurz nach New Orleans – einst die Wiege des Jazz, aber der Krieg und die Schließung des Storyville-Viertels hatten die Stadt verkümmern lassen –, wo Clara Smith sie in die kreolische Kochkunst einweihte. Als die Theatertruppe wieder in St. Louis auftrat, besuchte Josephine ihre Familie; sie fuhr mit dem Taxi vor, was in diesem Stadtteil ein recht ungewöhnlicher Anblick war. Schließlich landete sie in Philadelphia, wo sich die *Dixie Steppers* auflösten.

Am Standard Theatre in Philadelphia fand Josephine wieder Arbeit bei der Truppe von Sandy Burns, der mit Bob Russell auf Tournee gewesen war. Dort lernte sie ihren zweiten Ehemann, einen Jungen namens Will Baker, kennen. Da Josephine ihn später nie mehr erwähnte, kann man nicht mit Sicherheit sagen, wie lange ihre Ehe gedauert hat. In einem Interview, das er 1935 der *Chicago Bee* gab, erinnerte sich Mr. Baker: »Weil sie noch so jung war, hatten Jo und ich in Philadelphia Schwierigkeiten mit der Heiratserlaubnis. Aber wir ließen uns nicht beirren und fuhren nach Camden, N.J. (New Jersey), wo wir 1921 unsere Erlaubnis bekamen.« In den Nordstaaten herrschten wesentlich strengere Gesetze als in den Südstaaten.[19] Obwohl sie mit ihm nicht viel länger zusammenblieb als mit Mr. Wells, nahm sie seinen Familiennamen an. Von nun an war sie Josephine Baker, und die großen Erfolge ließen nicht mehr lange auf sich warten.

Williams Vater besaß ein Restaurant in der South Street, zwischen der 15th und der 16th Straße, in dem das junge Paar zu essen pflegte. Gelegentlich trat Josephine in Vic Hamilton's Cabaret auf, »einem Nachtclub im ersten Stock, wo Bobby Lee und seine Cotton

Pickers als beste Neger-Musikgruppe der Stadt galten.«[20] Hier machte sie die Bekanntschaft des Ehepaars Caldwell. Wilsa Caldwell war Tänzerin, ihr Mann Eddie Musiker, und beide hatten ein Engagement für eine Show namens *Shuffle Along*, die in New York aufgeführt werden sollte.

2 1921 war es Josephines Traum – und der aller aufstrebenden schwarzen Künstler –, in New York zu arbeiten und in Harlem zu leben, wo »der Neger in Mode war«, um es mit Langston Hughes' Worten auszudrücken. Die zwei großen Stilrichtungen in der populären Unterhaltungsmusik, der Ragtime – Musiker fanden die Bezeichnung »synkopische Rhythmen« treffender – und die musikalische Komödie europäischen Ursprungs, hatten sich gegenseitig befruchtet und eröffneten auf diese Weise schwarzen Musikern viele neue Möglichkeiten. Die erfolgreichsten waren Noble Sissle und Eubie Blake, zwei Schlüsselfiguren in der Geschichte des amerikanischen Theaters; die beiden Songdichter und Interpreten bildeten 1915 zum erstenmal ein Team. Später diente Sissle im 369th Infanterieregiment in Frankreich, »der ersten Negerkampfeinheit, die ihren Fuß auf französischen Boden setzte«.[1] Er kehrte als Mitglied der berühmten Jazz-Band von Lieutenant »Jim« Europe – »der Band, die in der Hölle des Krieges für den Sieg spielte« – nach Amerika zurück, wo er die Zusammenarbeit mit Blake wiederaufnahm. Nachdem James Reese Europe frühzeitig verstorben war, spielten Sissle und Blake für den Keith Vaudeville-Theaterring und traten auch im Palace, dem Traum aller Varietékünstler, auf. Während der Tournee machten sie die Bekanntschaft des Komiker-Duos Flournoy Miller und Aubrey Lyles, deren Streitnummern und witzige Dialoge ein Genre schufen, mit dem später auch Amos 'n' Andy im Radio und Fernsehen erfolgreich waren. (Anfänglich schrieb Miller die Texte dazu.)

Die Nummer mit zwei Komikern, die ein amüsantes Zwiegespräch führen – schnell, langsam, voller Mißverständnisse, Doppeldeutigkeiten und Wortspiele –, gab es schon, bevor Music-Halls und Vaudeville überhaupt in Mode kamen. In den Minstrel-Shows gehörten zwei schwarze Komiker inzwischen zum Pflichtprogramm, und auf den Musical-Bühnen wurden Dutzende solcher

Nummern aufgeführt. Um auch Engagements an den besser zah-
lenden Theatern der Weißen zu bekommen, waren Sissle und
Blake dazu übergegangen, sich als Neger zu schminken. Das war
dort so üblich, denn man glaubte, das weiße Publikum könne sich
nicht mit dem Gedanken anfreunden, daß ein schwarzer Mann
und eine weiße Frau zusammen auf der Bühne stehen: Waren die
Darsteller schwarz geschminkt, nahmen die Zuschauer an, es seien
Weiße. Für ihre Show *Shuffle Along* übernahmen sie diesen Trick
nur noch zur Belustigung – er war inzwischen aus der Mode
gekommen: wahrscheinlich wollten sie an die nostalgischen
Gefühle der Zuschauer für das gute alte Vaudeville-Theater, das
keine Zukunft mehr hatte, appellieren. Ihre größten Erfolge erzielten sie jetzt mit ihren Duetts, mit Eubies einschmeichelndem Kla-
vierspiel und Sissles sanfter Stimme. Mit seiner glasklaren Diktion
besaß er eine Qualität, die für die großen Musical-Stars vor
Anbruch des Mikrophon-Zeitalters unersetzlich war. Er rollte die
R's fast wie ein Opernsänger und meisterte hohe Tonlagen mit
unglaublicher Leichtigkeit. Ungeschminkt, in ihren perfekt sitzen-
den, mit Satin eingefaßten Abendanzügen waren Sissle und Blake
auffallend gut aussehende Männer.

In Zusammenarbeit mit Miller und Lyles machten sie Pläne für
ein Musical, mit dem schwarze Schauspieler und Musiker den
Broadway zurückerobern sollten. Das Ergebnis war *Shuffle Along*,
»eine musikalische Mélange«, die auf »The Mayor of Dixie« und
»Who's Stealin« – zwei der berühmten Sketche von Miller und
Lyles, in denen sie Kleinstadt-Politik parodieren – aufbaute. Als
die Show in Philadelphia aufgeführt wurde, bewarb sich Josephine
um ein Engagement als Revuegirl. Sie erzählte, Sissle habe sie mit
der Begründung abgelehnt, sie sei zu jung, zu mager, zu häßlich
und zu *schwarz*.

Die Vorurteile gegen dunkelhäutigere Mädchen, die gleichzeitig
für die sexistische Vorstellung, sie seien in gewisser Weise eroti-
scher, verantwortlich waren, kommen besonders deutlich in den
Stellenangeboten für Darsteller in Minstrel-Shows zum Ausdruck,
die schon 1830 ursprünglich nur von Schwarzen aufgeführt wurden (später, als die Minstrel-Shows gesellschaftsfähig wurden,
waren die Darsteller fast ausschließlich Weiße, die sich dann als
Neger schminkten):

WIR SUCHEN farbige Künstler, Männer und Frauen. Männer in der Doppelfunktion Kapelle/Orchester oder Kapelle/Bühne. Richtig schwarze Männer und gelbhäutige Frauen. Elegante Kleidung ist Voraussetzung.[2]

Blake erinnert sich: »Josephine bekam den Job nicht, weil sie erst 15 war und die Society (eine Behörde, die die Einhaltung des Verbots von Kinderarbeit überwachte) uns auf den Leib rückte. Dieses Mädchen hob sich von den anderen Revuegirls ab. Sie packte die Dinge auf ihre ganz persönliche Art an. Eine ungewöhnliche Erscheinung.«

Nach einer abenteuerlichen, um nicht zu sagen riskanten Tournee – an manchen Orten gaben sie nur einmalige Gastspiele und dauernd drohte der finanzielle Ruin – kam die Truppe am 23. Mai 1921 schließlich nach New York, ans 63rd Street Theatre. Die Lage des Theaters am Columbus Circle war nicht sehr attraktiv, aber insbesondere ab Donnerstag wurden Mitternachtsvorstellungen angesetzt, und schon bald war Blake's Musik das beliebteste Tanz- und Gesprächsthema der ganzen Stadt, und die weiblichen Stars Lottie Gee und Gertrude Saunders wurden stürmisch gefeiert. Noch während der ersten Laufzeit wurden zwei berühmte Sänger engagiert: Florence Mills, die den Part von Gertrude Saunders übernahm – damit begann ihre legendäre sechsjährige Karriere – und Paul Robeson, der für einen der »Four Harmony Kings« einsprang und bei *Shuffle Along* sein professionelles Bühnendebüt gab. Robert Kimball und William Bolcom befaßten sich in ihrer Biographie über Sissle und Blake auch mit dem phänomenalen Erfolg dieses Musicals, das der Wegbereiter für Dutzende rein schwarzer Shows in New York, London und Paris war:

Es ist völlig unerklärlich, warum *Shuffle Along* so gut funktionierte – und offensichtlich war es gerade deshalb so erfolgreich … Man braucht nur ein paar Minuten lang die frühere Musik einer beliebigen Broadway-Show anzuhören, dann *Shuffle Along,* und schon bemerkt man, daß Blakes Kompositionen mehr Tempo und Synkopen haben, daß sie amerikanischer sind. Daraufhin sollte sich der Musical-Stil der schwarzen Amerikaner vom Broadway aus in alle Richtungen ausbreiten und das Zeitalter des Jazz einläuten.

Die zwei großen Hits »Love Will Find A Way« (nicht zu verwechseln mit dem gleichnamigen Song aus Fraser-Simpsons *The Maid of the Mountains*) und »I'm Just Wild About Harry« waren die Lieblingsmelodien der Nation. Die Noten zierte die stolze Aufschrift »Von Noble Sissle und Eubie Blake, alleinige Autoren von Text und Musik dieser erfolgreichen Produktion«. Das war tatsächlich eine Leistung, denn in den meisten Shows jener Zeit wurde die Musik durch Stücke aus fremden Produktionen oder durch Spezialnummern, die einzelne Sänger mitbrachten, ergänzt. Oft wurden auch Teile gestrichen, um dann später in anderen Shows verwendet zu werden.

Von Anfang an war der Chorus das Lieblingskind der Kritiker: »Wenn sie richtig loslegen, sieht die Welt gleich viel schöner aus. Sie wackeln und tanzen Shimmy, daß jeder Aal-Kongress vor Neid erblassen würde, und werfen ihre Glieder von sich, ohne jemals einzuhalten und sich zu vergewissern, ob sie überhaupt noch dran sind.« Die Revuegirls trugen pompöse Showroben über kurzen Röcken und knappen Miedern und schwarze Strumpfhosen mit gekreuzten Bändern – in den nächsten vierzig Jahren die typische Bekleidung der Vaudeville-Revuegirls. Elisabeth Welch, die als Kind gegenüber dem 63rd Street Theatre wohnte, erinnerte sich: »Die Girls der Tanztruppe von *Shuffle Along* waren wunderschön. Jede Farbe und Kombination, die unsere Rasse jemals hervorgebracht hat, war dort vertreten, wissen Sie, da gab es Blonde, Mädchen mit blauen und grauen Augen, jede Farbschattierung von milchkaffeebraun bis pechschwarz. Kennen Sie das Lied über die braunhäutige Verführerin? Da haben sie's. Lottie Gee war der Star und gleichzeitig Eubies Freundin. Das wußte jeder, sogar Eubies Frau.«

Da *Shuffle Along* in New York so einen Riesenerfolg hatte – sie gaben über 500 Vorstellungen –, wurde ein zweites Ensemble auf Tournee geschickt. Lucille Hegamin spielte Florence Mills' Rolle der Ruth Little, Ruby Mason übernahm den Part von Lottie Gee und Lew Payton und Fred Bonney ersetzten Miller und Lyles. Josephine war inzwischen mit einem One-way-Ticket von Philadelphia nach New York gekommen. Sie stellte sich erneut vor und diesmal hatte sie Glück: Sie wurde als »Schlußlicht der Tanzgruppe« engagiert und bekam $ 30 die Woche. Im Programm war sie als »Kasperle der Revuegirls« angekündigt, später wurde sie auch als Mitglied der Jass (sic) Jasmines genannt.

Schon nach kurzer Zeit fiel sie dem Publikum auf, und Sissle und Blake (die bei der Anhörprobe nicht dabeigewesen waren und nicht wußten, daß es sich um dasselbe Mädchen handelte, das sie zuvor abgelehnt hatten) wurde berichtet, die Leute kämen an die Vorverkaufskasse und fragten: »Da tritt doch die Kleine mit den Schielaugen auf?« Der Kritiker des *Dance Magazine* schrieb:

Sie war nur das kleine Girl am Ende der Chorus-line, doch sie war nicht zu übersehen, und wer sie einmal gesehen hatte, konnte sie nicht mehr vergessen. Sie war schön, aber das war es gar nicht, was auf das Publikum so anziehend wirkte. Ihr brauner Körper steckte damals in einem gewöhnlichen Revuekostüm. Sie beherrschte es meisterhaft, ihre Knie exzentrisch einknicken zu lassen. Und dann ihre Augen! Genau in dem entscheidenden Moment, wenn die Musik mit »he's just wild about, cannot live without, he's just wild about me« ihren Höhepunkt erreichte, begann sie zu schielen.

Ein schielendes farbiges Mädchen ist nicht besonders schön oder reizvoll, aber die eingeknickten Knie und die Schielaugen waren mit ein Grund dafür, daß die Tanzgruppe immer wieder auf die Bühne kommen mußte und unvergeßliche Zugaben darbot.[3]

Die Tradition des komischen Girls am Ende der Chorus-line begann mit Ethel Williams in J. Leubrie Hills *Darktown Follies*. Zwei Tänze waren die Glanzlichter dieser Show: der Texas-Tommy (aus dem der Lindy Hop hervorging) und der Schlangentanz, der Circle Dance, »der auf den Ring Shout und Africa zurückgeht.« Sissle erinnert sich, wie es dazu kam, daß Ethel Williams zu improvisieren begann: »Sie hatten gerade aufgehört, sich beim Texas Tommy gegenseitig durch die Luft zu wirbeln und die ganze Truppe ging zum Circle Dance über; nur Ethel konnte nicht mithalten – wahrscheinlich weil sie außer Atem war. Da improvisierte sie einfach ein paar verrückte Tanzschritte und das Publikum brüllte vor Lachen. Bei Josephine Baker war es acht Jahre später in *Shuffle Along* genauso.«[4]

Schon Anfang der zwanziger Jahre besaß sie all die Qualitäten, die ihr später in Europa einen solch beispiellosen Erfolg einbringen sollten, auch wenn Josephine und ihre Kommentatoren – nachdem sie in Frankreich zum Superstar mit allen Raffinessen avanciert war – gern behaupteten, sie sei das gewesen, was sie in der Show von Sissle und Blake verkörpert habe: ein Straßengör. Elisabeth Welch zufolge »war Josephine nie ein Straßengör. Ich weiß nicht, wie es ihr gelang – Sie wissen ja, aus welchem Milieu sie stammte – aber sie war von Anfang an elegant. Sie besaß einen schwarzen Sealmantel; ich weiß nicht, ob er echt war, aber an ihr wirkte er echt. Sie brauchte nur ein Stück Seide um ihren Kopf zu wickeln und schon sah sie aus wie eine Kaiserin aus dem Morgenland.«[5]

Da das Zusammenleben zwischen Schwarz und Weiß von Vorurteilen und Diskriminierung beherrscht wurde, betrachtete man diejenigen, die sich darüber hinwegsetzten, um neue Wege zu gehen, als Helden. Die Mittel, mit denen schwarze Künstler anfänglich um die Gunst des weißen Publikums buhlen mußten, erscheinen aus heutiger Sicht mehr als peinlich. Auch damals schon war man der Meinung, daß die Darbietungen kleiner Negerkinder, die Mammy-Songs, die idiotischen Komödiantennummern und die schwarze Schminke eigentlich nur die total falschen Ansichten und die Bigotterie einer ungebildeten, ausbeuterischen Mehrheit bestätigten. Aber was blieb ihnen anderes übrig? Innerhalb des damals akzeptierten Rahmens schufen Sissle und Blake, Miller und Lyles, Bert Williams und Bill »Bojangles« Robinson (die zwei erfolgreichsten Unterhaltungskünstler des weißen Vaudeville-Theaters und der musikalischen Komödie) große Kunst. *Shuffle Along* und die vielen anderen schwarzen Musicals, die in den zwanziger Jahren während der sogenannten Harlem-Renaissance auf dem Broadway große Erfolge feierten, ebneten den Weg für Innovationen wie *Four Saints in Three Acts* und *Porgy and Bess*, Opern mit ausschließlich schwarzer Besetzung, die jedoch von Weißen komponiert waren.

Nach der letzten Broadway-Aufführung von *Shuffle Along* ging das Hauptensemble auf Tournee; Josephine stieß 1922 in Boston dazu, wo sie fünfzehn Wochen lang spielten. Auch in Chicago und anderen amerikanischen Städten begeisterten sie das Publikum. Als die Tournee im Herbst 1923 zu Ende ging, verließen Miller und Lyles die Truppe, um ihre eigene Show *Runnin' Wild* zu eröffnen; kaum zwei Monate später, am 10. März 1924, hatte Sissle und Blakes neue Show *In Bamville* am Lyceum Theatre von Rochester, NY, Premiere. Mittlerweile gehörte Josephine zu den Stars von *In Bamville*. In der Besetzungsliste war sie als »das bestbezahlte Revuegirl der Welt« aufgeführt – sie verdiente $ 125 die Woche.

Das erregte natürlich den Neid der anderen. Manchmal stellten sie ihr beim Hinauslaufen auf die Bühne ein Bein, aber sie schnitt nur noch mehr Grimassen, und das Publikum amüsierte sich köstlich. Dann warfen sie ihre Kleider und Schminkutensilien auf den Gang, aber Josephine ließ sich nicht einschüchtern und zog sich kurzerhand auf der Toilette um. Maude Russell, die als Tänzerin auf der *Shuffle Along*-Tournee dabei war und später zu den Stars von *Dixie to Broadway* gehörte – mehr als jede andere rein schwarze Show der zwanziger Jahre eroberte *Dixie to Broadway* mit Florence Mills' ergreifendem »I'm a Little Blackbird, Looking for a Bluebird« die Herzen des Publikums – erinnert sich: »Ich war *die* Tänzerin, sie war *der* Clown. Josephine war eine Einzelgängerin. Nicht alle Girls mochten sie, aber durch ihre Sonderrolle als ›lustiges Küken‹ hatte sie mit den anderen nichts gemein.«[6]

Josephine sprach später nur selten über ihre Zeit bei dieser Truppe. Sie erhielt zwar die freundschaftlichen Beziehungen zu Sissle und Blake und ein oder zwei anderen Künstlern der beiden Shows aufrecht, neigte aber immer dazu, ihren Erfolg während der zwanziger Jahre in Amerika herunterzuspielen: »Nein, am Broadway habe ich den Durchbruch nicht geschafft. Ich war nur eines der Revuegirls«, erzählte sie Timeri Murari 1974. »Ich konnte Amerika ganz einfach nicht ausstehen und gehörte zu den ersten farbigen Amerikanern, die nach Paris gingen. Es ist alles passé, mon cher. Amerika war damals unerträglich.«[7]

In Bamville, eine aufregende Rennplatz-Komödie, bekam in *Variety* eine gemischte Kritik: »Je schneller die Tänze, je melodischer die Musik, je schöner die Effekte und Kostüme, desto eher schien das Publikum zu übersehen, daß das Stück oft ziemlich flach war.« Josephine war in der Rolle der »Topsy Anna« zu sehen. In der Heiratsszene am Schluß spielte sie eine »verlassene Frau«, deren »betrügerischer Anwalt« – gespielt von Lloyd Keyes – sich um sie kümmert; Lottie Gee und Ivan H. Browning sangen als Angelina Brown und Dan Jackson – der Besitzer des Rarin' To – ein Duett »Fate is the Slave of Love«, mit dem man den Erfolg von

»Love Will Find Way« wiederholen wollte. Als die Show nach Boston kam, wurde Josephine wieder als »das Kasperle der Revuegirls« angekündigt; Elisabeth Welch wurde für die Rolle der Jessie Johnson engagiert und führte nach dem Eröffnungs-Chorus »diesen Charleston« vor. Miss Welch war die Sängerin, die im Jahr zuvor in *Runnin' Wild* den Charleston bekannt gemacht hatte. Es war eine der zwei oder drei Shows, die die Entdeckung des berühmtesten Tanzes der zwanziger Jahre für sich beanspruchten.

Der Tanz eroberte Amerika. Für schwarze Hausangestellte, die den Charleston gut genug beherrschten, um ihn ihren Dienstherren beizubringen, wurden sogar Extraprämien gezahlt. Doch auch mit Hilfe der begabtesten Tanzlehrer erreichten nur wenige jemals die Präzision der Revuegirls von Sissle und Blake.

»Der erste Eindruck vom Charleston war umwerfend. Was die Revuetruppe da aufführte, wirkte höchst tölpelhaft, so als wären die Tänzer dermaßen in Ekstase geraten, daß sie nicht mehr darauf achteten, ob sie nun elegant wirkten oder nicht: X-Beine, die Knie nach innen gebogen, die Fußspitzen einwärts gedreht, bis sie sich berührten. Hockstellung, komische kleine Sprünge zur Seite. Und dann kam der visuelle Höhepunkt des Tanzes: Diese scheinbar grotesken Elemente fügten sich jetzt in ein graziöses, aussagekräftiges Gesamtbild ein, das fröhlich, orgiastisch und wild zugleich war.«[8]

In Bamville hatte im September 1924 seine Broadway-Premiere im Colonial Theatre; zuvor war es in *Chocolate Dandies* umbenannt und beträchtlich gekürzt worden. Auf den Postern war Josephines Name in gleicher Größe zu lesen wie die von vier berühmten – oder bald berühmten – Sängern: Valada Snow, Elisabeth Welch, Lottie Gee und Inez Clough; Johnny Hudgins, die »Four Harmony Kings« und fünfundzwanzig Revuegirls. Im großen und ganzen erhielt *Chocolate Dandies* gute Rezensionen, aber die Kritiker waren einhellig der Meinung, eine Show wie *Shuffle Along* könne es kein zweites Mal geben. Valada Snow jedoch fand man »sensationell« und die Show selbst »erstklassig«; die *Evening World* bezeichnete Josephine als »außergewöhnlichste Darstellerin seit langem«; der Kritiker der *New York Times* schrieb: »Als verrückte Terpsichore, mit Augen wie Ben Turpin hat Josephine Baker einen Volltreffer gelandet.« Aber die Hauptattraktion der Show war Eubie, was sich auch in den Rezensionen widerspiegelte: »Eubie Blake sitzt am

Klavier! Das sagt alles!« oder: »Eubie Blake spielt, und wer könnte dieser Musik widerstehen! Doch wenn sie ihren Tanz vortragen, sind die Choc'late Dandies nicht zu schlagen!«

Die *New York City Tribune* kommentierte: »Schon die Songs von *Shuffle Along* wurden überall im In- und Ausland gesummt, doch ›Slave of Love‹, die Titelmelodie, dürfte noch mehr Popularität erlangen, und Stücke wie ›D-i-x-i-e‹, ›Manda‹ und das wunderschöne ›Thinking of Me‹ oder ›Jasamine Lane‹ werden den Mann verführen, der unterwegs pfeift.«

Obwohl all diese Songs inzwischen in Vergessenheit geraten sind, meinte Eubie Blake 1978 – er war damals Mitte Neunzig – bei der Wiederaufführung von *Shuffle Along* am Theatre off the Park in der East 35th Street, *Chocolate Dandies* sei die schönste Komposition, die er je geschrieben habe, denn sie komme der Musik seiner Idole – Leslie Stuart und Victor Herbert – am nächsten.

Josephine stand zwar immer noch als »das Kasperle der Revuegirls« im Programm, aber sie hatte mehrere Solo-Auftritte. Da das Stück auf einem Rennplatz spielte, hatten die anderen weiblichen Mitglieder der Truppe die Möglichkeit, sich in Kleidern zu zeigen, die sonst nur in den Folies zu sehen waren – lange Röcke, mit Stickereien und Rüschen verzierte Ärmel, Federn am Hut und lange Spazierstöcke in der Hand; eine Badeszene und ein Sommerball – im Hintergrund ein herrlicher Wald – boten noch mehr Glamour. Doch das galt nicht für Josephine: Sie war die komische Nummer und trat in einem unförmigen Gingham-Kittel auf, das Gesicht schwarz geschminkt wie die Komiker Lew Payton und Johnny Hudgins; für ihre berühmte Charleston-Parodie trug sie ein exzentrisches Tanzkleid – der Rock war viel zu kurz und die Taille saß fast unter den Armen; als Jockey trug sie Tartan-Kniestrümpfe und eine große Schiebermütze.

Der Dichter e. e. cummings schrieb über ihren Auftritt in *Chocolate Dandies*:

Sie glich einem großen, lebenssprühenden, niemals faßbaren Schreckgespenst, das auf ganz unirdische Weise die Augen rollte und seine Glieder verbog – eine Vision, die ungeahnte Ängste auslöste, die nur sich selbst darstellen wollte und demzufolge gänzlich ästhetisch war.

Der Kritiker des *Dance Magazine* schrieb einige Jahre später: »Durch eine kleine Besonderheit stach sie in *Chocolate Dandies* hervor. Während ein alter Neger Gitarre spielte, führte sie einen leidenschaftlichen Tanz auf und vollbrachte dabei die exzentrischsten Verdrehungen – nicht zu vergleichen mit Florence Mills oder anderen Farbigen. Josephine Baker besaß Johnny Hudgins' Qualitäten – Pantomime und Humor. Sie war großartig.« (Der Komiker und Mime Johnny Hudgins war berühmt für seine lautlosen »Ah-Ooh-Ouaahs«). Trotz der schönen Musik, trotz der drei echten Pferde, die jeden Abend auf der Bühne ein aufregendes Rennen simulierten und trotz der »Four Harmony Kings«, die als Spielkarten verkleidet aus den Prospekten für ein Opernhaus, in dem Wohltätigkeitskonzerte veranstaltet werden, auftauchten, lief *Chocolate Dandies* in New York nur drei Monate. Der Humor und die Vitalität, die Josephine bei Sissle und Blake unter Beweis gestellt hatte, war zwar allen New Yorker Kritikern aufgefallen, aber niemand hätte vermutet, daß sie ein Jahr später als solch sensationelle und glanzvolle Persönlichkeit dastehen würde. Aber – und das ist angesichts der vergleichsweise geringen Chancen schwarzer Künstler an den Theatern jener Zeit besonders hervorzuheben – sie trat mit 18 zum erstenmal am Broadway auf. Um es mit den Worten der Grand Old Lady of the Blues, Alberta Hunter, zu sagen: »Nun ja – für mich zählt nicht, ob du ein großer Filmstar bist, welche Art Künstler du bist, wenn du noch nicht am Broadway aufgetreten bist, dann hast du noch nichts erreicht, verstehst du. Der Broadway ist der Inbegriff des Show-Business. Wenn Du am Broadway spielst, hast du's geschafft. Das ist das Ziel.«[9]

3 Im Frühjahr 1925 war für *Chocolate Dandies* das Rennen gelaufen, und Josephine kehrte nach New York zurück. Die durchwegs guten Kritiken hatten ihr inzwischen einen Namen verschafft. So war es kein Problem für sie, Arbeit als Tänzerin zu finden, und sie bekam ein Engagement im Plantation Club über dem Winter Garden Theatre in der 50th Street am Broadway; ein Nachtclub im Stadtzentrum, der auf dasselbe Publikum abzielte, das auch scharenweise in Connie's Inn oder in den noch exklusiveren Cotton Club in Harlem strömte. Der Star der Revue war Ethel

Waters – »sweet mama stringbean« –, die mit ihrer Interpretation von »Dinah« jedesmal wieder für eine Sensation sorgte. Eines Nachts hatte Ethel Waters sich krank gemeldet, und das Orchester ließ Josephine das Lied singen: »Im Plantation tanzte und sang sie nur wenig. Sie war einfach zu gut als Entertainerin. Josephines ›Dinah‹ war ein ziemlicher Schock für den eigentlichen Star der Show, denn für Ethel war ›Dinah‹ gleichbedeutend mit ›Caro Nome‹ und ›Ridi, pagliacci‹ und ›Violetera‹.«[1] Der Veilchenstrauß war in den »wilden Zwanzigern« wie schon in den »flotten Neunzigern« die Visitenkarte par excellence eines Bewunderers, doch als Herbert Jacoby Josephine einen solchen Strauß zukommen ließ, war sie überrascht: »Ich wußte nicht, daß Männer so etwas für Sängerinnen tun.«[2]

Eines Nachts kam Spencer Williams mit Caroline Dudley Reagan herein. Williams war eine der überragenden Persönlichkeiten des frühen Jazz. Er war 1889 in New Orleans geboren und hatte seine Jugend damit zugebracht, in der Mahogany Hall Klavier zu spielen. Dieses Bordell in der Basin Street, das von seiner Tante Lulu White geführt wurde, inspirierte ihn zu seinem »Mahogany Hall Stomp« und dem noch berühmteren »Basin Street Blues« (der ihm $ 50 000 einbringen sollte). Er hatte »I Ain't Got Nobody«, »Nobody in Town Can Bake a Sweet Jelly Roll Like Mine«, »Everybody Loves My Baby« und unzählige andere Ragtime-Klassiker, Boogies und Jazz-Songs komponiert und jetzt gerade den Auftrag bekommen, die Musik für eine rein schwarze Show zu schreiben, die für eine Spielzeit nach Paris gehen sollte – *La Revue Nègre,* wie sie später hieß. Der Impresario dieses gewagten Unternehmens war Mrs. Reagan; eine wohlhabende Dame, die zu den oberen Zehntausend von Chicago gehörte und eine Leidenschaft für schwarze Kunst und Musik entwickelt hatte – typisch für die Weißen, die als Schirmherren der Harlem Renaissance auftraten; gute Menschen, die sich nie ganz sicher waren, ob sie nun Insider oder Outsider waren. Langston Hughes beschrieb diese Leute in *The Ways of the White Folks*: »Sie setzten sich für die Kunst der Neger ein – ihre Tänze, die den Dschungel lebendig werden ließen; ihre Lieder, die so einfach und voller Inbrunst waren; ihre Poesie, die so direkt und lebensnah war. Sie versuchten nie, diese Kunst zu beeinflussen. Sie glaubten nur daran, begeisterten sich dafür und machten sie nach.«

Als mögliche Stars der Show, die Mrs. Reagan organisierte, um dem Pariser Publikum zu zeigen, was echte afroamerikanische Musik und Tänze sind, waren sowohl Ethel Waters als auch Gertrude Saunders im Gespräch. Nach einer nochmaligen Anhörprobe im Beisein der bereits engagierten Mitglieder der Truppe – dem Band-Leader Claude Hopkins, dem Tänzer und Choreographen Louis Douglas und dem Bühnenbildner Miguel Covarrubias – bot Mrs. Reagan Josephine die Hauptrolle an. Josephine war gerade erst 19 geworden und verdiente im Plantation Club $ 125 die Woche. Caroline Reagan wollte ihr $ 150 geben.

»Zuerst nahm ich an, dann lehnte ich ab.«
»Und wenn wir Ihnen 200 Dollar zahlen würden?«
»Ich werde es mir durch den Kopf gehen lassen.«[3]

»Ich war mir sicher, daß die Starrolle der Revue mit Miss Josephine hervorragend besetzt wäre«, sagte Spencer. »Ich bekniete sie, nach Paris zu gehen und prophezeite ihr einen sensationellen Erfolg.«[4] Mrs. Reagan erhöhte das Angebot auf $ 250 die Woche, und Josephine nahm an.

Am 21. September machte sich die Truppe an Bord des Cunard-Liners *Berengaria* auf den Weg. Als Josephine zehn Jahre später zum nächsten Mal in New York auftrat, betrug ihre Gage $ 1500 die Woche.

La Revue Nègre war für eine Spielzeit am Théâtre des Champs-Elysées engagiert. Angeblich war dieses Meisterwerk von Gabriel Astruc das einzige Theater von Bedeutung, das in den letzten vierzig Jahren in Paris gebaut worden war. 1913 eröffnete es mit einem Gastspiel von Diaghilews Ballets Russes – die Premiere von *Le Sacre du Printemps* war ein Eklat – und wurde für die Dauer des Ersten Weltkrieges geschlossen. André Daven und Paul Achard, die Direktoren des Theaters, starteten am 3. April 1925 – zum Leidwesen von Herrn Astruc, wie es hieß – eine »Saison Opéra Music Hall« mit Cécile Sorel und Jean Richepin. Daven versprach die größten Schauspieler und Schauspielerinnen, Sänger und Tänzer und dazu ein erstklassiges Orchester. Es war ein Ansatz, die Music-Hall in den Rang seriöser Kunst zu erheben, wie es auch Stoll und Alfred Butt in London versuchten.

Caroline Reagans Vorschlag, die Truppe aus New York herüberzuholen, kam Daven anscheinend wie gerufen, in Paris gab es damals schon viele schwarze Musiker, die auf dem Montmartre und auf dem Montparnasse Blues spielten. Die Franzosen wurden zu begeisterten Jazz-Fans und sind es bis heute geblieben. Sie wollten sogar verwandtschaftliche Beziehungen zu dieser Musik geltend machen – schließlich war doch Sax, der Erfinder des Saxophons, ein Franzose, oder? (Er war Belgier.) Außerdem komme das Wort »Jazz«, wie einige behaupteten, aus dem Französischen, und es seien französische Musiker gewesen, die die afroamerikanische Musik als erste ernstgenommen hätten, und französische Intellektuelle, die der Faszination der afrikanischen Kunst zuerst erlagen. Vor dem Krieg hatte André Gide geschrieben: »Negermusik! Wie oft habe ich sie im vergangenen Jahr gehört. Wie oft bin ich aufgestanden, um ihr zu folgen... Negermusik! Wie oft, weit fort von Afrika, habe ich sie gehört und fühlte mich sogleich in den Süden versetzt!« Diese Welle der Begeisterung für alles Exotische ließ André Daven hoffen, Mrs. Reagans Schützlinge erfolgreich präsentieren zu können, und diesem Ziel segelte die Truppe entgegen.

Bei den vorbereitenden Proben in New York war Claude Hopkins höchst zufrieden mit Josephine. »Sie war sehr schön und hatte ein offenes, freundliches Wesen. Sie konnte gut singen und tanzen und meisterte die Comedy Routines völlig mühelos. Es war offenkundig, daß diese Frau ein außergewöhnliches Bühnentalent besaß.«[5]

Sie probten auch an Bord weiter und gaben zwei Vorstellungen, wie es der Brauch auf den alten Ozeandampfern von Unterhaltungskünstlern verlangte – eine für die Passagiere der ersten Klasse und eine für die der zweiten. Diese Aufführungen wurden als eine Art vorgezogene Generalprobe betrachtet, um eventuelle Schwachstellen noch auszubügeln. Ermutigt von dem Gefühl, sich in der Gesellschaft einer solch talentierten Band zu befinden – Claude Hopkins war ein Klavierschüler von Josef Hofmann, weitere Mitglieder waren Joe Hayman am Saxophon, Daniel Day an der Posaune, Bass Hill an der Tuba, Percy Johnson am Schlagzeug und Sidney Bechet, der in letzter Minute in New York engagiert worden war, an der Klarinette –, ging Josephine ein bißchen zu weit und versuchte, einen Blues zu singen. Ihre Stimme ging in dem

Getöse der Band völlig unter, sie brach in Tränen aus und verschwand von der Bühne.

Wahrscheinlich machte sich damals schon der Konkurrenzkampf mit der Lead-Sängerin Maud de Forrest bemerkbar. Es wurde oft behauptet, Josephine sei ursprünglich nicht für die Starrolle der *Revue Nègre* vorgesehen gewesen. Erst nach Ankunft der Truppe in Paris und nach den ersten Proben habe Daven sich für Josephine entschieden. Das widerspricht allerdings den Aussagen von Spencer Williams und Claude Hopkins. Wie dem auch sei, ursprünglich sollte Maud de Forrest wohl eine ebenso wichtige Rolle spielen wie Josephine. Alberta Hunter erinnerte sich fünfzig Jahre später: »Maud de Forrest war eine wunderbare Sängerin... Als sie nach Paris kam, verlor Maud den Verstand, wie es eben manchmal passiert. Sie hielt sich für unersetzbar. Da bekam ganz einfach Josephine ihre Rolle, und damit begann die Karriere der Josephine Baker. Kurzentschlossen gaben sie Maud den Laufpaß und nahmen Josephine... und sie riß dann die ganze Show an sich.«[6]

Louis Douglas und Sidney Bechet waren die einzigen in der Truppe, die Frankreich kannten. Zusammen mit Mrs. Reagan geleiteten sie die anderen Sänger und Tänzer vom Schiff in Le Havre zum Zug nach Paris, der schon auf sie wartete. Sie gingen in den Speisewagen, um zu frühstücken. Niemand schenkte ihnen besondere Beachtung, und sie ließen sich die Croissants und den Kaffee schmecken. Josephine – und auch die meisten anderen – befand sich zum erstenmal in einer Umgebung, die keine Rassentrennung kannte. »Wenn in Amerika ein paar Weiße im Speisewagen sitzen, so erklärt man den Farbigen stets, es sei alles besetzt. Hier werden wir freundlich lächelnd empfangen.«[7] Louis Douglas versicherte ihnen, daß sie hier überall willkommen seien, und daß in den Pariser Theatern jedermann im Parkett Platz nehmen dürfe. In Amerika mußten die Schwarzen damals, wenn ihnen überhaupt Zutritt gewährt wurde, »Aunt Jemimy«-Kleidung tragen und dann durften sie auch nur auf der Galerie sitzen. (In Städten wie Baltimore oder Washington, erinnerte sich Alberta Hunter, »war uns der Zugang zu einigen Theatern von vornherein verwehrt«.)

André Daven holte die Truppe vom Bahnhof St. Lazare ab und brachte sie sofort ins Theater. Während der Proben wurde Daven und seinen Partnern klar, daß die Show zu lang war. Üblicherweise bildete die Revue den zweiten Teil eines regulären Music-Hall-Programms. Viele Zuschauer schenkten sich die ersten Nummern und kamen gerade rechtzeitig zum Ende der ersten Hälfte und schauten sich dann die neue Show an. Daven zeigte sich weder von den zahlreichen Steptänzen noch von der Mischung aus Blues und Spirituals, die Maud de Forrest sang, sonderlich beeindruckt. Er holte sich Jacques Charles, den Regisseur vom Casino de Paris. Die beiden konzentrierten sich voll und ganz auf Josephine und beauftragten den jungen Illustrator Paul Colin, für das Plakat und das Programmheft Zeichnungen von ihr anzufertigen.

Damals war Colin noch ein Unbekannter, doch in den dreißiger Jahren sollte er zu den angesehensten und einflußreichsten Graphikern gehören. Josephine und Colin verstanden sich auf Anhieb gut, obwohl sie kein Wort Französisch sprach und er kein Wort Englisch. Er bat sie zu sich in sein Atelier, wo sie nackt für ihn posierte, nachdem sie ihre anfängliche Scheu überwunden hatte.

Auf einmal schwand meine Unsicherheit. Vielleicht streifte ich sie mit meinem Unterhöschen ab. Das alles ist schwer zu analysieren ... Ich fühlte mich in Monsieur Colins Gesellschaft von Tag zu Tag wohler. Ich nannte ihn Paul. Aber Männer sind eigenartig; nur selten begreifen sie, welche Gefühle sie bei anderen auslösen. Ich liebte seine meist schweigende Gegenwart, die Zeit, die ich in der Stille seines Ateliers zubrachte. Er begleitete mich ins Theater und brachte mich ins Hotel zurück; er flößte mir Vertrauen ein. Unter seinem Blick fühlte ich mich zum erstenmal im Leben schön.[8]

Jacques Charles war der nächste, der Josephine aufforderte, ihre Hüllen fallenzulassen – diesmal nicht in der entspannten Atmosphäre eines Künstlerateliers, sondern mitten auf der Bühne während der Probe. Leicht verwirrt, doch mit wachsender Zuversicht akzeptierte Josephine diese neue Rolle, die ihr unsterblichen Ruhm einbringen sollte. In Amerika war sie immer nur der Clown gewesen und hatte gespielt und getanzt, als wäre sie häßlich.

Josephine war der erste Star der Pariser Music-Hall, der tanzte, sang *und* nackt auftrat. Damals hatte jede Pariser Music-Hall ihre nackten Showgirls und Tänzer. In England waren gelegentlich in bestimmten Shows Nackte zu sehen – sie mußten aber immer in ihren bewegungslosen Positionen verharren. In Amerika wurde nackte Haut und Striptease nur im Varieté geboten, im Vaudeville wäre das undenkbar gewesen.

Für den Tanz, der Daven, Colin und Jacques Charles vorschwebte, hatten sie als Partner für Josephine einen Tänzer aus Martinez (*sic* – vielleicht Martinique) ausfindig gemacht: Joe Alex, der in dem berühmten Künstlerlokal »Le Grand Duc« auf dem Montmartre verkehrte, wo man besonders stolz darauf war, daß Langston Hughes einen Sommer lang hier als Küchenjunge gearbeitet hatte. Alex und Josephine studierten einen erotischen »Danse Sauvage« ein, der auch komische Elemente beinhaltete. Bis auf die Armbänder um Knöchel und Handgelenke und einen Lendenschurz aus Federn waren sie beide nackt. Die ganze Truppe war in gehobener Stimmung, und Rolf de Maré, der »schwedische Diaghilew«, versicherte Josephine immer wieder: »Toi, tu seras célèbre!« (»Du wirst einmal berühmt!«)

Um die Jahrhundertwende herum hatten französische Künstler und Schriftsteller begonnen, sich mit afrikanischer Kunst, insbesondere mit den Skulpturen, zu beschäftigen. Die Tatsache, daß Josephine und die anderen noch nie afrikanischen Boden betreten hatten, schien niemanden zu stören; sie entsprachen ganz einfach der Mode. Nancy Cunard, die 1934 *Negro* herausbringen sollte, hatte schon angefangen, ihre berühmten Armreife aus Elfenbein zu sammeln, und Matisse schrieb:

Oft besuchte ich Gertrude Stein in der Rue de Fleurus. Auf dem Weg dorthin befand sich ein kleines Antiquitätengeschäft. Eines Tages sah ich dort im Schaufenster einen kleinen aus Holz geschnitzten Negerkopf, der mich an die riesigen Porphyr-Köpfe in den ägyptischen Galerien des Louvre erinnerte. Ich hatte das Gefühl, daß hier zwei Kulturen, so fremd sie einander auch sonst sein mochten, die gleichen Methoden der Formgebung verwendeten. Ich erwarb den Kopf für ein paar Francs und nahm ihn mit zu Gertrude Stein. Dort traf ich auf Picasso, der ebenso fasziniert davon war wie ich. Wir diskutierten lange darüber und seither interessierten wir uns alle für Negerkunst – was auch mehr oder weniger deutlich in unseren Bildern zum Ausdruck kommt.[9]

Die gestaltende Kunst der jungen Kubisten wurde vor allem auch von den afrikanischen Skulpturen inspiriert. Aber erst 1925, als die erste »Arts Décoratifs«-Ausstellung stattfand, brachte der Kubismus diese Einflüsse in Form von Art deco, konstruktivistischen Buchstaben, modernistischen Materialien und Textilien einer breiten Öffentlichkeit nahe. Auch Komponisten wie Debussy, Ravel oder Stravinsky hatten schon 1908 die Rhythmen und die Instrumentierung der afroamerikanischen Musik übernommen. Doch als in Paris die erste Jazz-Band auftrat, schrieb man bereits das Jahr 1917, und erst Anfang der zwanziger Jahre begannen die Pariser, die neue Musik zur Kenntnis zu nehmen. Das entscheidende Datum war der Nachmittag des 2. Oktober – der Tag der Premiere von *La Revue Nègre* –, als auch das Publikum, das an Orten wie der Music-Hall des Champs-Elysées verkehrte, endlich für die zwei wichtigsten Punkte sensibilisiert wurde: den Jazz und die Schönheit afrikanischer Kunst, wie sie von den Kubisten interpretiert und von Dekorativkünstlern dargestellt wurde, wobei Josephine Bakers Tänze mit ihren linkischen Bewegungen für sie symbolischen Charakter annahmen.

Das erste Bild der Revue, »Mississippi Steam Boat Race«, begann mit einem Tanzensemble, dann trat Josephine auf die Bühne: Sie beugte den Oberkörper und platschte mit den Händen auf den Bühnenboden. Dazu trug sie einen karierten Arbeitsanzug mit abgeschnittenen Hosenbeinen und sang einen Scat von Spencer Williams:

Boodle am, Boodle am Boodle am now
Skoodle am, Skoodle am Skoodle am now
Gag-a-lag, gag-a-lag, gag-a-lag too
Skag-a-lag, skag-a-lag, skag-a-lag do[10]

Joséphine (ihr Name schrieb sich von nun an mit Akzent) konnte schon auf sechs Jahre Erfahrung im Musiktheater zurückblicken. Sowohl der Blues, den sie bei Clara Smith gehört hatte, als auch die schwungvolle musikalische Komödie von Eubie Blake, die von Sängern wie Noble Sissle, Gertrude Saunders und Lottie Gee im Operettenstil vorgetragen wurde, hatten sie beeinflußt. Sie konnte eigentlich keinen echten Blues singen – dazu hatte sie nicht die

Stimme – und an die Operette wagte sie sich noch nicht heran. Irgendwo dazwischen lag der federleichte Charme ihres Gesangsstils, den sie für sich selbst in Europa kreierte.

Sie sang drei Songs in *La Revue Nègre* – »ihr Gesang, zuerst kristallklar, dann plötzlich heiser, ließ alle den Atem anhalten«[11] –, aber ihre Stärke waren die Tänze. Außerdem kam im Finale, »Charleston Cabaret«, ein Aspekt zum Vorschein, der in Amerika nie entdeckt worden war: die Schönheit ihres Körpers. Sie hatte eine perfekte Figur; von ihren Proportionen und Kurven konnte jeder Maler, Bildhauer oder Modeschöpfer nur träumen. Noch dazu diese verführerische Hautfarbe – der Traum des Publikums wurde Wirklichkeit. Joe Alex trug sie auf seinen Schultern auf die Bühne. Janet Flanner schaute sich die Premiere an und zollte ihr nach Jahren diesen verspäteten Tribut:

Als sie auf die Bühne kam, war sie, bis auf eine rosa Flamingofeder zwischen ihren Schenkeln, vollkommen nackt. Sie lag mit dem Kopf nach unten, die Beine im Spagat, auf den Schultern eines schwarzen Riesen. In der Mitte der Bühne blieb er stehen, mit seinen langen Fingern umfaßte er ihre Taille wie einen Korb und ließ sie mit einem langsamen Überschlag auf die Bühne gleiten, wo seine prachtvolle Bürde stehen blieb – einen Augenblick lang herrschte totale Stille. Ein Begrüßungsschrei ging durchs Publikum. Was danach passierte, spielte keine Rolle mehr. Die zwei tragenden Elemente waren da und unvergeßlich: Ihr herrlicher dunkler Körper, ein neues Ideal, das den Franzosen zum erstenmal vor Augen führte, daß schwarze Hautfarbe etwas Schönes ist, und die heftige Reaktion des männlichen weißen Publikums in der europäischen Hauptstadt des Hedonismus – Paris.[12]

Die Theaterkritiker waren damals nicht weniger begeistert. André Levinson schrieb:

Mit Miss Joséphine Baker scheint sich alles zu verändern. Der Rhythmus entzündet sich an ihr, ihren wahnwitzigen Zuckungen und wilden Verrenkungen. Es hat den Anschein, als beherrsche sie den hypnotisierten Schlagzeuger und den Saxophonisten, der sich in der pulsierenden Sprache des Blues liebevoll an sie wendet, wobei das andauernde ohrenbetäubende Hämmern mit dem erstaunlichsten Synkopen durchsetzt ist. Mitten in der Luft, Silbe für Silbe, werden die Jazzmusiker von dem phantastischen Monolog dieses außer Rand und Band geratenen Körpers gepackt. Die Musik entspringt aus dem Tanz, und aus welchem Tanz!... Dieser kurze *pas de deux sauvage* im Finale mit seiner ungezähmten, herrlichen Bestialität ist der absolute Höhepunkt.

In Levinsons Artikel wird deutlich, welch wichtigen Beitrag Joséphine zum Erfolg der Show leistete: Wie die Bluessängerinnen (deren Popularität daran abzulesen ist, daß in den zwanziger Jahren 75 % aller Bluesaufnahmen von Frauen stammten) mußten sich auch die Jazzmusiker von ihr führen lassen; sie gab den Stil vor. Pierre de Regnier schrieb im *Candide:* Seit den Ballets Russes war zum erstenmal wieder »le tout Paris« (ganz Paris) im Theater zu sehen, und zwar nicht nur bei der Premiere, sondern an jedem Abend.

Paul Colin, dem Joséphines »made in Harlem«-Aufmachung ein Dorn im Auge war, hatte sie zu Poiret gebracht. Henri Jeanson sah sie in der Avenue Montaigne, als sie gerade zu der Party gehen wollte, die im Anschluß an die Premiere von *La Revue Nègre* stattfand. Auf der Bühne war sie für ihn »schön wie die Nacht. Joséphine Baker ist der Traum, der Clown, die große Sensation des Abends... Sie ist alles in einem – die 36 Hoffmann-Girls, Jenny Golder, die Dolly Sisters, Maurice Chevalier und die unbekannte Muse, die Erik Satie inspirierte...« Jetzt, außerhalb des Theaters, trug die feurige Künstlerin, die auf heißen Kohlen zu tanzen schien, »ein Diadem wie Cécile Sorel und ein Lamékleid – wie Spinelly. Im Grunde ihres Herzens ist diese schöne, kleine ›Wilde‹ vielleicht eine echte Pariserin«. Er hatte natürlich recht. Die ungeheure rhythmische Vitalität der afroamerikanischen Musik ging Joséphine zwar nie verloren, und sie hatte auch immer amerikanische Songs in ihrem Repertoire, aber schon bald war ihr Stil vom Quartier St. Denis ebenso stark beeinflußt wie von Harlem oder St. Louis.

Best Wishes
To
~ Mr. L. Lawson. 1923

Joséphine mit sechzehn,
auf dem Weg
zum bestbezahlten
Revuegirl der Welt.

Shuffle Along am Broadway: Obwohl Joséphine mit dieser Show nie in New York City auftrat, behaupteten viele Leute, sie dort gesehen zu haben!

Die neunte von rechts, das »Kasperle der Revuegirls«: Joséphine verdiente 30 Dollar die Woche, als sie für das Tournee-Ensemble von *Shuffle Along* engagiert wurde. Es war eine gute Schule, aus der einige Stars hervorgingen.

Die Schlußszene von
Chocolate Dandies: Joséphine, rechts, lehnt
ihren Kopf an Lew
Paytons Schulter.

Joséphines Charleston-
Parodie in *Chocolate
Dandies.* Charakte-
ristisch für ihren Tanz
war ihre Fähigkeit,
Rhythmen zu über-
schneiden; die Haltung
ihrer Arme und Beine
stellte eine Art sicht-
barer Synkope dar.

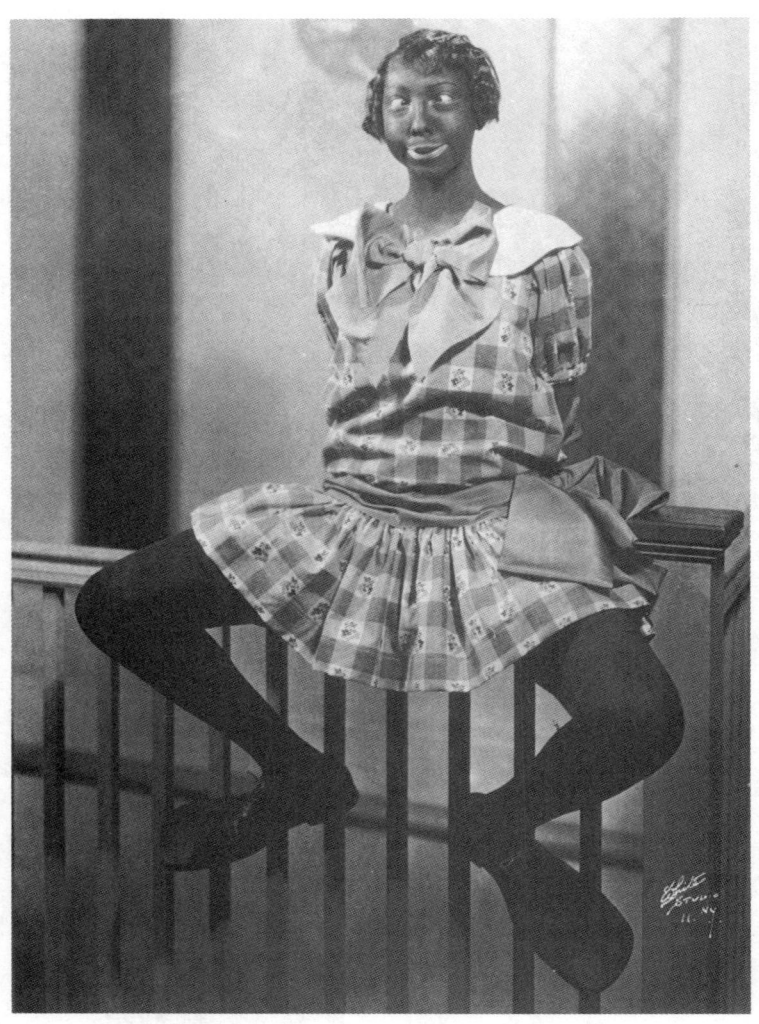

Joséphine (oben) in *Chocolate Dandies*, wie sie zu Beginn des Jahres 1925 in New York zu sehen war. Sie hat die traditionelle Neger-schminke der amerikanischen Vaudeville-Komiker aufgelegt. Rechts: Joséphine als »verlassene Frau«, Lew Payton als Mose Washington und Lloyd Keyes als »betrügerischer Anwalt«. Joséphine war erst achtzehn Jahre alt, doch die Kunst, richtig aufzu-

treten, brauchte ihr niemand mehr beizubringen. Die unterschied-
lichen Schuhe der drei Darsteller sind bemerkenswert.
Zum Thema Joséphine kommentierte Bricktop damals: »Joséphine
blieb immer, was sie war – eine große, große Schauspielerin …
Wie könnte man sonst eine Hemdbluse und einen Rock über
Nacht in ein Pariser Abendkleid verwandeln?«

THEATRE DES
CHAMPS-ÉLYSÉES
music-hall

PRIX . 2 fr 50

PAUL
COLIN

Die Premiere von *La Revue Nègre:* Auf dem Programm vom
2. Oktober standen Clowns, japanische Akrobaten, die Klein-
Familie am Trapez und als Star zum Abschluß der ersten Hälfte
der Sänger und Imitator Saint-Granier, der dem heutigen Publikum hauptsächlich durch seine Aufnahme der französischen
Version von Mabel Waynes Klassiker »Romana« ein Begriff ist.

Paul Colins erstes und berühmtestes Plakat: »Ich war auf der
Suche nach einem perfekten Körper und ich fand ihn: Joséphine
Baker. Mit diesem Tag und diesem Plakat begann meine große
Karriere; plötzlich war ich überall gefragt«, erinnerte sich Colin
1977. »Sie war meine Inspiration.«
Colin und Joséphine blieben über viele Jahre gute Freunde.

Joséphine in *La Revue Nègre*,
dargestellt von Serge (oben).
Auf den Photos ist sie in
Kostümen von Dorothy Dud-
ley und Suzanne Smith zu
sehen. Nancy Cunard schrieb
über Joséphine: »Der prachtvolle Tornado, die Lauffeuer-
Synkopen von Joséphine
Bakers herrlich braunem,
spannungsgeladenem
Körper ... dieser elegante und
exquisite afro-amerikanische
Kopf, dieser makellose Torso
und diese Wirbelwind-Beine,
die durch die Exaktheit des
wilden ›hot rhythm‹ rasen und
stampfen«.

Schon 1919 hatte Jean Cocteau den Pariser Jazz als »die beseelende Kraft des Fauvismus« beschrieben.

Aus heutiger Sicht ist die Darstellung von Maurice Feaudierre (»Serge«) peinlich rassistisch: Joséphine gefiel das Bild trotzdem, und sie verwendete es in den sechziger Jahren als Dekoration für ihre Shows. Für Feaudierre war und blieb sie »ein Wunder der Music-Hall«.

Nach dem Umzug in das kleinere Théâtre de l'Etoile wurde *La Revue Nègre* noch weitere zehn Wochen lang aufgeführt. Der Tänzer und Mime Louis Douglas war beim Publikum fast so beliebt wie Joséphine. Douglas' Frau Marion Cook gehörte zu den Revuegirls der Show. Später choreographierte und inszenierte Douglas (unten) noch viele andere Revues und Musicals in Frankreich und arbeitete auch als Filmschauspieler. Über seine Tanzkünste schrieb André Levinson: »Ihn zu sehen, wie er mit dem einen Fuß den Takt klopft, während der andere ausrutscht oder starr in der Luft hängt, bereitet dem Zuschauer höchstes Vergnügen. Dann macht er ganz plötzliche Sprünge zur Seite oder simuliert Stürze, die im letzten Moment abgefangen werden, und durchbricht so den eintönigen Rhythmus des ›Step‹ ... Hinter dieser Maske aus verkohltem Kork, mit weiß geschminkten Lippen, steckt einer der innovativsten Tänzer, die ich kenne.«

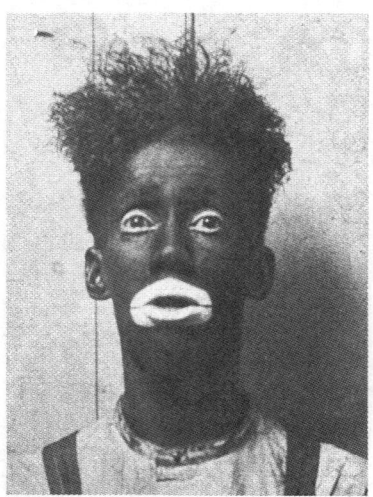

Miguel Covarrubias

56

De Meyers Portrait von Joséphine, das als Werbung für ihren bevorstehenden Auftritt in den Folies-Bergère verwendet wurde. Dieses Engagement bedeutete das Aus für *La Revue Nègre* und war der Anfang ihrer Karriere als La Baker.

Joséphine behauptete, sie macht sich
die Intelligenz ihres Körpers zunutze:
solche Photos brachten ihr den Ruf
einer wilden *Femme fatale* ein.

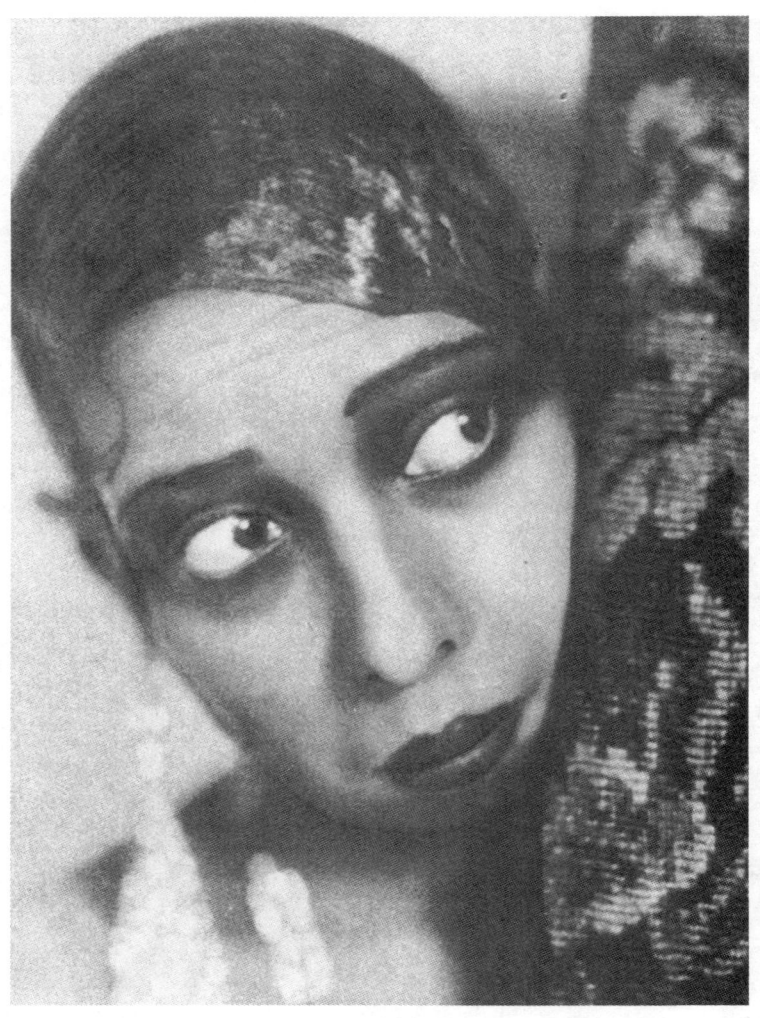

Allein kommst du auf diese Welt und allein verläßt du sie wieder, und auch während du auf dieser Erde verweilst, wirst du sehr oft allein sein – und all das erzählt dir die Musik. Du erzählst es der Musik, und sie erzählt es dir. Und dann weißt du Bescheid. Du weißt, was mit dir geschehen ist.

Sydney Bechet

II

Blues voll Einsamkeit und Liebeskummer

4 »Nicht wenige haben sie bereits zweimal, manche sogar schon sechsmal gesehen. Andere wieder standen nach zwei Szenen abrupt auf, verließen geräuschvoll den Saal und sprachen von Skandal, Wahnwitz, Anarchie und Sittenverfall.«[1]

Einer der erbittertsten Gegner war der Theaterkritiker des *Le Figaro*, Robert de Flers. Er schrieb selbst Boulevardstücke und Libretti und war früher eng mit Robert de Montesquiou und Marcel Proust befreundet. De Flers bezeichnete *La Revue Nègre* als »die größte Beleidigung aller Zeiten für den französischen Geschmack«.[2]

Sein Leitartikel löste einen Literaturstreit mit Henri Jeanson aus, der Joséphines Verteidigung ergriff. Er bestätigte noch einmal all die Loblieder, die auf Joséphine gesungen wurden, und erklärte, de Flers' Angriff richte sich gegen »eine Kunst, die der Music-Hall einige ihrer brillantesten Ideen geliefert habe.«[3]

Die Öffentlichkeit wurde in zwei Lager gespalten und, obwohl die Show weiterhin Triumphe feierte, errangen die Tartuffes einen entscheidenden Sieg. In dem *pas de deux sauvage* mit Joe Alex mußte Joséphine zusätzlich zu ihrem rosa Federkranz noch ein »Leibchen« tragen.

Schon nach einem Monat in Paris war *La Revue Nègre* so erfolgreich, daß man die Truppe für das Unterhaltungsprogramm der Galavorstellung »Soirée d'Adieu« haben wollte, die am 7. November 1925 den Abschluß der Internationalen Ausstellung der »Arts Decoratifs« bilden sollte. Mit auf dem Programm standen Georgette Leblanc, die Opernsängerin und Gefährtin von Maurice Maeterlinck, und die Pavlova, mit Véron als Partner.

Als *La Revue Nègre* am Théâtre des Champs-Elysées in den zweiten Monat ging, wurde die erste Hälfte des Programms geändert.

An die Stelle von Saint Grenier trat jetzt »la tragedienne de la chanson«, die Sarah Bernhardt der Music-Hall: Damia. In jenem Herbst war das Glanzstück ihrer Liedauswahl Jules Jouys »La Veuve« – »Die Witwe« –, wie man die Guillotine im Volksmund nannte. Die ganze Bühne war in rotes Licht getaucht, vor dem dämmrigen Himmel zeichnete sich die Silhouette der unheilvollen Maschine ab. Damia, in einem schlichten schwarzen Futteralkleid ohne Ärmel (sie kreierte das Bild der Sängerin im einfachen, schwarzen Kleid, das später von Piaf und Greco übernommen wurde) verschwand im Dunkel und begann mit schneidender, rauchiger Stimme zu singen.

Joséphine saß jede Nacht in der Seitenkulisse auf dem Feuerwehrsitz und schaute Damia zu. Jahre später erinnerte sich die große Sängerin: »Wirklich außergewöhnlich, diese Kleine. Bis heute habe ich die Zeiten im Champs-Elysées nicht vergessen, als sie dort ihr Debüt gab. Ich hatte meinen Soloauftritt – ich sang ›La Veuve‹ – und jede Nacht saß Joséphine, die damals noch kein Wort Französisch konnte, in der Kulisse und schaute mich mit großen Augen an, ernst und aufmerksam, damit ihr ja kein Wort entwischte... Ich bin mir sicher, sie hat alles im Hinterkopf gespeichert. Sie ist einmalig...«[4]

Damia hatte früher der Ballettgruppe von Loie Fuller angehört. Loie Fuller war die erste Pariser Künstlerin, die Punktscheinwerfer, Rampenlicht, verschiedene Farben und unterschiedliche Beleuchtungsstärken einsetzte. Bei dieser Tanzpionierin aus Amerika hatte Damia gelernt, wie man auf der Bühne mit elektrischem Licht Effekte erzielt: Sie entwickelte eine ganz andere dramatische Bühnenfigur als die Sängerinnen und Diseusen, die das *Chanson parisienne* zu einer Kunstform gemacht hatten. »Paris wäre nicht mehr Paris«, schrieb Cocteau, »wenn die Schleppe ihres Kleides nicht jede Nacht wieder mit einer Girlande aus hinreißenden Sängerinnen behängt würde – niemand weiß genau, woher ihre Lieder stammen oder wer sie geschrieben hat, sie sprudeln ganz natürlich aus dem Pflaster hervor.«[5]

Das *Chanson parisienne* war so alt wie die Stadt selbst. Ravel, der sehr empfänglich für musikalische Einflüsse jeder Art war, komponierte einen Blues in seine Violin- und Klaviersonate hinein. »In dieser Musikgattung gibt es immer wieder Geniales zu entdecken.

Es ist faszinierend. Viele Phrasen hätte ich gern selbst geschrieben... Der Blues folgt seinen eigenen Gesetzen, hat seinen eigenen Stil. Was wir da hören ist mit einem herkömmlichen Schlager nicht zu vergleichen. Es ist das Chanson de Paris. Das heißt, es ist in sich schon eine symphonische Ableitung. Es ist aus Virtuosität und Savoir-faire entstanden. Mit anderen Worten, es gibt Lieder, die ganz typisch für Paris sind, so wie es auch baskische, neapolitanische, russische oder provençalische Lieder gibt. Es ist eine Art Folklore.«[6]

Auch Joséphine sollte an dieser folkloristischen Tradition teilhaben. Da gab es die »Sänger der neuen Sachlichkeit« (chanteurs réalistes) und Dichter, die ihre Texte in Liedform vortrugen – Aristide Bruant, Yvette Guilbert, später Damia, Fréhel, Yvonne George und heutzutage Brassens und Léo Ferré –, deren Lieder alle auf ganz spezifisch pariserische Weise eine Geschichte erzählen. Die Komiker und Straßensänger wiederum hatten einen ganz eigenen, steiferen Stil, der Vers und Refrain nebeneinanderstellte. Die Chanteurs réalistes mit ihrer Poesie und ihren improvisatorischen Qualitäten sind geistig eher den Bluessängern verwandt; die geradlinigeren Volkssänger haben mehr mit der britischen Music-Hall und dem amerikanischen Vaudeville gemein.[7] Der Beitrag, den Joséphine zum Pariser Chanson leistete, ist einzigartig. Sie entwickelte eine reine, mehr oder weniger operettenhafte Technik, ließ sich aber weiterhin von »heißen Jazzrhythmen« begleiten. Heutzutage, wo Jazz-Puristen ihre Musik genauso klar abgegrenzt sehen möchten wie die Vertreter der klassischen Musik, scheint diese Kombination unvereinbar.

Die meisten Girls der Truppe wohnten auf dem Montmartre, in einem Hotel in der Rue Henri Monnier, einer kleinen Parallelstraße der Rue Pigalle; gleich um die Ecke, in der Avenue Trudaine, befand sich »La Poule au Pot«, wo junge Musiker zu einem Prix fixe von 15 Francs die Plat de Résistance probieren konnten, nach der das Restaurant hieß.

Claude Hopkins, Joséphine und der Band wurde angeboten, im Moulin Rouge eine Spätvorstellung zu geben. So begann für Joséphine ein neuer Lebensrhythmus, den sie lange Jahre beibehalten sollte; nach der Theatervorstellung tanzte sie in Cabarets weiter, wodurch sich ihre tägliche Arbeitszeit verdoppelte, manchmal sogar verdreifachte. Als ihr Engagement an der Music-Hall des Champs-Elysées auslief, wechselte die *Revue* auf eigene Faust in das kleinere Théâtre de l'Etoile über, das sich weiter oben in der Avenue befand.

Die Tänzer und Musiker wären alle gern in Paris geblieben, aber Caroline Reagan hatte sie nach Brüssel verpflichtet, wo ihr Auftritt das Programm des Cirque Royal beschließen sollte. Der Zirkus gab mindestens drei Vorstellungen pro Nacht; Claude Hopkins erinnerte sich: »Es zehrte sehr an unseren Kräften, aber glücklicherweise dauerte dieses Engagement nur sechs Wochen; einmal beehrten uns sogar König Albert und die königliche Familie mit ihrem Besuch« – Joséphines erste »Royal Performance«. »Sie war anerkanntermaßen der Star der Show und bekam überall hervorragende Kritiken, was jedoch«, wie Claude Hopkins betonte, »später ein ernsthaftes Problem darstellen sollte.«[8]

Von Brüssel aus ging *La Revue Nègre* ans Nelson Theater in Berlin. Rudolph Nelson, nach dem das Theater benannt war, kreierte, wie die Pariser Theaterdirektoren Derval, Varna und Volterra, für die Joséphine später arbeitete, seine ganz persönliche Art von Revue. Die bekannteste war *Lichter von Berlin.* Zwischen den düsteren Inflationsjahren nach dem Ersten Weltkrieg und dem Beginn der Nazizeit erlebte die Kunst in Berlin eine kurze, aber intensive Blütezeit, in der auch viele Revuen auf der Bühne zu sehen waren, denen *Lichter von Berlin* in gewisser Weise als Vorbild diente.

Obwohl die Atmosphäre im Berlin der zwanziger Jahre eher als stereotyp zu bezeichnen war – man erinnert sich heute zumeist an Jugendbanden und Huren –, wurde Joséphine hier genauso stürmisch empfangen wie in Paris. Sie war nur ein paar Wochen lang in Berlin zu sehen, hinterließ jedoch einen solch bleibenden Eindruck, daß jeder, der an das Theater und die Revue im Berlin der Weimarer Zeit denkt, auch Joséphine erwähnt.

Das ist nicht allein auf die Publikumsreaktion zurückzuführen, die Joséphine hervorrief, sondern auch auf den Einfluß, den die neue Musik auf sämtliche einheimischen Komponisten ausübte. Seit 1928 und Mischa Spolanskys *Es liegt in der Luft,* das Marlene Dietrich zu ihrem ersten großen Musical-Erfolg verhalf, bezogen die ortsansässigen Komponisten neue Instrumente in ihre Stücke mit ein; die Musik, die bisher von österreichisch-ungarischen Einflüssen geprägt war, orientierte sich jetzt deutlich erkennbar am Jazz: Wo einst Violinen eine wehmütige Melodie spielten, untermalten jetzt Saxophone und Klarinetten die Couplets mit ihrer Klage.

In jenem Winter trafen die beiden Kulturen aufeinander, denn während Berlin den Gastgeber für Joséphine, Claude Hopkins und Sidney Bechet in *La Revue Nègre* spielte, spendete es auch Richard Tauber großen Beifall, der dort in Lehárs *Paganini* sein Berliner Operettendebüt gab und damit den Grundstein zu seiner sensationellen, internationalen Karriere legte. Tauber und Joséphine sind wohl nie zusammen aufgetreten, aber sie übernahm zwei seiner Schlager für ihr Repertoire: Ralph Erwins »Ich küsse Ihre Hand, Madame« und Lehárs berühmtestes Tauberlied »Dein ist mein ganzes Herz«, das Joséphine jahrelang als »Je t'ai donné mon coeur« sang.

Jeden Abend wurden gleich nach der Vorstellung im Nelson Theater die Parkettplätze weggeräumt, um so eine Tanzfläche zu schaffen; das Theater wurde in einen Nachtclub umgewandelt. Hopkins spielte mit seiner Band und Joséphine tanzte. »Berlin war verrückt. Ein Triumph! Wenn ich ein Tanzlokal betrat, hörte die Musik auf zu spielen, und alle standen auf, um mich mit großem Applaus zu begrüßen. In Berlin bekam ich die meisten Blumen und Geschenke!«[9]

Wurde Joséphine in Paris dem Kubismus zugeordnet, so bejubelten die Deutschen sie als expressionistische Plastik. Joséphine war als Preisrichterin zu einem Kostümball in der Neuen Kunsthandlung eingeladen: »Ein enger Raum. Die Jungen und Mädchen zusammengepfercht wie die Sardinen. Sehr viele Neger waren da bei dieser Gelegenheit.«[10]

In den frühen Morgenstunden tauchten neue Freunde auf, die sie in das Berliner Privatleben entführten. Einer von ihnen war Graf Harry Kessler, Diplomat, Kunstsammler und Schriftsteller. Kessler hatte mit Hofmannsthal zusammen an dem Libretto für Strauss' Ballett *Josephslegende* gearbeitet, das von Diaghilew präsentiert wurde. Er hatte Joséphine durch Max Reinhardt kennengelernt, der hoffte, sie für eine Show mit Serge Lifar als Partner engagieren zu können. Das Treffen fand im Haus (»Harem«, wie Kessler es nannte) von Gustav Vollmoeller, dem Autor von Reinhardts berühmter Inszenierung *Das Mirakel*, statt. Kessler erinnert sich, wie er Joséphine zum erstenmal sah – völlig nackt, bis auf einen rosa Mullschurz:

Die Baker tanzte mit äußerster Groteskkunst und Stilreinheit, wie eine ägyptische oder archaische Figur, die Akrobatik treibt, ohne je aus ihrem Stil herauszufallen . . . Sie tut das stundenlang scheinbar ohne Ermüdung, immer neue Figuren erfindend . . . Sie wird dabei nicht einmal warm, sondern behält eine frische, kühle, trockene Haut. Ein bezauberndes Wesen.[11]

Kessler wollte für sie eine Pantomime nach den Motiven des Hohen Liedes Salomos schreiben. »Die Baker im Kostüm (oder Nicht-Kostüm) orientalisch antik, Salomo im Smoking, eine ganz willkürliche modern-antike Phantasie nach halb Jazz-, halb orientalischer Musik, vielleicht von Richard Strauss.« Zehn Tage später wollten sie sich alle in Kesslers Apartement zum Abendessen treffen; Joséphine würde nach der Show dazustoßen.

Kesslers Begeisterung für Joséphine ist eine besondere Ehre, wenn man bedenkt, daß seine Theatererinnerungen bis zu Hortense Schneider zurückreichten, der größten Interpretin von Offenbachs Werken, der Verkörperung der Belle Hélène, der Grande Duchesse und Périchole, »meine erste Liebe, als sechs- oder siebenjähriger Junge«.

Nach dem Essen ließ er sein Bibliothekszimmer ausräumen, damit Joséphine dort für die Gäste tanzen könne, doch zuerst zierte sie sich, »verschüchtert in ihrer Nacktheit vor den ›Damen‹«. Als Kessler jedoch den Anwesenden die erste Szene der Pantomime erzählte, »war Joséphine wie verwandelt«. Drängte, *wann* sie das tanzen könne?

Dann machte sie einige Bewegungen, stark und ausdrucksvoll grotesk, vor der großen Maillol-Figur. Offenbar setzte sie sich mit dieser auseinander; sah sie lange an, machte ihre Stellung nach, lehnte sich in grotesken Stellungen an sie, sprach mit ihr, sichtbar beunruhigt von der ungeheueren Starre und Wucht des Ausdrucks. Genie (denn sie ist ein Genie der Groteskbewegung) sprach zu Genie.[12]

Obwohl Joséphine und Lifar noch eine langjährige Freundschaft verbinden sollte, nahm sie Reinhardts Vorschlag nicht an. Claude Hopkins kommentierte: »Immer öfter bekam sie verlockende Angebote. Eine Zeitlang konnte sie widerstehen, vor allem weil sie bei Mrs. Reagan fest unter Vertrag stand. Sie fühlte sich aber auch dem Produzenten und der Show gegenüber zu Dank verpflichtet, denn sie hatten ihr schließlich zum Durchbruch verholfen.«[13] Schon früher war Paul Derval von den Folies-Bergère an Joséphine herangetreten, und nun wurde aus der Rue Richer ein Gesandter nach Berlin geschickt, der sie nach Paris zurückholen sollte. Reinhardt lockte mit dem Angebot, eine große Schauspielerin aus ihr zu machen. Gleichzeitig hatte man im Souvenir-Programmheft der Folies-Bergère schon ihr Portrait veröffentlicht und ihren Auftritt angekündigt. »So lebe ich eben; man muß die Dinge nehmen wie sie kommen. Ich probe nicht. Ich bin keine Maschine. Ich bin nicht nur Tänzerin oder Schauspielerin, nicht einmal eine Schwarze bin ich: Joséphine Baker, das bin ich!«[14]

5 Die Folies-Bergère, ursprünglich ein Café, in dem Sketche, Mini-Operetten, Gesangsstars und Zirkusnummern zu sehen waren, gab es seit 1868. Nach der ersten Vorstellung schrieb ein unbekannter Rezensent: »Vielleicht sollte man nicht so sehr an der Beleuchtung sparen; das Publikum, das in Kürze hier verkehren wird, möchte gesehen werden. Gaslicht bringt die Mode vorteilhaft zur Geltung, die Frauen werden kokettieren.« 1926 waren die Folies-Bergère bereits zu einer Pariser Institution geworden; für Touristen, die Unterhaltung suchten, waren sie eine der Hauptattraktionen der Stadt, wobei die Bühnenausstattung und die Kostüme, insbesondere die *Knappheit* der Kostüme, berühmter waren als die Künstler, die dort auftraten. Obwohl es im Programm der Folies an herausragenden Sängern und Tänzern nie gemangelt hatte – La Belle Otéro, Mistinguett, Maurice Chevalier und Yvonne Printemps, »la bien nommée« –, war der Starkult im Moulin Rouge und besonders im Casino de Paris weit stärker ausgeprägt. In den Folies-Bergère waren der Stil des Hauses, die Tableaux, das Dekor, die Kostüme und die Nackten vorrangig. Es war leichter, Joséphine – eine Newcomerin, die als eine Art Exotin betrachtet wurde – im

Rahmen einer Revue in den Folies-Bergère herauszubringen, als sie irgendwo anders solo auftreten zu lassen.

Joséphine gab ihr Debüt in *La Folie du Jour*. Obwohl man sich heutzutage nur noch an Joséphines Auftritt erinnert, wurde sie damals nicht als Star der Show angekündigt – diesen Rang nahm der Komiker Dorville ein, der nach alter Music-Hall-Tradition erst in der vorletzten Szene des ersten Aktes in Erscheinung trat. In Dorville lernte Joséphine eine weitere Variante der Pariser Künstlerszene kennen: Er war ein korpulenter Komiker mittleren Alters, der in breitem Argot sang:

J'suis né à Saint-Ouen
Tout près du rond-point,
Ouin, ouin!

Bei den letzten beiden Worten quietschte er wie ein Schwein. Seine Lieder steckten voller Anspielungen, für die der Begriff Zweideutigkeiten schon zu hoch gegriffen erscheint, andererseits wurde Dorville die Ehre zuteil, in G. W. Pabsts Film *Don Quixote*, zu dem Jacques Ibert die Musik schrieb, Schaljapins Diener Sancho Pansa zu spielen.

Spencer Williams war zusammen mit Joséphine nach Paris zurückgekehrt; auch er gehörte zu den bekannten Songschreibern, deren Musik für die Show verwendet wurde: Vincent Scotto, Irving Berlin, Jean Boyer und Borel Clerc. Die Namen, die für Dekors und Kostüme verantwortlich zeichneten, waren nicht weniger beeindruckend: Erté, Brunelleschi, José de Zamora und Georges Barbier. Joséphine trat als »Fatou« auf.

Wieder einmal beschreibt e. e. cummings höchst poetisch dieses Debüt:

Sie kommt auf allen Vieren durch das dichtgebündelte Zwielicht der Scheinwerfer auf die Bühne, mit steifen Armen und Beinen spaziert sie unter einem riesigen Dschungelbaum herum – weder Tier noch Übermensch und doch irgendwie beides zugleich: Etwas Undefinierbares, Unfaßbares, nicht primitiv und doch unzivilisiert oder jenseits jeglichen Zeitbegriffes, so wie die Emotion jenseits der Arithmetik liegt.[1]

Inzwischen ist in jedem Geschichtsbuch nachzulesen, daß Joséphine einen Bananengürtel trug. Die Früchte waren aus Gummi und wippten und vibrierten zu ihrem exstatischen Tanz. Sie schob den Bauch vor, schwang die Hüften, verdrehte Arme und Beine und streckte den Hintern in die Höhe; während sie die Fäuste ballte und mit den Armen die Bewegungen eines Schnelläufers nachahmte, blieben die Füße fest am Boden, und sie schüttelte die Früchte vorwärts und rückwärts, bis sie sich in Winkeln von 180 Grad bewegten.

Im *Mercure de France* vom 1. September 1926 widmete André Rouverge der Analyse von Joséphines Tänzen in *La Folie du Jour* 1 000 Worte. Er begann mit den Bananen und fragte: »La banane a-t-elle un sens symbolique obscène? La lingham de certains gris gris est-il ici rapport? N'en désespérons pas.« »Hat die Banane obszönen Symbolcharakter? Spielt das Lingam bestimmter Amulette hier eine Rolle? Darüber wollen wir uns nicht den Kopf zerbrechen.« Die Bananengirlande – eines der berühmtesten Theaterkostüme – entspricht der Music-Hall-Tradition, die Suggestivkraft von Früchten auszunutzen. In Amerika gründete die ganze Karriere eines Komikers, den man »The Banana Man« nannte, auf einer Nummer, in der er zuerst eine Banane und dann immer größer werdende Bündel davon aus seinen Manteltaschen zog. Um die Wirkung dieser Sex-Metapher noch zu steigern, trug Carmen Miranda später ein Füllhorn von Obst auf ihrem Kopf. In Becketts *Das letzte Tonband* eroberte sich die Frucht dann endgültig ihren Platz auf der Theaterbühne. Max Walls Ausweitung der Bananen-Aktion in seiner langen Beziehung zu diesem Stück maß ihr vielleicht zuviel Bedeutung zu.

1926 jedoch gab Joséphines Bananenröckchen weniger Anlaß zu Fragen, dafür um so mehr zu Witzen. »Oh! Comme on a pu se moquer de cette idée! Et que de dessins, de caricatures!«[2] Außer in dieser Nummer, die die berühmteste von allen werden sollte, war sie nur noch in drei anderen Szenen zu sehen.

Harry Kessler hatte für sein Salomo-Szenario die Idee gehabt, Joséphine in einer riesigen »tulpenförmigen Wolke« zu präsentieren – vielleicht lieferte das die Inspiration zu Joséphines nächstem Auftritt. Vom Schnürboden schwebte langsam eine riesengroße eiförmige Rosenkugel herab, deren obere Hälfte sich nach und nach immer weiter öffnete und den Blick auf Joséphine freigab, die mit einem Rock aus Seidenfransen bekleidet auf einem Spiegel lag. Als die Kugel auf den Boden aufsetzte, sprang Joséphine auf und tanzte Charleston, wobei der Spiegel mehr von ihr offenbarte, als selbst die lüsternsten unter den Zuschauern je zu hoffen gewagt hätten.

Rouverge schrieb:

Dieses Mädchen besitzt die geniale Fähigkeit, ihren Körper über sich selbst lachen zu lassen. Während sie eine außerordentlich originelle Rhythmusstruktur einhält, fallen ihre Bewegungen von einem Extrem ins andere. Unsere alten Vorstellungen von Ausdruck oder Sensation werden über den Haufen geworfen. Um uns restlos zu überzeugen, läßt sie ihren Körper zittern, als wäre sie in Trance, verliert aber gleichzeitig nicht ihren bemerkenswerten Humor... der Tango wird mit Elementen der Burleske vermischt, und der Charleston, wie in La Baker tanzt, kocht geradezu über vor diabolischer Intensität.

Die nächste Szene war eine Parodie: »Tout Pour Joséphine« von Dorville, mit dem neuen Lied »Joséphine« von Jacques Frey, zu dem Louis Lemarchand und G. Henry den Text geschrieben hatten. Eine Reihe von Szenen, in denen die schönsten Fächer der Welt – Les Plus Beaux Eventails du monde – aus Elfenbein, Spitze, Federn und Diamantengefunkel gezeigt wurden, gaben Joséphine die Gelegenheit, in der Federnummer als Le Chasse-Mouche einen akrobatischen Tanz aufzuführen, bei dem sie Räder schlug und Handstände machte.

In diesem Jahr war Chaplins Film *Goldrausch* angelaufen, und die Schlußszene »La Roué vers d'or« schwelgte in Gold – Vincent Scottos Lied »Alaska« wurde von goldenen Tressen, Federn, Bändern und Blumen unter einer goldenen Brücke eingeleitet, bis sich dann in der Schlußszene »Un Public en Or« die Bühne mit goldgeschmückten Revuegirls füllte; die Hauptdarsteller trugen goldene Kostüme und Joséphine, deren mit Bergkristall verzierte, goldene Bananen diesmal nicht herabhingen wie in der ersten Szene, sondern in gebogener Form mit den Enden gen Himmel wiesen, führte den Charleston an.

Joséphines Silhouette, ihre tanzenden Beine und ihre sich schlängelnden Arme, die von einer mit Federn, Blättern oder Bananen geschmückten Taille zusammengehalten werden, erscheint immer wieder sowohl auf Portraits als auch in Karikaturen, auf Plakaten und anderem Werbematerial, das von ihren Tänzen inspiriert wurde. 1987 war bei einer Ausstellung in der Bibliothéque Forney dieser Einfluß deutlich zu sehen, beispielsweise in einer Werbung aus dem Jahre 1929, die Charles Loupot für Café Precia gemacht hatte – fast wie eine Schablone – oder auf einem 1931 von Cappiello entworfenen Plakat für »Margarine Axa«, auf dem ein androgynes Wesen einer Kokosnuß entspringt (fast wie Joséphine in der »Blumenkugel«). Sogar noch im Jahre 1985 diente Colins *Revue Nègre*-Poster als Vorlage für ein Werbeplakat der Pariser Metro, *Ticket Folies 2me Voiture Le Plus Célèbre Spectacle de Paris,* auf dem Joséphine nackt mit einem Röckchen aus gelben Metrotickets zu sehen ist, die eins nach dem anderen davongepustet werden.

Spencer schrieb einen neuen Song, »I love dancing«, für und über Joséphine, die jetzt in der ganzen Stadt tanzte – nachmittags im Thé des Acacias, wo die vornehme Gesellschaft den Charleston von ihr lernen wollte; nach der Show in den Cabarets auf dem Montmarte, l'Imperial, Milonga, le Grand Duc: Manchmal tanzte sie achtzehn Stunden pro Tag.

Die Franzosen übernahmen alle amerikanischen Songs der zwanziger Jahre – Mistinguett sang Gershwins »Swannee«, Maurice Chevalier machte aus »I Wonder Where My Baby is Tonight?« »Mais ou est ma ZouZou?« und Damia sang »Just a Gigolo«.

Joséphine amüsierte sich über den vornehmen Tanzstil der Pariser:

Die Europäer hatten die Neger Charleston tanzen sehen. Dann wollten sie es selbst probieren und entwickelten ihre eigene Version, die auch ganz nett war, aber mit dem Original nicht mehr viel zu tun hatte . . . Es handelt sich nämlich darum, beim Tanzen mit den Hüften zu wackeln, rechts herum, links herum, von einem Fuß auf den anderen, den Popo spielen zu lassen und mit den Händen zu wedeln. Die Menschen haben viel zu lange ihre Popos versteckt: Er ist doch aber da, der Popo – und ich wüßte nicht, was man ihm vorzuwerfen hätte.[3]

Der Tanz beeinflußte vor allem die Frauen in ihrer Art, sich zu bewegen, und den Schnitt ihrer Röcke. Anhand der Titelseiten der Pariser *Vogue* von 1925 bis 1927 kann man die Entwicklung nachvollziehen. Im Sommer 1925 reichten die Röcke aller Modellkleider bis weit über das Knie, das kürzeste war ein mittellanges, perlenverziertes Abendkleid. Im Frühjahr 1927 waren die Röcke alle knielang oder gaben das Knie frei. Die neuen Tanzschritte hatten den Wandel in der Bekleidung herbeigeführt, für den sich Modereformer schon seit fünfzig Jahren stark gemacht hatten. Elizabeth Kendall schrieb dazu: »Alle eleganten Kleider waren jetzt Tanzkleider. Sprach man über den Schnitt eines Kleides, so war es wie die Beschreibung eines Tanzes.«[4]

Viele Rezensenten erwähnten damals den Namen Isadora Duncan, wenn sie Joséphines Tänze beschrieben. Zeitgenössische Kritiker meinten, die tänzerische Bewegungsfreiheit, deren Vorkämpferin Isadora gewesen war, und auch die Art von Kleidern, die sie bevorzugte, in Joséphines Stil wiederzufinden. Isadora fand das jedoch gar nicht komisch und schrieb: »Es scheint mir völlig absurd, daß irgendjemand annehmen könnte, Amerika drücke sich durch Jazzrhythmen aus.« Trotzalledem hatten Isadora und Joséphine zumindest eines gemeinsam: ihren Couturier Poiret.

Paul Poiret hatte die Frauen sogar schon vor dem Ersten Weltkrieg dazu ermuntert, ohne Korsett zu gehen und statt kunstvoller Frisuren lieber Tücher und randlose Hüte zu tragen; er bezog vor allem die Mode aus Fernost mit ein, japanische Kattuns, indische Gewebe und die wallenden Gewänder, die Isadora bei ihren Tänzen trug:

Joséphine Baker   Isadora Duncan

Selbst ich, die bisher Sommer und Winter meine kleine Tunika aus Leinen oder Wolle getragen hatte, konnte dem Zauber der Pariser Mode nicht widerstehen. Hierfür hatte ich aber eine Entschuldigung. Der Schneider war kein gewöhnlicher Mensch, sondern ein Genie: Paul Poiret, für den das Ankleiden einer Frau wie die Erschaffung eines Kunstwerkes war. Immerhin bedeutete dies für mich den Übergang von der heiligen zur profanen Kunst.[5]

Eines der Mannequins, die Anfang der zwanziger Jahre für Poiret arbeiteten, war die gertenschlanke Léonie Bathiat, die zum berühmtesten Star des französischen Kinos werden sollte: Arletty. Sie sagte: »Poiret war ein Gott. Er konnte zeichnen, die Muster ausschneiden, er beherrschte einfach alles bis hin zum Annähen des letzten Knopfes... Der einzige, der später keinen Vergleich mit ihm zu scheuen brauchte, war Balenciaga. Chanel konnte ihm nicht das Wasser reichen.«[6] Mitte der zwanziger Jahre näherte sich Poirets Karriere als Topdesigner ihrem Ende. Einige Jahre später, nachdem er Bankrott gemacht hatte, gab er seinen Namen für Kaufhäuser her, die billige Kleider von der Stange verkauften, aber im Sommer 1926 machte er für Joséphine ein Kleid nach dem anderen, mit Perlenstickereien oder aus kubistisch angehauchten Druckstoffen, Futteralkleider ohne Ärmel und mit geraden, knielangen Röcken, die ihr beim Tanzen die notwendige Bewegungsfreiheit ließen. Auf dem Photo, das Joséphine mit einem ihrer Bewunderer, dem jungen Georges Simenon, zeigt, trägt sie eine dieser Kreationen. Die Begegnung mit einem anderen, später weltberühmten Schriftsteller war voll prickelnder Erotik, wenn man der Darstellung Ernest Hemingways, der Joséphine zum erstenmal im Le Jockey traf, in allen Einzelheiten Glauben schenken darf:

Groß, kaffeebrauner Teint, kohlschwarze Augen, paradiesische Beine und das schönste Lächeln aller Zeiten. Es war sehr heiß in jener Nacht, aber sie trug einen schwarzen Pelzmantel, und ihre Brüste gingen mit dem Pelz um, als wäre es Seide. Sie richtete den Blick auf mich – sie tanzte mit dem stämmigen, britischen Artillerieleutnant, der sie mitgebracht hatte –, aber ich reagierte auf diese Augen, als hätten sie mich hypnotisiert und wollte sie ihrem Partner abknöpfen. Der Mann versuchte, mich wegzudrängen, aber die junge Dame glitt aus seinen Armen an meine Brust. Ich stellte mich vor und fragte nach ihrem Namen. »Joséphine Baker«, sagte sie. Wir tanzten nonstop bis in den frühen Morgen. Ihren Mantel behielt sie dabei immer an. Erst als das Lokal zumachte, erzählte sie mir, daß sie darunter nackt sei.[7]

Nun ist Hemingways Erinnerungsvermögen ja bekanntermaßen recht unzuverlässig, und diese Geschichte – die offensichtlich ziemlich ausgeschmückt wurde, wenn sie nicht von vornherein eine reine Erfindung war – sagt mehr über den Autor aus als über Joséphine. Wie über viele andere weibliche Stars – in England beispielsweise Marie Lloyd und in Amerika France Gaby Deslys und später Marilyn Monroe – wurden auch über Joséphines Amoralität eine Menge unglaublicher Klatschgeschichten verbreitet. Es ist anzunehmen, daß die meisten frei erfunden sind, aber in diesem Fall bestätigte Joséphine eine Beziehung zu Hemingway:

Diese Zeit war großartig in ihrer Jugend. Wir waren jung und voller Tatendrang. Jugend ist wie ein Fieber, von dem alle ergriffen werden. Keiner konnte sich diesem Sog entziehen. Hemingway leistete mit stundenlang Gesellschaft, ohne ein Wort zu sagen. Er war ein unkomplizierter Mensch, ein schöner Mann. Damals war er noch nicht so berühmt. Er hatte noch Zeit zum Schweigen.[8]

Von allen Nachtclubs auf dem Montmartre erregte Le Grand Duc in diesem Jahr am meisten Aufsehen; die Sängerin des Hauses, Florence Jones, hatte ihren eigenen Club »Chez Florence« eröffnet, und für sie war Ada Smith eingesprungen, die in Connie's Inn in Harlem gesungen hatte und als Bricktop, »die Äbtissin der Cocktailstunde« der nächsten vierzig Jahre, weltberühmt werden sollte. Langston Hughes war vom Küchenjungen zum Kellner befördert worden und trug einen Smoking, den Louis Douglas ihm geschenkt hatte:

In den frühen Morgenstunden glich das Grand Duc fast einem Nachtlokal in Harlem, von dem französischen Boss einmal abgesehen . . . In diesem Frühjahr war die Arbeit im Grand Duc ein reines Vergnügen, da nächtelang so gut wie nichts zu tun war, als herumsitzen und Bricktop und den Musikern zuzuhören, die sich von den Anfängen ihrer Laufbahn erzählten und herrliche Geschichten von Florence Mills, Bojangles, Bert Williams und anderen, mit denen sie auf ihren Reisen zusammengearbeitet hatten, zum Besten gaben.[9]

Bricktop entwickelte mütterliche (manche Leute behaupten sogar mehr als mütterliche) Gefühle für Joséphine. »Die Kleider sahen so bezaubernd an ihr aus, auch wenn sie in erster Linie dadurch Berühmtheit erlangte, daß sie unbekleidet auftrat. Ihr Ruf als Nackttänzerin überschattete zu oft die Tatsache, daß sie ein lebendiges, wundervolles, natürliches Talent besaß.«[10] Für Bricktop war Joséphine ein verwundbares Kind, nicht die Wilde, als die sie die Tanzkritiker so gern anpriesen, oder das Sexsymbol, mit dem sich Künstler und Schriftsteller so gern zeigten – Paul Colin, Simenon, Hemingway und andere, deren Namen inzwischen in Vergessenheit geraten sind.

Die Besitzer des Imperial, eines Cabarets in der Rue Pigalle, das dem Grand Duc gegenüberlag, wollten Joséphine für sich gewinnen, um Bricktop, die den Sommer 1926 mit Cole und Linda Porter (»und zwei oder drei jungen Männern«) in Venedig verbracht hatte und zu einer Berühmtheit geworden war, Konkurrenz zu machen.[11] Le Grand Duc hatte die Hausnummer 52, das Imperial die Nummer 59; folglich brauchten die Leute, die in Bricktops winzigem Club keinen Platz mehr fanden, nur die Straße zu überqueren. Auf der Rückseite des Herbstprogramms der Folies-Bergère, wo *La Folie du Jour* bereits die hundertste Vorstellung gab, war in der Anzeige zu lesen:

Ouvert toute la nuit
N'oubliez pas que le
Joséphine Baker's Imperial
est le rendez-vous de la clientèle la plus sélecte
et la plus élégante de Paris

Wir haben bis in den frühen Morgen geöffnet
und möchten Sie daran erinnern, daß
in Joséphine Bakers Imperial
nur das ausgesuchteste und eleganteste Publikum
von ganz Paris verkehrt

Der große Star mit seinem berühmten Charme ist jede Nacht hier zu sehen, und Sie haben die einmalige Gelegenheit, sie in geschmackvoller Umgebung zu genießen, während Sie luxuriös speisen und tanzen.

»Sie bezahlten mich nicht, aber ich bekam zu essen«, sagte sie. »Ich probierte zum erstenmal Soufflés... Oh! la la... die haben vielleicht gut geschmeckt... mit Käse, Pilzen, Vanille, Schokolade oder Likör. Ich bekam Bauchweh davon, aber das war mir egal. Nach einem Monat verabschiedete ich mich wieder.«[12]

Einer der Künstler, in deren Begleitung sich Joséphine im Herbst 1926 sehen ließ, war ein Karikaturist, der bei Zelli – ein weiterer Nachtclub auf dem Montmartre – arbeitete. »Zito war nichts Besonderes«, kommentierte Bricktop, »aber... viele Jungens, die sie gern einmal ausgeführt hätten, waren zu schüchtern, abgeschreckt von all dem Rummel, der um sie gemacht wurde. Wenn ein Mädchen Karriere macht, nimmt man automatisch an, daß es von irgendwelchen attraktiven, reichen Typen hofiert wird.«[13] Eines Abends stellte Zito Joséphine seinem Cousin aus Sizilien vor. Von dem Grafen Pepito Abatino (Foto unten) wurde behauptet, er sei ein Gigolo. Auf jeden Fall wußte er das Leben zu meistern, wie fast alle attraktiven jungen Männer seines Schlages und, was noch wichtiger war, er hatte viele Beziehungen zu Geschäftsleuten, die nur darauf warteten, solche Berühmtheiten wie Joséphine kennenzulernen. Sie fand, er sehe aus wie Adolphe Menjou, der elegante Hollywood-Schauspieler mit dem Schnauzbart. Er war ein Frauen-

held, ein Mann, der den ganzen Tag Zeit hatte, einer Dame den Hof zu machen, zuzuhören oder einfach nur dazusein.

»Dieses Gesicht werde ich nie vergessen... im Gegenteil, es will mir nicht aus dem Sinn. Feingeschnittene Züge, das Auge hinter dem Monokel fröhlich und ernst zugleich, der Mund spöttisch und zärtlich.«[14]

6 Als erstes veranlaßte Pepito Abatino, daß Joséphine von der Rue Pigalle in die Rue Fontaine überwechselte, wo sie ihr eigenes Cabaret eröffnete. Das erste »Chez Joséphine«, dem noch viele weitere folgen sollten, zählte schon nach kürzester Zeit zu den Pariser »Geheimtips«. Der Grund für die Beliebtheit solcher Nachtclubs war damals wie heute derselbe: Dort finden sich die Leute ein, die noch nicht nach Hause gehen wollen, und die bereitwillig für das Privileg zahlen, von Tänzern und Musikern wachgehalten zu werden, deren Darbietungen sie dann gar kein besonderes Interesse entgegenbringen; sie wollen einfach nur rauchen und trinken und versuchen, sich über den Lärm hinweg zu unterhalten. Die Atmosphäre und die Begleitmusik mögen variieren, der Reiz bleibt stets der gleiche. Sobald der Besucher den Club betritt, hat er das Gefühl, daß zumindest hier etwas passiert. Das ist jedoch zumeist ein Trugschluß, denn es ist viel zu laut, um sich zu unterhalten, die Tanzfläche ist viel zu klein, um sich frei zu bewegen, und nur total Betrunkene wagen den Versuch, Bekanntschaften anzuknüpfen.

Im Januar 1927 hatte Joséphines erster Stummfilm Premiere: es wurde ganz einfach die Folies-Show in kolorierter Fassung auf die Leinwand gebracht. In der Werbung hieß es: »Joséphine Baker Créatrice du Charleston, l'Idole du Public Parisien.« Dies war wahrscheinlich das erste und einzige Mal, daß eine Music-Hall-Show komplett gefilmt wurde – auf den Fragmenten, die davon erhalten blieben, sind Joséphines Bananentanz und die Szene mit der Blumenkugel zu sehen. Nachdem der Film herausgekommen war, sah sich das Management der Folies gezwungen, eine neue Show zu produzieren. Für *Un Vent de Folie* zeichnete zwar im großen und ganzen dasselbe Team verantwortlich wie für *La Folie du Jour*, aber die Kritiker waren einhellig der Meinung, die erste Show habe mehr Schwung gehabt.

Eine von Joséphines Cabaret-Nummern zeigte »Un hostellerie sous Louis XIII« mit Lila Nicolska, die als Primaballerina am Prager Nationaltheater zu der Musik von José Padilla getanzt hatte. Sie trat in Glitzerschmuck und roten Federn auf, tanzte zu der Musik von Spencer Williams und ließ sich im »La Même en 1927« von dem Thompson Jazz Orchestra begleiten. Im Finale – »Paris en Folie« – »trägt sie nur ein diamantbesetztes Trikot aus zartem Tüll und rote Handschuhe, an deren Spitzen Diamantkugeln hängen; der Effekt kann es mit Beardsleys wildesten Phantasien aufnehmen; sie ist die extravaganteste Erscheinung in der extravagantesten Pariser Revue.«[1]

Im Frühjahr 1927 lernte Joséphine Autofahren: Nachdem sie ihre Führerscheinprüfung bestanden hatte, brachte die Fahrschule eine ganzseitige Werbeanzeige mit ihrem Porträt heraus. Pepito Abatino war zwar kein Graf, aber es besaß ein großartiges Organisationstalent und beherrschte die Kunst, andere Leute für sich arbeiten zu lassen. Im Sommer drehte Mario Nalpas, der auch schon den ersten Folies-Film produziert hatte, einen zweiten Streifen, den er *La Revue des Revues* nannte; ein Potpourri von Music-Hall-Nummern, in dem auch Joséphine zu sehen war. Für seinen Spielfilm *La Sirène des Tropiques,* nach einem Roman von Maurice Dekobra, verpflichtete er sie als Hauptdarstellerin. Jetzt verbrachte Joséphine ihre Nachmittage im Filmstudio, die Abende auf der Bühne der Folies-Bergère, und danach tanzte sie in der Rue Fontaine weiter.

Einer der Regieassistenten bei dem Film war Luis Buñuel. In der Filmindustrie fängt man schon zeitig an zu arbeiten. Da Joséphine nie vor fünf oder sechs Uhr morgens den Club verließ, kam sie nur selten einmal rechtzeitig ins Studio. Das einzige, was Buñuel von den Dreharbeiten in Erinnerung behielt, war das Raubtier in Joséphine, das im Laufe ihrer Karriere hin und wieder mit ihr durchging und die Leute schockierte, die nur ihre liebenswürdige Seite kannten.

Ich muß sagen, daß ich nicht gerade gern daran zurückdenke. Ihre Marotten waren mir zuwider. Sie sollte um neun Uhr morgens zu den Dreharbeiten erscheinen, statt dessen kam sie um fünf Uhr nachmittags, stürmte in ihre Garberobe, knallte die Tür hinter sich zu und fing an, Make-up-Flaschen an die Wand zu schmeißen. Als jemand wagte, sie zu fragen, was passiert sei, bekam er zur Antwort, ihr Hund sei krank. Während wir diesen Wortwechsel mitanhörten, stand Pierre Batcheff neben mir.

»Na ja, so ist es nun mal beim Film«, sagte ich.

»Das ist Ihr Film«, antwortete er trocken, »nicht meiner.«

... Noch vor Beendigung der Außenaufnahmen kehrte ich den Tropen und ihrer Sirene den Rücken.[2]

Joséphine umgab sich mit vielen Tieren. Einige davon lebten in ihrer Wohnung, die anderen waren im Club zu Hause (darunter auch ein Schwein namens Albert). Als Eubie Blake einmal nach Paris kam, wunderte er sich weniger über Joséphines kometenhaften Aufstieg als über ihren Privatzoo: »Ihre extravagante Persönlichkeit konnte sich in Paris zum erstenmal frei entfalten, denn dort fielen plötzlich die heimatlichen Zwänge und Rassenschranken von ihr ab. Jetzt hatte sie das Geld, sich eine Menagerie von Königsschlangen, Geparden und Affen zu leisten, die alle in ihrer Wohnung hausten.« (Eubie erinnert sich, daß er lieber nicht zu tief in diesen Teil des Apartments vordringen wollte, obwohl Joséphine es ihm angeboten hatte.)[3]

Wenn sie des Nachts in Begleitung ihres Dienstmädchens und eines oder zwei ihrer Tiere im Chez Joséphine eintraf, hatte sie sich bereits ein neues Tanzkleid angezogen. Der Korrespondent des *Le Soir* beschrieb die Szene:

Mitternacht. Ein Meer von entblößten Schultern und Smokings umgeben von roter, cremefarbener und goldener Dekoration. Perlen und Ohrringe wie aus Tausendundeiner Nacht... Trinken, Essen, Hoffnungslosigkeit liegt in der Luft: das Fleisch ist schwach, Jazzmusik heult und jammert... Plötzlich schimmert etwas durch den Raum. Applaus, Schreie, Tumult: Joséphine Baker ist da. Schnellen Fußes schlüpft sie munter zwischen den Tischen hindurch, bleibt hie und da stehen, wirft eine Papierschlange durch die Luft, lächelt und macht Witze... die Verzauberung und die Freude, die bislang nicht hatten aufkommen wollen, haben soeben Einzug gehalten.[4]

Wenn die Stimmung abzuflauen drohte, veranstaltete Joséphine Tanzwettbewerbe, und die Gewinner bekamen als Preis grüne Topfpflanzen, die nach Plazierung gestaffelt immer größer wurden. »Es war ein Erlebnis, wenn Joséphine Baker mit dem Finger deine Stirn oder dein Kinn berührte. Ein bißchen wie der Händedruck eines Königs oder die Segnung des Papstes.«[5]

»Feurig, leichtfüßig und verspielt zugleich«, improvisierte Joséphine einen Tanz nach dem anderen zu der Musik der kleinen Band, die von dem Trompeter Léon Jacobs angeführt wurde. Die

Tänze, die sie spielten, waren nicht das, was wir heute als Jazz bezeichnen würden – aber die neue Musik, die gerade erst nach Paris gekommen war, wurde vorbehaltlos angenommen. Da Joséphine jetzt auch zu dieser gedrillten, durchdachten und lang erprobten Welt der Music-Hall gehörte, übernahm sie auch den eleganteren Semi-Jazz und den semi-musikalischen Komödienstil, die Ende der zwanziger Jahre modern waren. Mit dieser Band nahm sie ihre ersten Platten für Odéon auf. Sie sang die Lieder, die damals populär waren – auf englisch: »Who stole my heart away?«, »You gave me that certain feeling« und »Dinah«, der Song, der ihr im Plantation Club beinahe zum Durchbruch verholfen hätte.

Auch im Chez Joséphine wollten die Gäste sie singen hören, und so begann ihre Karriere als Nachtclubsängerin mit

Pretty Little Baby
Everybody knows,
You're a little baby
From your head right to your toes

André Rivollet, einer ihrer glühendsten Verehrer und später ihr literarischer Mitarbeiter, bezeichnete ihren Gesang als »un roucoulement fantasmagorique«[6] (»bizarres Gurren«). Man muß dazu sagen, daß ihre Stimme auf diesen ersten Platten atemlos und zittrig klingt und der Band, die ganz offensichtlich zum Tanz aufspielt, quasi nachzurennen scheint.

Joséphine schrieb zusammen mit Spencer Williams die Texte zu einigen seiner neuen Lieder. »Lonesome Lovesick Blues« ließen sie im Februar 1927, als das Lied von der Clarence Williams-Gesellschaft (keine Verwandtschaft) herausgebracht wurde, urheberrechtlich schützen.

Sitting by the window
Crying to the moon
For I want some loving
Got to have it soon

Wer weiß, wie einsam Joséphine während des ersten Jahres in Paris gewesen sein mag. Ihre Auftritte als unbeschwertes Naturkind und Sexobjekt waren perfekt, ihr feuriges Temperament beeindruckend, doch sie hatte mit älteren knallharten Profis zu tun und sprach noch immer nicht mehr als ein paar Sätze Französisch. Da muß ihr die schützende Hand des abgebrühten und in Finanzangelegenheiten geschickten Abatino wie eine Erlösung vorgekommen sein.

Im Juni 1927 wurde Joséphine einundzwanzig. Es war zwar zu spät, ihr den Türschlüssel zu überreichen, aber als Werbegag gaben sie und Pepito in der Mittsommernacht ihre Heirat bekannt. Der Scherz wurde am 25. Juni offiziell dementiert, doch in Paris, New York und Chicago hatten die Zeitungen schon mit Riesenschlagzeilen verkündet: »Jetzt ist sie Gräfin!« Für die gelangweilten Pariser ersetzte »le mariage blanc« (Scheinehe) eine Zeitlang das gestohlene Perlencollier als Reklametrick. *Ecoute* klärte die Leser in einem anderen Punkt auf: »Der Graf Abatino kann nicht gleichzeitig Sizilianer und Graf sein.« Kein einziges Verzeichnis des italienischen Adels enthielt einen solchen Titel. Von Pepito war zu hören, sein Vater sei »Bürgermeister einer Stadt in der Provinz Friaul, nördlich der Hauptstadt«. Einige Reporter behaupteten sogar, den Bürgermeister getroffen zu haben, und daß er von der Heirat wisse und sie billige. Amerikanische Zeitungen legten Joséphine folgende Worte in den Mund: »Wenn der Knabe mir schon nicht mehr von der Seite weicht, dann soll er auch die Brötchen und die Rosinen dazu verdienen.« Noch im Jahre 1934, in einem Bericht über Joséphines Auftritte, hielt die amerikanische Presse an der Gräfin Pepito Abatino fest. Vielleicht hätten Joséphine und ihr sizilianischer Manager (denn das war er tatsächlich geworden) sogar gern den Bund fürs Leben geschlossen, aber das war natürlich unmöglich, denn Joséphine war immer noch mit Will Baker verheiratet, und Abatino hätte Dokumente vorlegen müssen, die ihn als Schwindler entlarvt hätten. Zweifelsohne brachten sie beide vollstes Verständnis für die Lage des anderen auf, denn ihre Verbindung war wohl nie etwas anderes als eine Zweckbeziehung. Ihre Freundschaft zu Simenon schien es jedenfalls nicht zu beeinträchtigen.

Georges Simenons Frau, Régine, erinnerte sich: »Natürlich war Simenon Joséphines Liebhaber! Inzwischen weiß ich darüber Bescheid, aber damals hatte ich keine Ahnung. Wir kannten sie

beide gut. Fast jeden Abend waren wir in ihrem Nachtclub.« Es
hieß, Simenon sei Joséphines »Sekretär«, aber dem war nicht so.
»Wenn sie gerade keinen Manager hatte, half er ihr ein paar
Wochen lang, ein wenig Ordnung in ihre Papiere und Rechnungen
zu bringen. Aber das war auch schon alles. Er half ihr aus reiner
Freundschaft. Sie müssen wissen, Joséphine Baker war nicht
gerade eine gute Geschäftsfrau.«[7]

Dieser Satz sollte sich bald bewahrheiten. Im Laufe des Jahres 1927
wurde Joséphine in drei Prozesse verwickelt. Zum ersten hatte sie
ziemlich überraschend Paul Poiret vorladen lassen, um 5 000
Francs einzuklagen. Er behauptete, er habe seit Oktober 1926 Kleider, Mäntel und Pelze im Werte von 285 000 Francs für sie angefertigt. Einen Nerzmantel für glatte 90 000 Francs und ein Tageskleid,
das ironischerweise »Un rien« (Ein Nichts) hieß, für immerhin
noch 9 000 Francs. Poiret wollte mit Hilfe des Gerichts einige Wert-
sachen aus ihrer Garderobe beschlagnahmen lassen. Da Joséphine
aber beweisen konnte, daß sie Poiret schon 280 000 Francs gezahlt
hatte, entschied der Richter, daß der Couturier ein wenig übertrei-
be, wenn er sie jetzt noch wegen 5 000 Francs belangen wolle. Die
Klage wurde abgewiesen, und gleichzeitig hatte auch Poiret aus-
gedient, denn künftig ließ Joséphine ihre Kostüme bei Patou an-
fertigen.
 Die nächsten waren die Eigentümer des Imperial, die nicht nur
behaupteten, daß Joséphine noch bei ihnen unter Vertrag stehe,
sondern auch, daß sie einen Teil des Personals und die meisten
Gäste in die Rue Fontaine mitgenommen habe. Sie verlangten
300 000 Francs. Pepito Abatino schaltete schnell und überredete
Joséphine, ihr ganzes Vermögen ihm zu überschreiben; wären die
Kläger erfolgreich gewesen, so hätte sie sich für bankrott erklären
lassen können.
 Der dritte Prozeß kam auf recht eigentümliche Weise zustande
und war eine ziemlich klägliche Angelegenheit. 1926 startete Paul
Colin sein ehrgeiziges Projekt »Dans le Tumulte Noir«, eine Reihe
von Lithographien, die den Riesenerfolg der Negerkunst in Paris
würdigen sollte. Er kündigte an, daß Joséphine den Text dazu
schreiben werde. Daraufhin bekam sie Besuch von Marcel Sauvage, einem jungen Journalisten von der Zeitschrift *Intran,* der sie

interviewen wollte. »Joséphine Baker, femme de lettres, méritait une interview.« (»Die Schriftstellerin Joséphine Baker war ein Interview wert«.) Damals wohnte sie vorübergehend in einer Familienpension beim Parc Monceau. Sie sprach nur ein paar Brocken Französisch – »bonjour«, »bonbons«, »pauvre oiseau« und »Champs-Elysées«. Marcel Sauvages Bericht war recht zynisch. Die Inneneinrichtung des Apartments faszinierte ihn: eine Büste von Louis XIV. Daneben ein Käfig mit zwei Sittichen. Auf dem einem Tisch eine Stoffpuppe, die sich mit dem Fuß einen Nasenstüber gibt, auf dem anderen stand ein Grammophon, bereit zum Spielen.

Marcel Sauvage sollte später sehr wichtig für Joséphine werden, denn er überredete sie, ihn ihre Memoiren schreiben zu lassen, mit Illustrationen von Paul Colin. Im September 1927 wurden bei Kra *Les Memoires de Joséphine Baker recueillis par Marcel Sauvage* veröffentlicht, erzielten sofort einen durchschlagenden Erfolg und wurden mehrmals neu aufgelegt. Die *Revue Littéraire* beauftragte Vladminck mit der Rezension des Buches. Er war selbst Autor von *Tout pour ça* und *Histoire de notre époque* und war während der Anfangsjahre des Kubismus in großem Maße an der »Entdeckung« afrikanischer Kunst beteiligt gewesen. »Marcel Sauvages Darstellung von Joséphine Baker weckt Erinnerungen an die Urmutter Eva und an Zeiten, als für die Frauen das Leben wichtiger war als Kleider, Hüte, seidene Unterwäsche und kurz geschnittenes Haar«, schrieb er. Der Streit wurde dadurch entfacht, daß Vlaminck eine kurze Passage aus dem Buch, in der »Joséphine« Sauvage/Marcel »Baker« über die Nachwirkungen des Krieges diskutieren, besonders hervorhob: »Niemand, nicht einmal Duhamel, Dorgels oder Werth, hat den Schrecken des Krieges so freimütig und ohne jede Scheinheiligkeit beim Namen genannt wie Joséphine Baker.« Wollte er seine Leser auf den Arm nehmen? Vielleicht. Aber Sauvage, seines Zeichens Pazifist, Autor von *Le Premier Homme que j'ai tué* und Gewinner des Prix Gringoire, hatte nur Joséphines körperliche Abscheu, die sie beim Anblick der entsetzlichen Kriegsfolgen und der grausam verstümmelten Kriegsversehrten empfand, in Worte gefaßt.

Verschiedene Militär- und Reservistenverbände meldeten Protest an, und Joséphine wurde nahegelegt, Sauvage wegen falscher

Darstellung zu verklagen. Marcel Sauvage führte das Werk Gabriel Reuillards, des Autors von *Chair en peine*, an, um zu beweisen, daß »es ein ganz menschliches Gefühl sei, das Mademoiselle Baker zum Ausdruck gebracht habe«. Dieses Gefecht scheint keine weiteren Folgen gehabt zu haben. Joséphine bat darum, daß dieser und noch ein oder zwei andere Sätze in künftigen Ausgaben nicht mehr erscheinen mögen. Galant wie er war, kommentierte der Dichter Sauvage, daß »nur wenige Menschen Joséphine Baker wirklich verstehen. Hinter ihrer Unbefangenheit und ihren wilden Verrenkungen verbirgt sich ein absolut natürliches und sehr scheues Geschöpf. Kokett, aber mit einen goldenen Herzen. Frei wie der Wind, und genausowenig vorhersagbar, definiert sie die Poesie unserer Zeit.«

Joséphine zeigte sich im Laufe ihres Lebens von drei verschiedenen Seiten, was anhand von Fotografien, Berichten und den Äußerungen anderer Leute nachzuverfolgen ist.

Zuerst war sie »Tumpie« – wie sie von ihrer Mutter genannt wurde: ein ziemlich traurig aussehendes Mädchen mit Mondgesicht. Als sie heranwuchs und Pausbacken bekam, trat an die Stelle des leicht schmollenden Blicks ein weltverdrossener Mutter Erde-Ausdruck.

Dann kam Joséphine – La Baker (gesprochen Back-aire): statuenhaft, hochmütig, den Kopf zurückgeworfen, die Augen halbgeschlossen, entweder in voller Bekleidung oder ganz nackt; dieses Wesen mit dem Blick und dem Auftreten einer Kaiserin konnte ziemlich wichtigtuerisch und humorlos sein.

Zuletzt war sie »Fifine« – wie sie von ihren Freunden genannt wurde –, die mit den Augen zwinkerte und die dich mit ihrem ach so gütigen Lächeln zu fragen schien: das Leben ist doch letztendlich gar nicht so schlecht, oder? Und dieses Lächeln in ihrer Stimme und auf ihrem Gesicht war eine einzige Aufforderung an das Publikum, sich den amüsanten Dingen des Lebens hinzugeben. Sie machte zwar im Laufe ihrer Karriere fast genauso viele Höhen wie Tiefen durch, und ihre Gesundheit war am Ende ziemlich angegriffen, doch sie besaß die Fähigkeit, immer wieder nur diese Schokoladenseite zu »produzieren«; das machte sie so erfolgreich – und ließ ihr das Publikum treu bleiben.

Paul Colins Zeichnungen und Lithographien für das Sauvage-Buch und auch für *Dans le Tumulte Noir* reichen von der Karikatur bis hin zur beinahe abstrakten Darstellung von Joséphines Silhouette; seine Bilder sind die Synthese aus kubistischem Design und fauvistischer Farbgebung, womit er einen Grafikstil begründete, der heute als eine Art Kurzschrift zur umfassenden Beschreibung der gesamten Art deco-Schule betrachtet werden kann. Joséphine stand nicht nur für alles Neue in der Musik und im Tanz, sondern verkörperte auch das Ideal aller Maler und Bildhauer jener Zeit; sie wurde von vielen berühmten Künstlern portraitiert. Von all den Kunstwerken, denen sie in den zwanziger Jahren als Modell diente, sind es nach den Lithographien Paul Colins vor allem die Drahtskulpturen und Mobiles von Alexander Calder, die sich erfolgreich in die heutige Zeit herüberretten konnten.

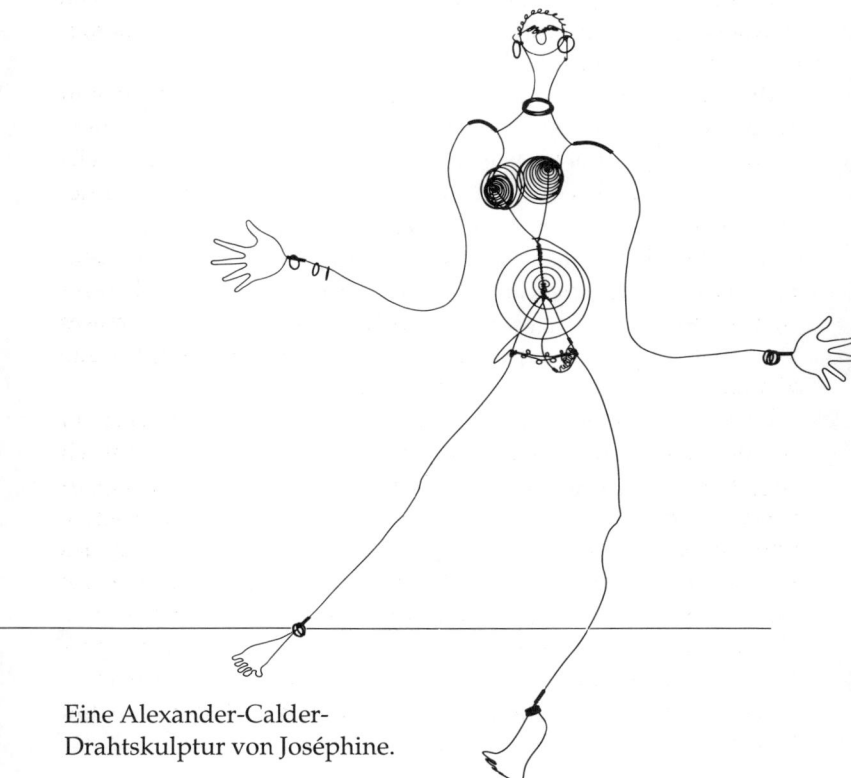

Eine Alexander-Calder-
Drahtskulptur von Joséphine.

Calder entstammte der dritten Generation einer Bildhauerfamilie und hatte schon einige graphische Arbeiten veröffentlicht, als er 1926 zum Studium nach Paris kam und anfing, mit Holz und Draht zu arbeiten. In einem Atelier in der Rue Daguerre fertigte er die ersten Skulpturen an, die dann zu seiner berühmten Mobile-Technik führen sollten. Im Herbst 1926 machte er sich an sein erstes Kunstwerk ganz aus Draht: eine Statuette von Joséphine auf einem Holzklotz. Inspiriert von ihrem *Danse de ventre* (Bauchtanz) wird der Unterleib der Figur von einer Spirale dargestellt, die den Eindruck schneller Bewegungen entstehen läßt; die Brüste sind emporgerichtet, die Hände erhoben, der Kopf zurückgeworfen und der Mund zum Singen geöffnet. Dieses Kunstwerk aus Draht, das sich heute im Musée Nationale d'Art Moderne in Paris befindet, war der Vorläufer des noch berühmteren Mobiles im Museum of Modern Art in New York: eine schimmernde Figur, die von der Decke herabhängen muß, um ihre ganze Schönheit zu entfalten. Der leiseste Lufthauch bringt sie zum Tanzen, läßt die Knie zittern und aneinanderstoßen, als würde sie Charleston tanzen; an den Armen hängen Armreife, die sich hin- und herbewegen.

Calder erinnerte sich:»Ich hatte einen Freund, einen texanischen Musiker namens Renick Smith. Ich arbeitete gerade an Zeichnungen für Notenausgaben, die mein Freund dann in ganz Paris den größten amerikanischen Sängern vorlegte, aber die einzige, von der eine Reaktion kam, war Joséphine Baker ... sie hatte einen herrlichen Körper ... als ich sie« – er meinte die Skulptur – »einmal jemandem zeigte, fragte der: ›Und das soll ihr wunderbarer Körper sein?‹«[8]

Bislang ist weder ein Porträt noch eine Zeichnung bekanntgeworden, auf denen Picasso Joséphine verewigt hätte, obwohl sie ihren eigenen Angaben zufolge »oft« für ihn Modell gestanden hatte. »Für Picasso posierte ich oft. Er sah nur das Innere eines Menschen, das Äußere war ihm gleichgültig. Er saugte einen förmlich aus.«[9] Sie wäre ihm sicherlich sofort aufgefallen, denn Mitte der zwanziger Jahre nahm er sehr aktiv am Pariser Gesellschaftsleben teil.

Foujita, Henri Laurens, Van Dongen, Rouault und Marie Laurençin, sie alle malten Joséphine. Ihr Ruhm reichte sogar bis ins Eßzimmer der Rue Fleurus, wo Alice B. Toklas ein Dessert kreierte, das sie Joséphine Baker-Vanillesauce nannte. Der Hauptbestandteil waren natürlich Bananen. Außerdem benötigte man drei Eßlöffel Liqueur Raspail. Als das Rezept veröffentlicht wurde, bedeutete Miss Toklas kryptisch: »Raspail ist ein Likör, den man wahrscheinlich durch einen anderen ersetzen muß.«[10]

In ihrem Buch *Useful Knowledge*, das 1928 erschien, zollte Gertrude Stein Joséphine auch selbst ihren liebevollen Tribut. »Setzen Sie alle kleinen Mosaiksteinchen zusammen«, schrieb sie, »die helfen, das Bild eines Amerikaners entstehen zu lassen«; der Abschnitt »Among Negroes« ist wahrhaft kubistische Dichtkunst, die sich um Joséphine dreht. Es beginnt folgendermaßen:

A story of the Three of you Joséphine Baker Maud de Forrest and Ida Lewelyn and Mr. and Mrs. Paul Robeson and as they never met and as they never met. Naturally. They were made to be alike they were not made to be alike. Naturally.
(Eine Geschichte von Euch dreien Joséphine Baker Maud de Forrest und Ida Lewelyn und Mr. und Mrs. Paul Robeson und wie sie einander nie fanden und wie sie einander nie fanden. Natürlich. Sie wurden als Gleiche geboren sie wurden als Ungleiche geboren. Natürlich.)

So ähnlich geht es noch eine Zeitlang weiter, bis eine Art Höhepunkt erreicht wird, als sie die Rivalität zwischen Joséphine und Maud de Forrest anspricht:

Miss Dudley preferred it.
Joséphine Baker Joséphine Baker and Miss Dudley preferred it.
(Miss Dudley sah's lieber.
Joséphine Baker Joséphine Baker und Miss Dudley sahen's lieber.)

Und schließlich als Hommage an die Bananen, die Alice B. Toklas vielleicht gerade in diesem Moment in der Küche zubereitete:

She need never regret that she had it around it around it she had it. She need never regret that she had it around it she need never regret that around it she had it around it.[11]

(Sie braucht nie zu bedauern daß sie es drumrum hat drumrum sie es hat. Sie braucht nie zu bedauern daß sie es drumrum hat sie braucht nie zu bedauern daß drumrum sie es hat drumrum.)

Gertrude Steins Werk muß eigentlich laut gelesen werden, um richtig zur Geltung zu kommen. Wenn man Aufnahmen von ihren eigenen Lesungen hört, entfalten die zuvor unergründlichen Worte auf einmal ihre ganze Schönheit – so ähnlich, als stünde man plötzlich vor dem Original eines Bildes, von dem man bisher nur Schwarz/Weiß-Reproduktionen kannte.

Im Winter 1927/28 begegnete Joséphine einem weiteren Pionier der Moderne. Adolf Loos hatte, wie so viele andere auch, den Charleston im Chez Joséphine erlernt. Er lebte seit 1922 in Paris und hatte ein Haus für Tristan Tzara entworfen. Dasselbe wollte er auch für Joséphine tun.

»Ich konnte mich nicht zurückhalten. Wissen Sie nicht, daß ich den besten Entwurf der Welt für Sie machen kann? Erstaunt schaute Joséphine mich mit ihren großen Kinderaugen an und fragte zögernd: ›Dann sind Sie also Architekt?‹ Sie hatte keine Ahnung, wer ich war – ich machte einen Entwurf für Joséphine – ich halte ihn für einen meiner besten. Die Außenwände sind mit schwarzweiß geäderten Marmorplatten verkleidet.«[12] Die Hauptattraktion des Hauses war ein Swimming-Pool mit »himmlischen Lichteffekten«. Loos ging 1928 zurück nach Wien, wo er Joséphine noch einmal begegnen sollte. Das Haus für Joséphine wurde leider nie gebaut, aber die Pläne dazu erlangten Berühmtheit. Nachdem er noch ein großartiges Bauwerk – das Muller-Haus in Prag, ein ähnliches »räumliches Abenteuer« – vollendet hatte, starb Loos im Jahr 1933. Sein Konzept für Joséphines Haus, das für ihre privaten Auftritte einen quasi öffentlichen Rahmen abgab, war ein Meer von Glaswänden und Galerien; es erschien wie eine »Referenz an die römische Kultur«.

Jean Dunands Kunst hingegen, der für Joséphine Schmuck entwarf und Skizzen von ihr anfertigte, wurde auch in die Praxis umgesetzt. Dunand war es auch, der das Programm für ihre »Gala d'Adieu« zusammenstellte – eine Show im Salle Pleyel, bei der sie zusammen mit Jean Wiener und Clement Doucet, dem großartigen Klavier-Duo vom Le Boeuf sur le Toit, auftrat. Es war ihre Abschiedsvorstellung für Paris, bevor sie die Stadt auf unbestimmte Zeit verlassen würde. In den Folies-Bergère stand nach *Un Vent de Folie*, eine neue Revue ohne Stars auf dem Programm, und Abatino hatte für Joséphine eine Tournee organisiert, die sie in alle Hauptstädte Europas und dann nach Nord- und Südamerika führen sollte.

Joséphines Abschiedsgruß an Paris im Januar 1928 wurde mit gemischten Gefühlen aufgenommen. Die Kritiker vermerkten, wie sehr sie sich in den zwei Jahren seit ihrer Ankunft in Paris verändert habe – sie war dünner und blasser geworden oder zumindest schien es so: »Ganz Paris war da; nicht nur das Publikum, das zu Generalproben erscheint, sondern auch die Herrschaften, die ansonsten in der Opernloge sitzen.« Joséphine tanzte Charleston und sang zum erstenmal auf französisch. »Plötzlich wurde sie sentimental; sie setzte sich auf das Klavier und sagte ›Mon Coeur blassée‹. Es war, als würde sie ein Märchen erzählen.«

In der Pause mischte Joséphine sich unter das Publikum und versteigerte signierte Programme für wohltätige Zwecke. Einige ungeduldige Galeriebesucher machten sich darüber lustig und fingen an zu pfeifen.

In allen Zeitungen war nachzulesen, wie Joséphine darauf reagierte: »Je croyais, pourtant, être en France.« (»Und ich hatte geglaubt, wir seien in Frankreich«.) Als sie wieder auf die Bühne trat, um zu tanzen und zu singen, »herrschte im Zuschauerraum absolutes Schweigen«. Die Mode hatte sich gewandelt, der Reiz des Neuen war verflogen.

Maurice Hamel (der Biograph der großen Chansonette Eugénie Buffet) brachte bei dieser Gelegenheit in *Lettres Irréverencieuses* seine persönlichen Ansichten zum Ausdruck: »Ihre Mittelmäßigkeit, Ihre absolute Talentlosigkeit und vor allem Ihr unzüchtiges Auftreten sind eine Schande für die Music-Hall.« Ein paar Tage lang wurden pro-Hamel und pro-Joséphine Leserbriefe veröffentlicht.

Das letzte Wort hatte *L'Impromptu de Montmartre* mit einer imaginären Revueszene, in der Joséphine und Maurice Hamel zusammen auftraten und er am Ende auf den Knien lag und versuchte, den Bananengürtel zu liebkosen.

Im *Paris Soir* nahm Paul Reboux in poetischer Form Abschied von Joséphine:

Mademoiselle, nie werde ich diese bezaubernde Überraschung vergessen, die Sie uns bereiteten, als wir Sie zum erstenmal auf der Bühne sahen. Viele Tänzer haben schon vor Ihnen versucht, Paris zu erobern... Aber Sie, Mademoiselle, ließen uns nicht nur träumen, sondern öffneten uns auch die Augen für eine wundervolle Kunstrichtung in der Musik.

Und nun machen Sie sich auf, die ganze Welt zu erobern. Das wird Ihnen sicherlich nicht schwerfallen. Doch vergessen Sie nicht unter all dem Applaus in der Fremde, daß Paris die Nährmutter Ihres phantastischen jungen Ruhmes war, und daß die Pariser zuerst entdeckten, daß in der unbekannten kleinen Tänzerin die große Künstlerin steckte, die Sie heute sind.

Rechte Seite:
Die Titel aller Shows an den Folies-Bergère bestehen aus 13 Buchstaben und enthalten das Wort »Folie«: Das Management verfügt über eine ganze Palette solcher Titel – so viele, daß man getrost ins 21. Jahrhundert blicken könne, meinten sie.

LA REVUE
DES
FOLIES
BERGÈRE

LA FOLIE DU JOUR
QUATRIÈME ALBUM
1926-1927
ÉDITIONS ARTISTIQUES DE PARIS, 32, Rue Louis-le-Grand, PARIS

Nancy Cunard schrieb über
Joséphine in *La Folie du Jour*:
»Wenn sie tanzte, hatte man
das Gefühl, eine der reinsten
afrikanischen Plastiken sei
plötzlich lebendig geworden –
ihr Tanz war *frei,* perfekt und
exakt, und drehte sich in
bewundernswerter Weise um
die vergoldeten Bananen an
ihren dynamischen Hüften.«

Zwanzig Jahre später wurde Joséphine folgendermaßen zitiert: »Ich hatte kein Talent – mein Körper tat nur, was die Musik mir befahl.« Auch wenn sie sich selbst über den Wert ihres sehr wohl vorhandenen Talents für natürlichen Tanz und für Improvisation oder deren Vortäuschung nicht im klaren war, und die hinreißende rhythmische Vitalität, die während ihrer gesamten Karriere die Grundlage für ihren Tanz und Gesang bildete, nicht zu schätzen wußte, so tat es das Publikum doch um so mehr. Wenn sie tatsächlich, wie sie sagte, nur der Eingebung der Musik gehorchte, so erkannten doch zumindest die Pariser Zuschauer und Kritiker – ein bekanntermaßen schwer zu eroberndes Publikum – ihre Qualitäten vom ersten Augenblick an.

Joséphine und der Charleston: der Tanz war älter als die meisten
Leute glaubten. Nach Meinung der Tanzforscher war er aus einem
»pat« – dem Juba – hervorgegangen, über den W. C. Handy in *Blues*
schrieb, er werde von großen Gruppen, »eventuell mit einem Solo-
darsteller in der Mitte«, aufgeführt. Auf Haiti entdeckte Katherine
Dunham Charleston-Schritte in einem Tanz namens »La Martinique«, und Melville fand »in den Stammesriten für den Häuptling
der Ashanti das perfekte Ebenbild des Charleston«, während
Frederick Kaigh nach umfangreichen Studien über afrikanische
Zauberei feststellte, daß »die Kinder Afrikas den Charleston schon
tanzten, bevor Julius Cäsar von Britannien überhaupt gehört
hatte«.

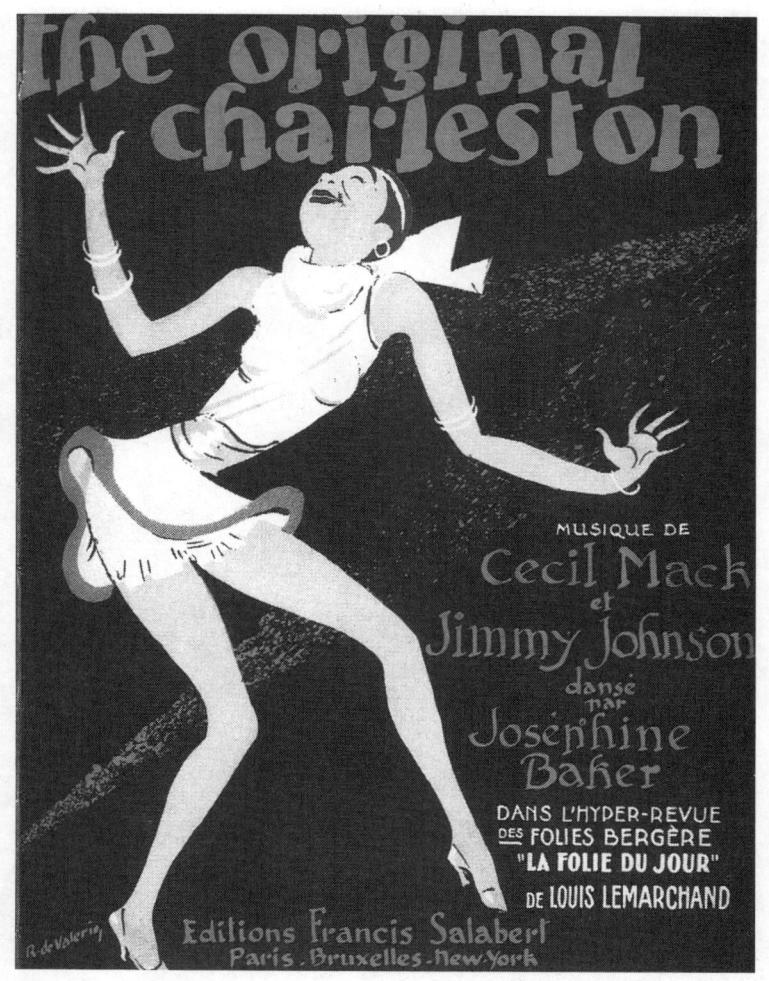

Als »Le chasse-mouche«
(Fliegenwedel) tanzte Joséphine zu
»Let Me Linger Longer In Your Arms«
von A. Baer.

JOSÉPHINE HEAD   ALIBERT   JOSÉPHINE BAKER   DORVILLE

SOUS UN PONT D'OR

PÉPA BONAFÉ   TYMGA   MARYSE   CASTEL   *Photos de* B

UNDER A GOLDEN BRIDGE

Die erste und wahrscheinlich einzige Ausgabe einer Zeitschrift, die 1927 für das Chez Joséphine gedruckt wurde: Grafik, Mode und Gedichte waren darin zu finden. Das Abonnement kostete 50 Francs pro Jahr.

Joséphine in einer für sie ganz typischen Pose: Im Chez Joséphine in der Rue Fontaine zeigte sie sich mit einem flotten Partner, der auf seinem Daumen herumbiß, während sie sich am Kopf kratzte. Die Gäste sollten sich vor allem gut amüsieren, wozu auch die Kochkünste des Küchenchefs Freddy beitrugen, der von Joséphines geliebten Spaghetti Napoli mit rotem Pfeffer bis hin zu *petits pains fourrés au hachis* einfach alles kochen konnte – dreißig Jahre bevor Brion Gysin mit seinem Haschee-Fondant-Rezept berühmt wurde.

101

Ein berühmtes Porträt von Felix Nadars Sohn Paul,
hier als Werbung für Joséphines Fahrlehrer.

Joséphine in *Un Vent de Folie*. Das Kostüm ist eine Kreation von Georges Barbier; ein typisches Beispiel für seine hervorragende Detailarbeit. Als diese Photographie eines Sonntags im Jahre 1986 das Titelblatt der Sonntagsbeilage des *Observer* zierte, beschwerten sich einige Leser bei der Redaktion, der Anblick von soviel nackter Haut sei empörend.

PLANTATION
JOSÉPHINE BAKER
et le Thomson Jazz Orchestra

Die Tanzkritikerin
Carol Bérard schrieb über
Joséphines zweite Show
an den Folies-Bergère, ihre
physische Virtuosität ver-
körpere »einen Kontinent
von Dekors, den Herz-
schlag des Dschungels«.

Eine von Joséphines ersten Platten – 1927 für Odéon.
Später weigerte sie sich, »Mammy songs« zu singen.

Mit *La Sirène des Tropiques* –
einer Folge von pittoresken Abenteuern zu Land und zu Wasser –
wollte man Joséphine ganz groß herausbringen.

JOSEPHINE BAKER
"Sirène des Tropiques"
de Maurice Dekobra

Pepito Abatino schloß zahlreiche Werbeverträge für Joséphine ab, wobei die nach ihr benannte Pomade bei weitem den größten Erfolg und das meiste Geld einbrachte. In einer Rezension ihrer

BAKERFIX

COSMÉTIQUE DE LA CÉLÈBRE
ARTISTE JOSÉPHINE BAKER

Fixe merveilleusement la
chevelure pour la journée
et lui donne sans la graisser
un brillant incomparable

Pariser Auftritte in den zwanziger Jahren schrieb *Vogue*: »Ihr von Natur aus gelocktes Haar war fest an die Kopfhaut geklebt und sah aus, als wäre es mit schwarzem Schellack aufgemalt. Diese Frau ist wie ein lebendig gewordener Aubrey Beardsley oder Picasso.« Dreißig Jahre später war das Produkt immer noch in den Galeries Lafayette erhältlich.

Eine von Joséphines berühmten Porträt-Sessions mit der deutschen Photographin Madame d'Ora. Sie trägt Schmuck von Jean Dunand und einen Hut von Agnès. Die Photographin schrieb in der Berliner Zeitschrift *Die Dame*: »Ich sehe nur ein trauriges, erschöpftes, dunkles Kätzchen … Joséphine lacht, tanzt, springt, fegt über die Bühne. Die wilde Musik, der donnernde Applaus und die lachenden Gesichter Hunderter von Menschen machen ihr Spaß, aber wenn der Vorhang fällt, ist die berühmte Joséphine einsam und traurig, eine arme kleine Pflanze ohne Wurzeln.« Nach der Sitzung erschien ein Diener und brachte Joséphine ein Kotelett zum Mittagessen – und richtete ihr aus, sie müsse vor der Nachmittagsvorstellung unbedingt etwas essen. D'Ora sagte zum Abschluß: »Es hat keinen Sinn, Joséphine, das ist der Preis des Ruhmes!«

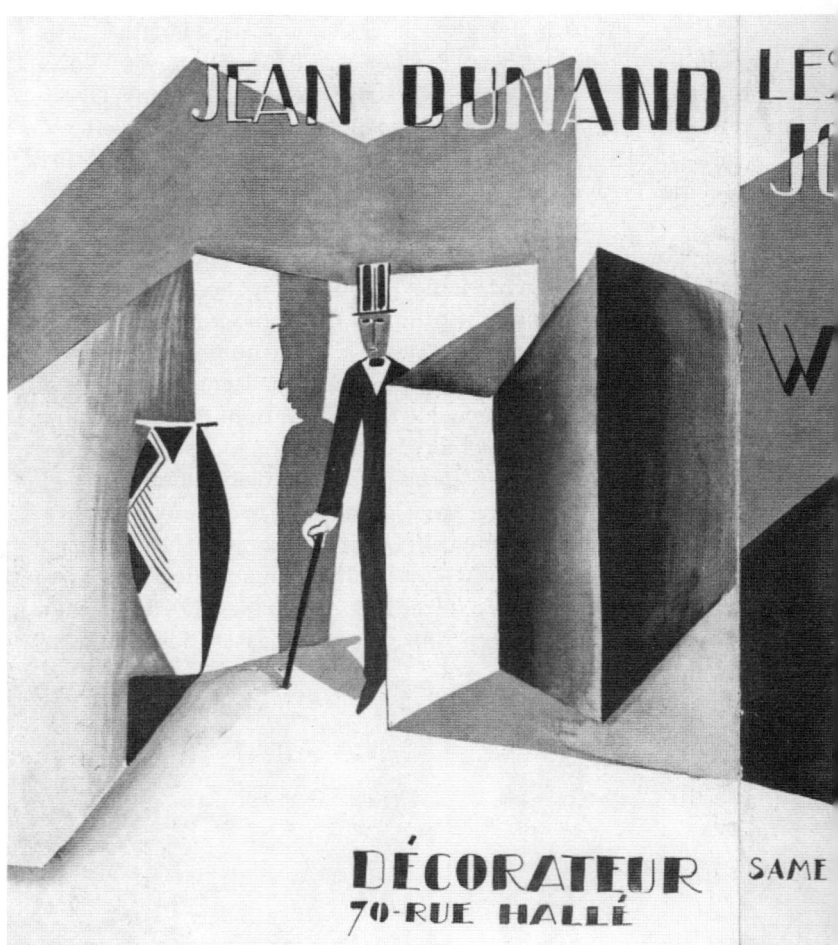

Joséphines allererste »Abschiedsvorstellung«. Jean Dunand gestaltete sowohl das Programm als auch das Bühnenbild. Joséphine sang »Ain't She Sweet«, »The Man I Love« und »Muddy Water« – das Lied von Peter de Rose, das Bessie Smith ein paar Monate vorher mit Coleman Hawkins aufgenommen hatte.

DIEUX DE
ÉPHINE À PARIS
AVEC
NER & DOUCET
GRANDE
SALLE
PLEYEL

ADMINI
STRATION
DES
CONCERTS
A.DANDELOT
& FILS

JANVIER 1928

Wenn du berühmt warst und nach Europa gingst, so wurdest du
auch in den Ländern mit den stärksten Vorurteilen aufs Podest
erhoben … Ich würde sagen, es war leichter, sich in Europa einen
Namen zu machen, um dann Anerkennung zu finden, wenn man
nach Amerika zurückkam.

Alberta Hunter

III

Eine Amerikanerin in Paris

7 Im Frühjahr 1928 erlangte Joséphine noch größere Berühmtheit, denn damals kam Paul Morands Novelle *Baton Rouge* heraus, in der es um eine schwarze amerikanische Unterhaltungskünstlerin namens Sophie Taylor geht, bei der Joséphine ganz offenbar Pate gestanden hatte:

Sie ist ein wildes Geschöpf. Das Bewundernswerteste an ihr ist nicht ihr Tanz oder ihre Komik, ihre exotische Anmut oder die Grimassen, die ihr sonst so rundes Gesicht plötzlich zu einer geometrischen Fratze verzerren, sondern ihre überschäumende Lebensfreude, die sich sofort aufs Publikum überträgt. Bei der Spannung, die von ihr ausgeht, kann selbst der elektrische Stuhl nicht mithalten.

Joséphines Europatournee sollte in Wien beginnen, einer Stadt, in der laut René Bizet »die Music-Hall noch nicht geboren war«. In der Presse wurde der moralische Aspekt von Joséphines Vorstellungen heftig diskutiert. Anna Pavlova, die gerade in Wien gastierte, wurde nach ihrer Meinung über Jazztänze gefragt. »Brauchen sie Technik? Nein. Anmut? Nein. Talent? Sehr wenig. Die Quintessenz moderner Tänze ist zumeist reine Schaumschlägerei.«

Die Rechten demonstrierten schon gegen Kreneks vom Jazz inspirierte Oper *Jonny spielt auf*, die am 31. Dezember 1927 zum erstenmal auf der Bühne zu sehen war. (*Jonny* ist ein schwarzer Musiker – Alfred Jerger wurde für diese Rolle als Neger geschminkt – eine Art Don Juan der zwanziger Jahre, dessen Charme keine Frau in seiner Umgebung widerstehen kann). Die Polizei kündigte an, sie werde während der gesamten Dauer von Joséphines Aufenthalt in Wien die notwendigen Schutzmaßnahmen ergreifen. Ein Polizeitrupp geleitete sie vom Bahnhof zum Grand Hotel, vor dem sich schon eine Menschentraube versammelt hatte. Joséphine empfing ihre ersten Gäste im Beisein von zwei Hunden, Fifi und Bebé; um sie herum türmten sich 15 Schrankkoffer, 196 Paar Schuhe, 137 Kostüme, verschiedene Pelze, unzählige Kleider... 64 Kilo Puder. Dieses kleine und doch so bezeichnende Detail erklärt,warum die Kritiker in Paris den Eindruck hatten, ihre Hautfarbe sei heller geworden.

Die lokalen Behörden verweigerten dem Ronacher Theater, wo Joséphine in der Revue *Schwarz auf Weiß* auftreten sollte, die Erlaubnis zur Wiedereröffnung. Einige Parlamentsabgeordnete unterzeichneten eine Petition zum Verbot dieser »pornographischen Aufführung«. Joséphine und Abatino fuhren erst einmal in Winterurlaub nach Semmering, wo sie Skilaufen lernte und tanzte – nicht auf der Bühne, sondern zum Nachmittagskaffee.

Am 1. März 1928 gab sie dann schließlich doch noch im Johann Strauß Theater mit großem Erfolg ihr Wiener Debüt; ihr Partner war der berühmte Wiener Komiker Armin Berg. Die *Wiener Allgemeine Zeitung* bezeichnete sie als »ein perpetuum mobile der Burleske« und *Der Tag* schrieb: »Es wäre besser gewesen, eine Hommage an Jezabel in die Revue einzubauen. Letztendlich hat Jezabel mehr mit Baker gemeinsam als Baker mit Franz Schubert.«

Aber es wurde weiter über ihre »Unmoral« gestritten, und der *Ecclesiastical Bulletin* gab bekannt, daß ganz in der Nähe des Theaters in der St. Pauls Kirche ein Sondergottesdienst abgehalten werde, »en expiation des nombreux attentats à la moralité publique commis de tous côtés et pour protester contre les sensations nègres de la danseuse de Paris«.

Joséphine hatte allein in den Folies-Bergère eine Million Francs pro Jahr verdient: Unter Abatinos Federführung hatte sie für ganz Europa Verträge mit ähnlich hohen Gagen abgeschlossen. Bevor sie Paris verließ, zeigte sie ihren Kontrakt mit dem Embassy Club in London herum, in dem keine Summe festgelegt war; sie konnte die Gage selbst einsetzen.

Die Publicity eilte ihr überallhin voraus. In Jugoslawien schoß sich ein Tenor namens Gabor am Bühneneingang mitten ins Herz – als Motiv wurde seine unerwiderte Liebe zu Joséphine angenommen. In Budapest bot sie einen Sketch von Maurice Dekobra auf französisch dar, und einer ihrer Bewunderer, Andrew Czlovoydi, widmete ihr ein Gedicht, »The Black Sun of the City of Light« (»Die schwarze Sonne von der Stadt des Lichts«), woraufhin er vom »Grafen« Abatino zu einem gut inszenierten Duell gefordert wurde. In Agram unterbrach ein junger Kroate die Vorstellung und schrie: »Verschwinde! In Agram hungern die Leute, und du kassierst ein Vermögen!« In Basel sang Joséphine nach dem sechsten Vorhang noch eine Zugabe in perfektem Deutsch. In Luzern gab der Dirigent ein so schnelles Tempo für ihren Tanz vor, daß sie zum Schluß in Ohnmacht fiel.

In Amsterdam war für zwei Stunden der Verkehr lahmgelegt, weil Massen von Menschen auf Joséphines Ankunft warteten; dort tanzte sie den Charleston in Holzschuhen, und ihr Vertrag wurde noch einmal um die gleiche Zeit verlängert. In Stockholm wurde darüber debattiert, ob sie eine Gefahr für die Kultur darstelle; Oslo applaudierte; in Kopenhagen warf man ihr Unsittlichkeit vor. Der dänische Pastor, der eine Kampagne gegen diese »unmoralische« Frau gestartet hatte, ließ sich schließlich bekehren und erschien selbst in der Vorstellung, um begeistert Beifall zu klatschen. Die Kostüme für die Revue *Wien, Wien – Oh Joséphine* stammten aus der Werkstätte für dekorative Kunst. Bei einem Interview in ihrer Garderobe in Kopenhagen, das bis an ihr Lebensende zu ihren Lieblingsstädten gehören sollte, räumte Joséphine ein, sie fände die zwei Vorstellungen pro Tag, an die sich häufig noch Auftritte in Nachtclubs anschlossen, sehr anstrengend: »Als ich Paris verließ, wog ich 137 Pfund; jetzt wiege ich 116 Pfund, obwohl ich weder rauche noch trinke.«

Die Tournee führte sie auch nach Berlin, wo sie für sechs Monate engagiert war. Dort wollte sie ein neues Chez Joséphine eröffnen, um aus dem berühmten Berliner Nachtleben Kapital zu schlagen. Der relative Wohlstand des Jahres 1926 war der düsteren Unruhe gewichen, die schließlich zum Aufstieg Hitlers führte. Das beste Beispiel dafür war das Theater. Wo drei Jahre zuvor noch Lehár der »in«-Komponist gewesen war, brachte jetzt Brecht und Weills *Dreigroschenoper* volle Häuser. Um Joséphines Rückkehr zu feiern ging Weill in seiner allwöchentlichen Kolumne für das Berliner Radio Journal auf sie ein und erklärte, er würde liebend gern Lieder für sie schreiben.

In diesem Jahr war in Berlin alles, was Rang und Namen hatte –
Gordon Craig und Virginia Woolf und Louise Brooks, die gerade
zusammen mit Pabst *Die Büchse der Pandora* von Wedekind drehte,
und Christopher Isherwood, der die Stadt zum zweiten Mal
besuchte. 1976 schrieb er: »War die berühmte Berliner ›Dekadenz‹
nicht in erster Linie ein Werbetrick, mit dem die Berliner instinktiv
ihren Pariser Konkurrenten Paroli bieten wollten? Paris hatte
schon seit langem das Geschäft mit den anständigen Mädchen fest
in der Hand; was blieb da Berlin anderes übrig, als seinen Besuchern eine Maskerade von Perversionen anzubieten?«[1]

Louise Brooks stand unter dem Einfluß ihrer Rolle als Lulu (die,
ihrer Autobiographie zufolge, immer mehr mit ihrem eigenen
Leben verschmolz) und sah die Stadt unter einem etwas kritische-
ren Blickwinkel:

Mit Sex wurde in der Stadt das größte Geschäft gemacht. Im Hotel
Eden, wo ich wohnte, hatten die teuren Nutten die Kaffeebar mit
Beschlag belegt. Die billigen Mädchen drehten draußen auf den
Straßen ihre Runde. An der Ecke standen die Girls mit den Stiefeln,
die Auspeitschung feilboten. Schauspielagenten betätigten sich als
Zuhälter für die Damen in den Luxusappartement... In den
Theatern war die schamlose, kollektive Lust ausgebrochen. Wenn
Joséphine nur mit einem Bananengürtel bekleidet die Bühne betrat,
spielte sich genau das ab, was Wedekind beim Auftritt von Lulu
beschrieb: »Das wildgewordene Publikum erinnert an hungrige
Raubtiere, denen man ein Stück Fleisch in den Käfig wirft.«[2]

Im Theater des Westens trat Joséphine in einer neuen Version des
Bananenkostüms auf, mit riesigen Ohrreifen, in denen je ein
lackierter Papagei saß. Im Hintergrund der Bühne prangte eine
6 Meter hohe Karikatur von ihr, wie sie in dem berühmten Gürtel
herumhüpft.

Die führende Soubrette der Revue war die blonde Lea Seidl, die
im darauffolgenden Jahr in der Titelrolle von Franz Lehárs Operette *Friederike* Furore machen sollte. Sie erzählte mir: »Die Nazizeit
hatte bereits begonnen, und die Herren, die unsere Revue herausgebracht hatten, waren zwei sehr berühmte Juden. Sie hießen Rotter, was ja in England nicht gerade schmeichelhaft ist, aber es

waren wirklich ganz reizende Leute! Sie brachten ernsthafte Stücke, Revuen und Operetten heraus. Ihnen gehörten drei der allerbesten Theater.«

Am ersten Abend stand Lea Seidl mit Paul Heidelmann auf der Bühne, als die Nazisympathisanten anfingen zu johlen und zu pfeifen. »Als ich singen mußte, sagte Paul: ›Es ist schrecklich. Oh Gott, sie werden uns umbringen!‹ Dabei war er gar kein Jude, und ich keine Jüdin; die Buhrufe galten den armen Rotters.«

»Und ich glaube, sie waren nicht nur gegen das jüdische Management, sondern auch gegen Joséphine Baker. Nach der Premiere schrieb einer der Nazikritiker: ›Wie können sie es wagen, unsere schöne, blonde Lea Seidl zusammen mit einer Negerin auftreten zu lassen‹ – die furchtbaren Zeiten hatten also schon begonnen. Wir waren gute Freunde. Ihre Garderobe war gleich neben meiner. Ich erinnere mich noch, wie sie drei Wochen später plötzlich sang- und klanglos verschwand. Sie besaß einen sehr eleganten Chinchilla-Mantel; ich stand auf der Bühne und sang glaube ich gerade, als ich sie in ihrem Mantel mit einem großen Sack auf dem Rücken daherkommen sah. Sie flüsterte mir zu: ›Sag nichts, ich verschwinde, ich haue ab‹, und das tat sie dann auch. Wissen Sie, manche Situationen sind schon sehr komisch; ich sehe es noch heute vor mir – ein groteskes Bild, dieser elegante Chinchilla mit dieser Art Kartoffelsack. Die Show mußte abgesetzt werden, jeden Tag kam es zu neuen Szenen.«[3]

Lea Seidl hatte ein gutes Gespür für den Zeitgeist. 1930 kam sie mit *Friederike* nach London und beschloß, dort zu bleiben und nicht nach Deutschland zurückzukehren. Sie hatte viel Erfolg, die Londoner Inszenierung von Benatskys *Im weißen Rössl* eingeschlossen, und 1955 spielte sie die Zimmervermieterin in dem berühmten Film *I Am a Camera* (Ich bin eine Kamera). Die Gebrüder Rotter hatten nicht soviel Glück. Obwohl sie Berlin verließen und in die Tschechoslowakei gingen, wurden sie von der Gestapo verfolgt und ermordet.

Joséphine kehrte nach Paris zurück. Sie kam gerade rechtzeitig, um dem Prozeß gegen Dr. Prieire, einem der Geldgeber, die Abatino am Chez Joséphine beteiligt hatte, beizuwohnen. Ihm wurde vorgeworfen, seinen Patienten zum Betrug ihrer Unfall- und Krankenversicherung verholfen zu haben.

Joséphine besuchte den unglückseligen Doktor und seinen Verteidiger, Maître Pinganaud (Foto), mit dem sie sich ziemlich besorgt dreinschauend auf dem Korridor des Palais de Justice fotografieren ließ. Dr. Prieire wurde zu zwei Jahren Gefängnis verurteilt, und Joséphine, die bei einem Münchner Theater unter Vertrag stand, sah sich gezwungen, nach Deutschland zurückzukehren. Die ortsansässige Presse wollte sie zu einer unerwünschten Ausländerin erklären lassen und wies darauf hin, daß es für die Polizei kaum zu bewältigen sei, Joséphine vor dem Pöbel zu schützen, der sie ausbuhen würde, falls sie doch auftreten sollte. Das tat sie nicht; die Vorstellung wurde von der Polizei untersagt. Ihr letztes europäisches Engagement hatte sie in Hamburg, wo die Nazis noch nicht die Kontrolle über Presse und Theater erlangt hatten.

Der zweite Teil ihrer Welttournee führte Joséphine und Abatino nach Argentinien, Brasilien, Chile und Uruguay. In Buenos Aires geriet Joséphine zwischen die Fronten der politischen Parteien, als der Präsident der Republik, Irigoyen, sich auf die Seite der Puritaner schlug und in der Zeitung *Calle* gegen ihren Besuch protestierte. Seine Gegner machten Joséphine in ihrem Sprachrohr *Critica* zur Galionsfigur ihrer Anti-Regierungskampagne. Die zwei Splittergruppen wandelten das Theater in einen Demonstrationsplatz um: Bei der fünfzigsten Vorstellung ließen die beiden verfeindeten Parteien Knallfrösche los und schleuderten sich gegenseitig Beleidigungen ins Gesicht, während Joséphine hinter dem Vorhang stand und das Orchester unermüdlich seine Tangos spielte und darauf wartete, daß wieder Ruhe einkehrte. »Ich wollte die Bühne nicht verlassen. Von Demonstrationen habe ich mich nie einschüchtern lassen, ganz im Gegenteil.«[4] Kaum ein Jahr nach dem Debakel in Berlin war Joséphine gegen Kontroversen und Streitereien abgehärtet.

Nach ihren Auftritten in Cordoba und Mendoza legte Joséphine noch einmal einen Zwischenstop in Buenos Aires ein, wo die Franzosen der Stadt ihr zu Ehren ein Fest veranstalteten und sie zusammen mit drei Krokodilbabys präsentierten. Als Gegenleistung sang Joséphine drei Tangos: »Mama yo quiero«, »Garufa« und »Haragan«.

Im September 1929 kam Joséphines Film *La Sirène des Tropiques* in die New Yorker Kinos. Bei der Premiere im Lafayette Theatre in Harlem war auch der Bürgermeister der Stadt, James J. Walker, zugegen. Zum erstenmal stattete ein Bürgermeister von New York einem Harlemer Theater seinen Besuch ab. Nach dem Film fand noch eine Sondervorstellung mit Shelton Brooks, Bill »Bojangles« Robinson, den Berry Brothers, Edith Wilson und »Jazzlips« Richardson statt, die sich bis in die frühen Morgenstunden hinzog. Diese Ehrbezeugung ihrer alten New Yorker Freunde war ermutigend, aber das in Buenos Aires erscheinende Blatt *Revue Atlantida* berichtete von Protesten gegen ihre »unsittlichen Darbietungen à la française« . . . »Wenn sie eine Gratisvorstellung für Farbige geben würde, so können Sie ihr von mir ausrichten, daß das Theater leer wäre.« Das war ein Problem, mit dem sich Joséphine fast während ihrer gesamten Karriere konfrontiert sah – ihr Erfolg in den Theatern der Weißen bedeutete, daß die Schwarzen sie nicht mehr als einen Teil ihres eigenen Musiktheaters betrachteten. Joséphine hat das nie so empfunden, Außenstehende dafür um so mehr.

Der Kritiker der *Dancing Times* schrieb 1930: »Als die Neger auf die Bühne kamen, imitierten sie Weiße, die wiederum sie imitierten, weil das Publikum an die weiße Version gewöhnt war. Deshalb finde ich Joséphine Baker so bemerkenswert, denn sie scheint mir immer gerade das hervorzuheben, was das Publikum von einer Negerin erwartet.«

Anschließend machten sich die Bananen auch in Uruguay und Chile einen Namen, bevor Joséphine nach Rio zurückkehrte. Um ihren Gürtel genehmigt zu bekommen, mußte Joséphine erst einmal eine Privatvorstellung vor einem Polizeigremium geben; »mein erster Erfolg«, kommentierte sie.

In Rio wartete das französische Linienschiff *Lutetia* schon darauf, die Heimreise antreten zu dürfen. Joséphine ging an Bord, wie sie später sagte, »nicht ganz ohne Bedauern, aber insgeheim voller Vorfreude, mit ein bißchen Angst vermischt; ich würde Paris wiedersehen, würde aufs neue mein Glück mit den Parisern probieren.«[5] Fast zwei Jahre waren inzwischen vergangen. Der erste Mensch, dem sie an Bord begegnete, erwies sich als echter Pariser:

Charles Édouard Jeanneret, besser bekannt als Le Corbusier, war für seine Bauvorhaben auf Studienreise in bestimmten Stadtteilen von Montevideo, São Paulo und Rio gewesen.

Le Corbusier war fasziniert von Musik und Noten. Die Tatsache, daß die Unterteilung eines Klangs in Maßeinheiten seine Aufzeichnung möglich machte, diente ihm als Inspiration für seine Architektur. Auf der Suche nach »einem linearen oder optischen Maßwerkzeug ähnlich der Notenschrift« kam er zu dem Schluß, daß »unsere Kulturen in dem, was die sichtbaren Dinge betrifft – in den *Größen* – noch nicht auf dem Niveau angelangt sind, das sie in der Musik erreicht haben.« Er prophezeite, das Emporkommen des Maschinenzeitalters werde »ein subtileres Werkzeug erfordern, eines, das imstande ist, Klangordnungen zu erfassen, die bis heute vernachlässigt oder ungehört blieben.«[6] Wie soviele moderne Künstler fühlte sich auch »Le Corbu« zu Joséphine hingezogen, denn sie schien ein Strukturelement einer möglichen neuen Art von Musik und Bühnendarstellung zu verkörpern, das ihrem Wunschbild von einer revolutionierten Gesellschaft entsprach.

Es wurde ein Komitee aus Erster-Klasse-Passagieren zusammengestellt, um »Spiele und Feste zu organisieren«. Joséphine und Le Corbusier nahmen das Unterhaltungsprogramm sehr ernst. In einem seiner Notizbücher hatte der Architekt eine Komiteemitteilung vom 10. Dezember 1929 aufbewahrt, auf der er für sich und Joséphine bunte Kostüme für einen Maskenball entworfen hatte. Joséphine trägt ein kurzes grünes Kleid mit Schlitz an der Seite und eine gelbe Kappe, die schief auf ihrem Kopf sitzt; ihr Partner, als Neger geschminkt, trägt einen breitschultrigen, zweireihigen Anzug, eine dunkle Brille und einen weichen Filzhut.

Joséphine sang »Le Corbu« in seiner Kabine Lieder vor; und er skizzierte das Szenario eines Balletts für sie:

Ballett:
ovaler Zylinder/ man könnte den Zylinder auch ganz weglassen
1. 2 tätowierte Revuegirls treten auf, 1 Neger auf der Bühne
    Musik: One-Step oder einfaches Neger-Trommeln ohne Musik
2. 1 Neger trägt eine Bananenstaude
3. ein moderner Mann und Frau + New York tanzen nur One-step,
    halten einander fest und langsam:

4. wird der Zylinder herabgelassen, Joséphine steigt als Äffchen verkleidet hinunter
5. sie zieht ein modernes Kleid an, setzt sich
6. geht vor auf ein Podium, singt
7. steigt vom Podium herab, singt
8. letztes feierliches Lied; die Götter schwingen sich empor Hintergrund (mäandrische) See von Santos und am Ende ein großer Ozeandampfer/Text im Programm übersetzt

In einem anderen Notizbuch hatte Le Corbusier sich Ganzkörper-Make-ups ausgedacht: einen schwarz, weiß und rosa angemalten, nackten Tänzer und die Frau »in rotglänzendem Trikot«, einen riesigen weißen Pelz oder eine Federboa um die rechte Schulter geschlungen.

Es wäre wunderbar gewesen, hätte man mit ansehen können, was das Publikum dann tatsächlich von all dem hielt; Joséphine und Le Corbu hatten jedenfalls bei dem Schiffsball großen Erfolg: »Wäre er kein großartiger Architekt, hätte M. Le Corbusier einen hervorragenden Music-Hall-Komiker abgegeben, ›un comique à froid‹; er wäre ein sehr guter Partner . . . tant pis.«[7]

Joséphines Freundschaft mit Le Corbusier dauerte nur so lang wie ihre Atlantiküberquerung. Mit der Reise nach Südamerika ging seine Junggesellenzeit zu Ende: Einige Wochen nach seiner Ankunft in Paris heiratete er Yvonne Gallis, »eine schlanke Brünette mit dunklen Augen, die kein Blatt vor den Mund nahm und sehr entschieden auftrat«.[8]

Joséphine und Abatino bezogen eine Villa im eleganten Vorort Le Vesinet, wo sie Joséphines Pariser Comeback planten. Sie stellten einen Diener ein, der zur Belustigung der Ladenbesitzer jeden Morgen in Livree und mit weißen Handschuhen auf den Markt ging. Innerhalb von ein paar Wochen hatten sich auch alle anderen Butler in diesem Viertel Handschuhe zugelegt. Modeschöpfer finden eben auf jedem Niveau ihre Anhängerschaft. Ungeachtet dieses eleganten Lebensstils, fragten alle Leute Joséphine nach ihrer Meinung über Südamerika; sie wollten insbesondere wissen, wie es ihr im Urwald ergangen war. »Aber jetzt ist Paris mein Urwald. Ich liebe es von ganzem Herzen, und diese Liebe ist wie Wein, denn sie steigt mir sofort zu Kopf.«

8 Als Joséphine und Abatino nach Paris zurückkamen, befand sich die Theaterbranche in einer ihrer schwersten Krisen. Dafür war nicht etwa die finanzielle Instabilität nach dem Börsenkrach von 1929 verantwortlich, sondern der Tonfilm, der sich anschickte, die ganze Welt zu erobern. Das auf Glamour und Romantik spezialisierte Kino hatte nach und nach dem Theater und der Music-Hall das Publikum abspenstig gemacht, und die Zuschauer strömten jetzt in die Filmpaläste, um die neuen Tonfilmakteure zu sehen. Maurice Chevalier war in Hollywood, seine Rollen in *The Love Parade* (Parade der Liebe) und *Le Petit Café* (Das kleine Café) waren schon ins Französische übersetzt, und aus »Nobody's Using It Now« wurde der Zungenbrecher »Personne ne s'en sert maintenant«.

Joséphines Comeback in Paris war ein gesellschaftliches Ereignis. André Rivollet hielt an der Université des Annales einen Vortrag über die Kunst des Grammophons, dem Joséphine beiwohnte. Daran anschließend fand ein Mittagessen statt, das von den drei herausragendsten Feministinnen jener Zeit, Marie Laurençin, Anna de Noailles und Gabrielle de la Rochefoucauld, beherrscht wurde. »Sie werden überrascht sein von Joséphine«, erzählte Abatino einem der Gäste, »sie singt besser als Al Jonson und spricht jetzt genauso gut Französisch wie Sie und ich.« Während ihrer zweijährigen Abwesenheit hatte er ihr ständig Nachhilfeunterricht erteilt. Joe Alex fletschte die Zähne, als er die Comtesse de la Rochefoucauld erblickte, und Anna de Noailles brachte Marie Laurençin mit ihren Bemerkungen über Malerei in Verlegenheit. Mme. de Noailles, eine der herausragendsten Persönlichkeiten der Belle Epoque – Jean Cocteau bezeichnete sie als »incomparable et inexplicable« – war fasziniert von Joséphine und widmete ihr eines ihrer Gedichte.

Nach langwierigen Verhandlungen schloß Abatino für Joséphine einen Starvertrag mit dem Casino de Paris ab, der im Herbst 1930 in Kraft treten sollte. Der ehemalige Besitzer Leon Volterra hatte im Jahr zuvor das Casino für 9 Millionen Francs an Henri Varna und Oscar Dufresne verkauft. Doch bevor die Proben beginnen konnten, stand für Joséphine noch eine lange Tournee durch Spanien mit Auftritten in Madrid, Barcelona, Sevilla, Cordoba und Granada auf dem Programm. Sie machte die Bekanntschaft der großen

Tanzlehrerin La Macarona, zu deren Schülern auch die legendäre Argentina und Pastoria Imperio gehörten. Das spanische Publikum und die Kritiker waren fasziniert aber auch überrascht von Joséphines Tänzen, die so wenig mit der herkömmlichen, verhaltenen Tradition ihres Flamenco oder dem dort so beliebten Operettenballett gemein hatten. In Barcelona schrieb Démon für sie ein Chanson, das später zu ihrem Standardprogramm gehören sollte: »Suppose!«

Als sie wieder in Paris eintraf, startete Varna eine recht außergewöhnliche Werbekampagne für seine neue Revue. Er kaufte einen jungen Geparden, der zusammen mit Joséphine im Casino auftreten sollte und von nun an zu einem festen Bestandteil ihres Privatzoos wurde. Im August 1930 nahm sie das Tier zum erstenmal mit ins Theater – aber nicht ins Casino, sondern ins Empire. Während der Solo-Einlage der berühmten Opernsopranistin Mme. Ritter-Ciampi sprang der Gepard von Joséphines Schoß, raste durch die Zuschauerreihen und sein Frauchen hinterher. Die Zuschauer amüsierten sich köstlich; die Diva auf der Bühne fand es wahrscheinlich weniger komisch.

Auch Mistinguett (Foto) war nicht gerade erfreut über Joséphines Comeback. In den vier Theaterspielzeiten von 1929 bis 1933 hatte Henri Varna die alternde Königin des Pariser Nachtlebens (Mistinguett war spätestens 1875 geboren, einige Leute setzen das Datum sehr viel früher an) und Joséphine ganz geschickt in Konkurrenz zueinander treten lassen: Er ließ sie abwechselnd als Star seiner sensationellen Revues auftreten, wobei die Komponisten, Textdichter, Designer und Choreographen meist dieselben waren. Mistinguett hatte gegen Ende des Jahres 1929 in *Paris-Miss* eines ihrer berühmtesten Chansons zum besten gegeben: »C'est tout que j'ai«; der Text stammte von Varna selbst, die Musik von Borel-Clerc. »Das ist alles, was ich habe«: aber was hatte sie denn eigentlich, fragten sich die Leute? »Ein Star ist jemand, dessen Name auf dem Plakat allein ausreicht, um jeden Abend 1 500 Leute 500 Francs aus der Tasche zu ziehen. Das ist alles.«

Mistinguett war Mitte der 1890er im Alter von ungefähr zwanzig Jahren zum erstenmal in Pariser Kabaretts aufgetreten. Ursprünglich nannte sie sich Miss Tinguette, denn damals waren englisch klingende Namen gerade in Mode. Bald darauf verband sie die zwei Wörter zu einem und strich das »e«, doch die meisten Leute nannten sie nur »la Miss«. Im Laufe ihrer Karriere zeigte sie sich von drei verschiedenen Seiten: Sie spielte die Pariser Göre mit Schiebermütze oder Kopftuch, ausgelatschten Schuhen oder viel später in Söckchen; ihre Lieder über die Straßen, die Kais und die Bals Musettes (Tanzfeste) von Paris waren sentimental und kämpferisch zugleich. Als sie 1908 mit Max Dearly im Moulin Rouge »La Valse Chaloupée« tanzte, bezog sie zum erstenmal das Element Sex in ihre Show mit ein. Als Prostituierte in schwarzem Satin, mit gekreuzten Bändern an den Knöcheln und einem roten Samtband um den Hals tanzte sie mit ihrem Partner, dem »Apachen«, Offenbachs »Valse des Rayons«: eine sinnliche, heftige Aufeinanderfolge von Angriffen und Zärtlichkeiten, die damit endete, daß die beiden sich auf dem Boden herumwälzten. Mistinguett hatte zwar kein besonders schönes Gesicht, aber ihre Beine wurden allerseits bewundert, und Rodin erklärte, wenn er die Muse der Music-Hall darzustellen hätte, dann »gäbe ich ihr statt Peplon und griechischem Profil Ihre Beine«.

Die phantastischen Kostüme, die ihr brillanter Protégé Charles Gesmar für sie entwarf, machten den dritten, auch sehr beständigen Teil ihres Images aus. Reich geschmückt mit Juwelen, Blumen und Federn stellte sie einen fast grotesken Widerspruch in sich selbst dar, der unvergeßlich bleiben sollte: Diese Kombination aus glamouröser Aufmachung, rührender Straßengöre und Sexobjekt war einmalig und erzielte die verschiedenartigsten Effekte.

Auch bei Joséphine beruhte der langanhaltende berufliche Erfolg auf einer ähnlichen Dreiteilung der Bühnenpersönlichkeit: wild, exotisch und komisch. Später legte sie das Image der Wilden ab und präsentierte sich statt dessen als erhabene Grand Dame, wobei die Kostüme, wie bei Mistinguett, ebenso wichtig wurden wie ihre Chansons. Es gibt viele – mehr oder weniger erfundene – Geschichten über die Rivalität zwischen Joséphine und Mistinguett. Natürlich war die Ältere eifersüchtig auf die schöne, junge Aufsteigerin, aber als Joséphine zwanzig Jahre später ungefähr so alt war wie Mistinguett 1930, sagte sie: »Mistinguett ist sich irgendwie immer selbst treu geblieben. Ihre Leistungen und ihr Arbeitseifer waren genauso bewundernswert wie die Ausdauer, mit der sie ihre Kunst bis aufs Äußerste perfektionierte. Manchmal, wenn ich ganz müde und enttäuscht bin, kurz vor dem Zusammenbruch stehe und am liebsten alles hinschmeißen würde, denke ich an Mistinguett und fasse wieder neuen Mut. Dann wird mir klar, daß man weitermachen und hart arbeiten muß wie sie. Ihr Überlebenswille dient mir als leuchtendes Beispiel.«[1] So war Mistinguett; so war Joséphine.

Mistinguetts Stimme war rauh und unmusikalisch, aber ihre Liedauswahl, die sie dem Publikum auf unvergeßliche Weise nahebrachte, war exzellent. Ihre Chansons – »Valencia«, »Ça c'est Paris« und »Tout ça c'est pour vous« von José Padilla und »La Java«, »J'en ai marre« und »Mon homme« von Maurice Yvain – wurden zu Pariser Hymnen und eroberten die ganze Welt. Fannie Brice und später Billie Holiday übernahmen »Mon homme« als »My Man« und machten daraus die Wehklage einer unterdrückten Frau. Mistinguetts Interpretation stand Bruant im Geiste näher: Das Mädchen sieht, daß der Mann, den sie besingt, nichts taugt, aber was soll sie tun?

Je l'ai tellement dans la peau
J'en suis marteau

Der Effekt, den die großen Vaudeville- und Music-Hall-Stars erzielten, ist heute noch kaum vorstellbar. Wir sind so sehr daran gewöhnt, die Darsteller in *Nahaufnahme* zu sehen – entweder in der Leinwandversion oder umgeben von Scheinwerfern und Verstärkern, wenn sie auf der Bühne stehen –, daß ein Sänger, der ohne künstliche Hilfsmittel auskommt, fast nur noch beim klassischen Gesang zu finden ist. In der Blütezeit der Music-Hall waren die großen Stars oft von kleiner Statur. Da kann man sich vorstellen, wie eindrucksvoll sie auf den endlosen Bühnen wirkten: die Beleuchtung bestand aus Rampenlichtern, Spotlights oder einem einzigen Schwenkscheinwerfer, ihre klaren Stimmen drangen bis in die letzte Reihe des »Paradis« vor, und dann das Timing ihrer

Auftritte und die Spannung, die das Orchester erzeugte, indem es unermüdlich die Einleitungstakte wiederholte! Die perfekte, klare Diktion von Yvette Guilbert, George Robey in England oder Bert Williams in Amerika, um nur einige Beispiele zu nennen, ging auf das neunzehnte Jahrhundert, auf Bernhardt, Tree oder de Wolf Hopper zurück – sobald das Mikrophon Einzug in die Music-Hall gehalten hatte, verfiel die Aussprache. Als Damia in den sechziger Jahren den Grand Prix du Disque für die Neuauflage ihrer alten Platten erhielt, schob sie das Mikrophon mit einer Geste der Abscheu beiseite: »Ah, ce micro qui a tué notre metier.« Joséphine befand sich auf dem besten Wege zur Meisterschaft in dieser hochgeachteten Kunst – eine Theatertradition, die von ihren Kritikern genauso unter die Lupe genommen wurde wie jede Aufführung an der Comédie Française oder der Opéra.

Sie und Chiquita, wie der Gepard inzwischen hieß, wurden immer wieder zusammen photographiert; beim Spaziergang auf den Champs-Elysées, beim Spielen auf dem Rasen oder in Pose für gestellte Aufnahmen. Sie sahen beide gleich gefährlich aus: Joséphine war wandlungsfähig wie ein Chamäleon, was sowohl auf der Bühne als auch in ihrem Denken und Handeln eine große Rolle spielte. Hunderte von Photos aus diesen Jahren ihres größten Ruhmes legen Zeugnis davon ab. Berühmte Photographen fanden in ihr ein williges Modell, und jeder bzw. jede entdeckte wieder einen ganz anderen Aspekt in Joséphines Erscheinung und Persönlichkeit, den er für photographierenswert hielt.

Die bekanntesten waren vielleicht die Joséphine-Porträts von Madame d'Ora – auf denen sie jung, verletzlich und gleichzeitig unnahbar wirkt. Sie hat etwas von einer Göttin, und das berühmteste Bild, auf dem sie im Profil kniet, erinnert sehr stark an Gauguins Holzskulptur »Idole à la perle«, die er während seines ersten Jahres auf Tahiti (1892) geschnitzt hatte.

Der Baron de Meyer wiederum gab ihr maskuline Züge – sie wirkt wie ein Junge in Mädchenkleidung, steif und kantig; sie schaut entweder ganz ernst oder setzt ihr spöttisches Komikergesicht auf, wodurch das damenhafte Abendkleid und die Perlenschnüre ins Lächerliche gezogen werden. Louise Dahl-Wolfe und Peter Rose Pulham diente sie als Modell für Modephotos. Obwohl sie erst Mitte zwanzig war, sieht sie durch die Falten in ihrem

Gesicht älter aus. Das lag zum Teil an dem Puder, den sie zur Aufhellung ihrer Hautfarbe benutzte und der gleichzeitig auch die natürlichen Linien hervorhob.

All diese Elemente vereinen sich in den Photographien des gebürtigen St. Petersburgers George Hoyningen-Huene, dessen Joséphine-Porträts in *Vogue* und *Vanity Fair* veröffentlicht wurden. Vollkommen nackt bis auf riesige Ohrreife und ein Stück goldenes Tuch, das entweder ihre Taille oder ihr Haar bedeckt, wirkt sie bald ernst bald feurig, spielt das verrückte, schielende Chorus-Girl und kreuzt schließlich bombastisch und provokativ Flügel aus Schwanenfedern. In diesen überdimensionalen Flügeln – eine Kreation von Georges Barbier – trat Joséphine bei der Premiere von *Paris Qui Remue* auf. Diese Show baute auf Joséphines Fähigkeit, die Zuschauer einen ganzen Abend lang zu begeistern und sollte dem Casino während des ganzen ersten Depressionsjahres volle Häuser bescheren.

Barbier hatte das Bühnenbild für Joséphines ersten Auftritt entworfen – ein Ballett namens »L'Oiseau des Forests«, choreographiert von Jo Alex – glitzernde, stilisierte Palmen und Dschungelkletterpflanzen in Zartgrün und Blaßrosa auf mitternachtsblauem Hintergrund: gelbe Treppenstufen, die sich nach und nach mit Chorsängern in goldenen und kornblumenblauen Aztekengewändern mit Federschmuck auf dem Kopf füllen.

Joséphine überraschte die Pariser neuerdings mit flüssig vorgetragenen französischen Texten. In einer Serie von Tableaux, die von der Pracht und Herrlichkeit der französischen Kolonien erzählten, trat sie als Martinique-Schönheit der Jahrhundertwende auf und sang »Voulez-vous de la canne à sucre?« Dann sang sie als La Tonkinoise ein Lied, das von nun an zu ihren Markenzeichen gehören sollte: »La Petite Tonkinoise« von Vincent Scotto. In den dreißiger Jahren wurde Scotto Joséphines musikalischer Mentor und trat damit in die Fußstapfen von Spencer Williams, der diese Funktion in den zwanziger Jahren wahrgenommen hatte. Er stammte aus Marseille, und seine Karriere als Songdichter hatte 1906 mit eben diesem Lied begonnen. 1913 nannte man ihn »L'homme qui a fait La Petite Tonkinoise«.[2]

Varna bat Scotto, eigens für Joséphine ein Lied zu schreiben, das sie während der zweiten Revuehälfte, in dem dramatischen Hurrikan-Sketch »Ounawa« mit Pierre Meyer, Dandy und Adrien Lemy, singen könnte. Scotto erinnert sich: »Es war die melancholische Sentimentalität von Joséphine Baker, die mich inspirierte, als ich mich auf die Suche nach dem Rhythmus und der Melodie für ›J'ai deux amours‹ begab.«

Als Scotto das Lied im Theater vorspielte, saßen Varna und Joséphine auf den hinteren Sperrsitzen und hörten zu. Sie waren sich einig: »Das ist's!« Schon früher hatte Scotto eine ganze Reihe von Liedern über Paris komponiert – »Mon Paris« für Alibert, »Sous les ponts de Paris« für Georgel und das ergreifendste von allen, »Où est il donc?«, ein wehmütiges Lied über den Untergang der Altstadt, das Frehel in *Pépé le Moko* sang. Er schrieb:

Um Paris so zu lieben wie ich, muß man aus der Provinz stammen. Es ist ein Gefühl, als hätte man das große Los gezogen. Ich habe jeden nur möglichen Aspekt unserer Hauptstadt in Liedern festgehalten: die Straßen, die Sehenswürdigkeiten, die Frauen von Paris, den Himmel und den so eigenwilligen Charme, dem die ganze Welt von Anfang an verfallen war.[3]

Dieses Gefühl der Sehnsucht, das der Reisende für Paris empfinden mochte, wählte Scotto zum Thema für Joséphines Song, in dem sie sich danach sehnte, »une cité au séjour enchanté« zu sehen. Es ist ein leicht synkopiertes Liebeslied in zwei Strophen: Wenn der Refrain zum zweiten Mal kam, sang Adrien Lemy den Text, und Joséphine improvisierte ohne Worte eine Koloratur dazu. Die Premiere, bei der sie das Lied mit ihrer wunderschönen, kristallklaren Stimme vortrug, wurde zu einem wahren Triumph für Joséphine. Es war wie eine Offenbarung, denn bislang hatte sie nur exotische Nummern gesungen.[4]

In der Tat empfanden Scotto und der größte Teil des Publikums die Songs von Spencer Williams, George Gershwin und Irving Berlin, die Joséphine bis jetzt gesungen und auf Platte aufgenommen hatte, als exotisch.

Das grandiose Finale von *Paris Qui Remue* war eine Lobpreisung der Elektrizität: Joséphine stand inmitten eines riesigen Katharinenrades aus Straß und Zechinen. In *Liberté* fällte Roger Kemp das endgültige Urteil:

Derzeit scheint sie die einzige zu sein, die eines Tages die Nachfolge von Mistinguett antreten könnte. Sie sind beide große Stars. Die eine feiert Triumphe, weil sie dem Publikum so wohltuend vertraut ist: Als waschechte Pariserin ist sie in der Gosse ebenso zu Hause wie in den Palästen. Joséphine hingegen hat Erfolg, weil sie *so* fremd ist: aus dem Urwald oder von den Zuckerrohr-Plantagen.

Sie war erst 24, und das kritischste Publikum der Welt lag ihr zu Füßen. Ihre endgültige, offizielle Anerkennung erhielt sie im März 1931, als der Staatspräsident Domergue zum alljährlich stattfindenden »Bal des Petits Lits Blancs« in der Opéra erschien. Jedes Jahr wurde das Theater in einen riesigen Ballsaal umgewandelt – die Tanzfläche reichte von der Bühne bis zu den hintersten Parkettreihen. Die Sänger und Tänzer, die für diesen Abend engagiert worden waren, traten auf einer kreisförmigen Brücke – der Silberbrücke – auf, die um den äußeren Bühnenrand herumführte. Unter den Gaststars befand sich an diesem Abend auch Colette, die den Vers »Deux mots sur la robe longue« rezitierte. Joséphine und die Truppe des Casinos – die Jungens in weißen Tropenhelmen und Shorts aus einer der Kolonialnummern, und Joséphine in einem Goldlamé-Abendkleid – sangen zur Menge hinab. Dann riß sich Joséphine plötzlich den Rock vom Leib und steppte und stolzierte wie besessen auf der Brücke herum. Sogar als sie zwischen den Takten steppte (Steptänzer behaupteten, das sei ohne Proben gar nicht möglich), hatte man das Gefühl, sie improvisiere. Obwohl sie nur sehr selten spontan anfing zu tanzen, vermittelte sie dem Zuschauer doch immer wieder diesen Eindruck. Ihr Auftritt endete mit dem Spagat, der ihr eines Nachts bei einer Vorstellung im Casino einen Bänderriß eingebracht hatte: Zur Behandlung hatte Varna sofort keinen Geringeren als den Physiotherapeuten von Queen Mary aus London einfliegen lassen.

Als die Show im Herbst 1931 auslief und Mistinguett das Casino wieder in Besitz nahm, ging Joséphine mit einer Jazzband auf Tournee, die sich die 16 Baker Boys nannte. In Marseille konnte sie im Pathé Palace einen Riesenerfolg verbuchen: »Sie ist nicht nur eine Tänzerin oder eine Sängerin mit einer schönen Stimme. Sie gehört jetzt zur Familie der großen Künstler, die das Publikum aufgrund ihrer überwältigenden Persönlichkeit ins Herz schließt.«[5]

Bei einem Interview mit Hélène Saurel fragte sie die Journalistin, ob sie an die Intelligenz des Körpers glaube? »Ich habe die Intelligenz meines Körpers zu Markte getragen, und das hat mich zu einem internationalen Star werden lassen.« Am Kai des Vieaux Port kaufte Joséphine sich »un nid de colibris« – sie erklärte, Reptilien seien ihr lieber als Juwelen; ein amerikanischer Bewunderer habe ihr einmal *une barette de mille dollars* geschickt, die sie eine Woche auf dem Kaminsims habe liegen lassen, um sie dann ihrem Dienstmädchen zu schenken. Zu ihrer Galavorstellung als Abschied von Marseille kommentierte der *Marseille Matin:* »Joséphine Baker ist eine hervorragende Künstlerin und vielleicht der einzige Music-Hall-Star, der uns noch mitreißen kann.«

Die Band wurde von Romeo Silva am Saxophon angeführt; mit von der Partie waren an der Trompete Léon Jacobs, der schon im Chez Joséphine dabei gewesen war, und am Altsaxophon Joe Hayman, der mit der Hopkins Band die Tournee von *La Revue Nègre* begleitet hatte und später in Amerika bei Louis Armstrong mitspielen sollte. Über den Gitarristen Oscar Aleman war in Musikerkreisen zu hören, er sei genausogut wie Django Reinhart.

Bislang waren Joséphines Tänze die Hauptattraktion ihrer Shows gewesen, doch allmählich trat der Gesang immer mehr in den Vordergrund. Als sie im Dezember 1932 im Casino die neue Revue *La Joie de Paris* eröffnete, zog sie parallel dazu mit Abatino ihren eigenen Musikvertrieb auf: Les Editions Joséphine Baker, mit Büros in Mailand und Paris. (Mussolini hatte Joséphine untersagt, in Italien aufzutreten, aber später bekam sie die Erlaubnis doch noch und gab im Februar 1932 ihr Debüt in Mailand, wo sie als »una Yvette Guilbert danzante« gefeiert wurde.) Zu den ersten Veröffentlichungen gehörte eine von Joséphines besten Nummern, die heute fast in Vergessenheit geraten ist, obwohl sie zweimal auf Platte aufgenommen wurde: »Madiana«, »une mélodie Antillaise« von Maiotte Almaby. Mademoiselle Almaby hatte Gedichte von Tristan Klingsor (dessen Verse Ravels *Schéhérazade* zugrunde liegen) vertont; auch für Flavia Léopolds Vers *Paroles de femme*, aufgenommen von Ninon Vallin, hatte sie das musikalische Arrangement kreiert. Die erfolgreichsten Lieder der Show waren »Sans amour« und »Si j'étais blanche!« In dieser Nummer zog Joséphine – mit blonder Perücke – die Sonnenanbeter durch den Kakao:

Moi si j'étais blanche
Sachez qu'mon bonheur
Qui près de vous s'épanche
Gardr'ait sa couleur
Au soleil, c'est par l'extérieur
Que l'on se dore
Moi c'est la flamme de mon coeur
Qui me colore

Als sie in einem Interview nach ihren Kleidern und ihrem Make-up gefragt wurde, erzählte sie einem Reporter: »Wer schön sein will, braucht viel frische Luft und Licht, aber nicht zuviel Sonne. Bei schlechter Witterung gehe ich mit Hut und Mackintosh hinaus in den Regen. Ich lege den Kopf zurück und laufe schnell, um mich nicht zu erkälten. Das ist besser als alles andere . . . Ich benutze auch Milch, als Lotion. Das scheint meine Haut aufzuhellen.« Dann fragte sie den Reporter lachend: »Aber bin ich nicht sowieso schon heller als die Mädchen von Paris, wenn sie aus Juan-Les-Pins zurückkommen?«[6]

Heutzutage klingen solche Äußerungen peinlich, aber es ist doch wichtig, sich einmal vorzustellen, wie jemand in Joséphines Lage damals empfand. Auch in Frankreich war sie eines Tages gebeten worden, ein Hotel zu verlassen, weil ein amerikanisches Touristenpaar sich geweigert hatte, mit einer Schwarzen unter einem Dach zu schlafen. Paul Derval erinnert sich, wie Joséphine in ihrer Garderobe an den Folies-Bergère ihre Haut mit Zitronensaft abrieb, weil sie hoffte, sie würde auf diese Weise heller. Begriff sie denn nicht, fragte er, daß ihre Hautfarbe ein wesentlicher Bestandteil ihrer Erscheinung war? 1974 erinnerte sie sich: »Selbst als ich schon zu den großen Stars von Paris gehörte, dachte ich noch jahrelang, wenn die Leute mich auf der Straße anstarrten, es sei aufgrund meiner Hautfarbe und nicht weil sie mich bewunderten. In Amerika habe ich gelernt, so zu denken, verstehen Sie? Grausame Erfahrungen bringen einen auf falsche Gedanken.«[7] Joséphine lebte lange genug, um die Bürde dieser Vorurteile abzuwerfen und darüber lachen zu können, und bei ihren Auftritten in den siebziger Jahren erinnerte sie sich: »Sie taten, was sie konnten, um so auszusehen, wie wir. Sie schmierten sich den ganzen Körper mit Öl ein,

fuhren an die See und ließen sich den ganzen Tag in der Sonne bra-
ten. So manches Mal handelten diese bedauernswerten Geschöpfe
sich dabei einen Sonnenstich ein, aber sie sagten nur, ist es nicht
schön, so intensiv von der Sonne geküßt zu werden?«[8]

Zu Joséphines Bewunderern gehörte 1932 auch der Sänger und
Komponist Jacques Pills, der zusammen mit dem Pianisten Georges Tabet als Duo auftrat. Ihre unbeschwerten Lieder entsprachen
ganz unverkennbar dem überall verbreiteten Motto »Sei fröhlich
und vergiß die Depression« – sowohl in England als auch in Amerika und Deutschland begeisterte man sich damals für die gleiche
Art von Musik. Joséphine und Jacques Pills verband eine kurze
Liebesaffäre – die sich am besten mit dem Lied, das die beiden
zusammen aufnahmen, umschreiben läßt: »Ram-Pam-Pam«. Es
ging das Gerücht, Joséphine sei aus Le Beau Chêne in Le Vesinet

Joséphine nahm ihre größten Hits aus
La Joie de Paris zweimal auf – einmal
mit ihrer eigenen Band, den 16 Baker
Boys, und einmal mit einem Studio-
Orchester. Für ihre berühmte blonde
Perücke in »Si j'étais blanche« wurde
sie von so manch altem Bewunderer mit
Verachtung gestraft. Nancy Cunard
schrieb: »Die Kritiker, die Joséphine
mit dem ›widerlichen Standard des
sogenannten nationalen Geschmacks‹
in Einklang bringen wollten, haben
vom ästhetischen Standpunkt her
überhaupt nicht begriffen, was eigentlich ihren Reiz ausmacht.« Joséphine
war das gleichgültig.

ausgezogen und habe Pepito Abatino mitsamt seinen Geschäfts-
büchern und Verträgen sitzenlassen, um mit Jacques Pills (er war
damals erst 22) und seiner Familie zusammenzuwohnen, die sie
schon als zukünftige Schwiegertochter willkommen hießen. Sie
besann sich jedoch sehr schnell eines Besseren, und als es daran
ging, die nächste Tournee vorzubereiten, war sie rechtzeitig wieder daheim bei Abatino. Jacques Pills, der als Sänger und
Impresario große Karriere machte, heiratete später Lucienne Boyer
und nach dem Krieg Edith Piaf.

Joséphine und die Baker Boys gingen wieder auf Tournee und
traten in London auf – wo sie nur mäßigen Erfolg hatten – und
dann in Holland, Griechenland, der Türkei, Finnland und Ägypten. Die Show endete immer mit einer Jam-Session, bei der Joséphine in Frack und Zylinder »The Soul of Jazz« dirigierte. Allmählich
begannen die Europäer, sich für echten amerikanischen Jazz zu
begeistern und begriffen den Unterschied zwischen Jazzmusik
und den gängigen Melodien, die lediglich vom Jazz angehaucht
waren. Den absoluten Höhepunkt bildete Duke Ellington mit seiner Band, als er zum erstenmal in Paris auftrat. Bricktop gab in
ihrem Club eine Party für die Band, zu der auch Joséphine in
Begleitung von Spencer Williams erschien, nicht aber Abatino (den
Bricktop nicht ausstehen konnte): »Sie trug ein Organdy-Kleid und
einen Organdy-Hut und sah einfach großartig aus.«[9] An diesem
Abend befand sich auch Franklin D. Roosevelt Jr. unter den
Gästen. Joséphine saß auf der einen Seite des Duke, der Sohn des
Präsidenten auf der anderen, und sie »verlebten einen jener herr-
lich spontanen Auftritte, die es nur bei Bricktop gab«.

Die »Café-Gesellschaft« befand sich zwar immer noch im Auf-
wind, aber das wirtschaftliche Desaster Mitte der dreißiger Jahre
und die politischen Unruhen im Zusammenhang mit dem Erfolg
der Nazis in Deutschland bescherten Frankreich im Winter
1933/34 eine seiner schwersten Krisen und die Stavinsky-Affäre.
Das Management des Casino hatte noch dazu mit internen Schwierigkeiten zu kämpfen, denn Varnas Partner Dufresne war unter
mysteriösen Umständen in seinem Büro ermordet worden. In diesem Winter präsentierten sie den Star der Comédie Française, Cécile Sorel, sie sich in Sacha Guitrys patriotischer Revue *Vive Paris!*
anschickte, die Music-Hall-Bühne zu erobern. Aufgrund der

Streiks und Krawalle in jenem Winter mußte die Show abgesetzt werden; sie wurde später wieder aufgenommen, aber nur selten gespielt. Joséphine war in Brüssel aufgetreten, wo sie Paul Bringuier begegnete. Er erinnerte sich, wie sie sich mit einer Mischung aus Angst und Bewunderung in der Stimme erkundigte: »Alors, vous êtes allé la voire, l'Autre?« Er fragte sich, ob die Pariser Joséphines Stil vielleicht inzwischen satt hatten. Albert Flament, der Theaterkritiker des *Tableaux de Paris*, schrieb eine lange Kritik über Joséphines Auftritte und bat sie, nicht dem Beispiel anderer Leinwand- und Music-Hall-Stars zu folgen, denen der Erfolg zu Kopf gestiegen war:

Eine Lehrerin wie Jeanne Granier könnte aus Mademoiselle Baker eine Art Malibran in Kleinformat machen, eine jamaikanische *dame aux camélias*. Mademoiselle Baker könnte zuerst als Operettensängerin Karriere machen und vielleicht auch Theaterrollen spielen, aber ihre instinktive Art zu spielen würde uns schon bald nicht mehr befriedigen, und es wäre eine Schande, wenn sie diese hervorragenden Qualitäten verschwendete, die man nur in die richtigen Hände zu legen braucht, um zu beweisen, daß diese Music-Hall-Künstlerin den meisten Schauspielerinnen überlegen ist, wenn es darum geht, das Publikum mitzureißen.

Nun gut, ja und nein. Wenn jemand eine Sache meisterhaft beherrscht – wie beispielsweise Joséphine die Starrolle in einer Music-Hall-Revue – halten es die meisten Kritiker eigenartigerweise für ein besonderes Lob, den Betroffenen nahezulegen, ihre Talente doch anderweitig einzusetzen. Das Interessanteste an Flaments Artikel ist sein Hinweis auf Joséphines bislang brachliegenden Talente als Schauspielerin und Spielopernsängerin. Mit ihrem Gesang hatte sie seit jeher das Publikum begeistert. Das Selbstvertrauen, das sie durch ihre Auftritte in der ganzen Welt gewonnen hatte, äußerte sich jetzt in einer spürbar kräftigeren Stimme, die inzwischen auch einen natürlichen Reifungsprozeß durchgemacht hatte.

1934 drehte Joséphine unter der Regie von Marc Allegret ihren ersten Tonfilm *ZouZou*, der in zweierlei Hinsicht bemerkenswert ist. Erstens wirkt Joséphine in ihrer Rolle absolut spontan; ihre

natürliche Verspieltheit und ihre Fähigkeit, von kindlicher Heiter-
keit in tiefste Trauer zu verfallen, um im nächsten Augenblick wieder vor Freude zu strahlen, stellt alle anderen Schauspielerinnen
dieses Films in den Schatten. Zweitens wird kein Aufhebens von
ihrer Hautfarbe gemacht – abgesehen von dem einen Satz, wo ein
Komparse in der Rolle eines Matrosen im Hafenviertel sagt »Elle
est belle, la petite créole«. Vielleicht war es eine taktische Entscheidung, ihren Partner Jean Gabin in der Rolle ihres Adoptivbruders
auftreten zu lassen, denn so konnte ihre Love Story nicht in Erfüllung gehen. Werbephotos zeigen die beiden in zärtlicher Umarmung, obwohl sie und Gabin sich im Film kaum berühren. Das
blonde Mädchen in der zweiten Hauptrolle hingegen streichelt
und küßt Joséphine, die diese Zärtlichkeiten auch voller Hingabe
erwidert. So wie männliche Homosexualität in der Gesellschaft
und auf der Bühne tabu war, so waren auch jeder körperliche Kontakt und jede Romanze zwischen einer schwarzen Frau und einem
weißen Mann verpönt – der umgekehrte Fall wäre undenkbar
gewesen. Auf der anderen Seite rief zaghaft angedeutete lesbische
Liebe ein angenehmes Prickeln hervor. Um es mit Billie Holidays
Worten zu sagen:»Einem Negermädchen, das mit einem weißen
Mann um die Ecke geht, machen sie immer noch die Hölle heiß.
Aber ein weißes Mädchen und ein schwarzes Mädchen können
miteinander verheiratet sein und miteinander gehen, und die Was-
Sollen-Bloß-Die-Leute-Sagen-Leute läßt das völlig kalt.«[10]
     Die Szene, in der ZouZou-Joséphine im leeren Theater tanzt,
während Jean den Scheinwerfer so einstellt, daß ein riesiger Schatten auf den eisernen Vorhang fällt, ist mit Abstand die beste.
Ansonsten hat man den Eindruck, die Handlung des Films sei, wie
bei so vielen Musicals, erst nachträglich hinzugefügt worden, quasi
als Vorwand, um von einem photogenen Schauplatz zum nächsten
überzuwechseln – Hafenviertel, Bal musette (Tanzfest), Rummel-
platz, Music-Hall: aber die Story – ZouZou-Joséphine arbeitet in
einer *blanchisserie* (Wäscherei) und macht schließlich Karriere als
Revuestar – weist doch einige prophetische Züge aus: ZouZou ist
ein Adoptivkind, sie tanzt und singt, aber der streunende Hund,
den sie von der Straße aufliest, interessiert sie mehr als ihr Erfolg –
am Ende wird sie von dem Mann ihres Herzens verlassen, singt
aber weiter; ein einsamer Paradiesvogel im goldenen Käfig.

Joséphine bekam gute Rezensionen für ihre Rolle, doch das magere Drehbuch wurde allgemein kritisiert. In England war nur eine schlecht synchronisierte, stark gekürzte Fassung des Films zu sehen. »Jugendgefährdend« kommentierte die Presse lakonisch. Über den künstlerischen Wert von Joséphines wenigen Filmen läßt sich streiten, aber interessanterweise kommt darin überall ihre Persönlichkeit zum Vorschein – sensibel, menschenfreundlich, eine ergreifende Mischung aus Verletzlichkeit, Unverwüstlichkeit und Frohsinn. Diese Filme konnten nur in Frankreich gedreht worden sein. Paul Robesons Filme in England lassen ihn zwangsläufig wie eine stereotype Emperor-Jones-Figur erscheinen; in Hollywood konnten Schwarze nur Rollen als Bedienstete oder mittelmäßige Komiker bekommen. Selbst 1948 noch, als Billie Holiday ihre Leinwandpremiere gab, spielte sie ein lustiges, Blues singendes Hausmädchen.

Joséphine sang nur zwei Lieder in *ZouZou:* »C'est lui« von Georges Van Parys, das auf Jahre hinaus zu ihrem Repertoire gehören sollte – sie nahm es in den fünfziger Jahren noch einmal auf – und ein Exotikum von Vincent Scotto, das sich »Haiti« nannte. Letzteres endete mit einer langen Kadenz, Joséphine trillerte zu hohen Staccatonoten hinauf und schimmerte durch die schmetternden Trompeten und das hämmernde Schlagzeug hindurch. Ihre Stimme hatte sich zweifellos entwickelt und eine Reinheit und Kraft erlangt, die von dem atemlosen Stil ihrer alten Tage in der Rue Fontaine meilenweit entfernt war. Das lag zum Teil an dem Gesangsunterricht von Madame Paravicini, die bisher erst durch eine einzige, dafür aber um so wichtigere Schülerin zu Ruhm und Ehre gekommen war: Yvonne Printemps. Die Nachtigall der Boulevards war von 1909 bis 1923 in Revuen an den Folies-Bergère aufgetreten; damals war sie noch ein Teenager. Laut Derval war ihre Stimme damals »sanft und süß. Eines Nachts jedoch bekam Yvonne in ihrer Garderobe Besuch von einer Dame. ›Kleines‹, sagte sie, ›du gehst mit deiner Stimme sehr unvernünftig um. In zwei Jahren wirst du keinen Ton mehr hervorbringen.‹ «[11]

Die Dame war »Para«, wie man sie gemeinhin nannte. Sie gab Printemps kostenlosen Unterricht, und als ihre Schülerin später berühmt wurde, kamen auch andere junge Frauen zu ihr, um Stunden zu nehmen. Der Komponist Louis Beydts vertrat die Ansicht, daß Printemps' natürliches Gefühl für ein Lied – wie ein Vogel – nicht erlernbar sei und Para ihr lediglich »conseils de moderation«[12] gegeben habe. Ähnlich war es auch bei Joséphine, die ganz einfach von vornherein eine natürliche musikalische Begabung mitbrachte. Madame Paravicini brachte ihr bei, wie man seine Kräfte schont und Atemlosigkeit überspielt. Nachdem sie sich schon längst von der Bühne zurückgezogen hatte, klang Printemps' Stimme in den sechziger Jahren immer noch jung und frisch. Joséphine sollte bis zu ihrem neunundsechzigsten Lebensjahr eine solche Stimmfestigkeit und Tonreinheit beibehalten, daß dadurch die altersbedingte Kurzatmigkeit ausgeglichen wurde.

Diese neu entdeckten Stimmfähigkeiten waren Grund genug für Leon Volterra, ein neues Filmprojekt ins Auge zu fassen. Er hatte das Marigny Théâtre in der Nähe der Champs-Elysées übernommen und schlug für Weihnachten 1934 die Wiederaufnahme von Offenbachs *Die Kreolin* aus dem Jahre 1875 vor. (In dem ursprünglichen Salle Marigny hatten schon mehrere Offenbach-Operetten Premiere gehabt, insbesondere *La Rose de Saint Fleur*, in der Hortense Schneider ihre erste Rolle kreierte.) Volterra hatte dort auch Stücke von Messager und Yvain auf die Bühne gebracht: In unruhigen Zeiten wirft das Theater oft einen nostalgischen Blick in die Vergangenheit; in dieser Spielzeit wurden auch Offenbachs *Pariser Leben*, *Die beiden Blinden* und *Madame Favart* wieder ins Programm aufgenommen.

Die Titelrolle in *Die Kreolin* hatte eine der größten Gesangskünstlerinnen des späten neunzehnten Jahrhunderts kreiert: Anna Judic. Sie hatte eine hohe mädchenhafte Stimme und ein lebhaftes Temperament; ihre Karriere umfaßte Oper, Operette, café concert, Komödie und Drama. Die Beschreibung, die Felix Jahyer in den 1870ern von ihr gab, paßt ebenso gut zu Joséphine in den dreißiger Jahren: »Eine Stimme wie eine sanfte, klare Brise, in der unterdrückte Gefühle oder sorgloses Lachen, Genialität und Schlüpfrigkeit mitschwingen, und jede Anzüglichkeit durch perfekte Grazie aufgewogen wird.« Es schien, als habe Offenbach Joséphine die Rolle auf den Leib geschrieben. »Offenbachs Musik ist wunderbar«, erzählte sie Michel Georges Michel. »Sie ist gefühlvoll und sanft. Die Melodien sind ein unerschöpflicher Quell, aus dem ein Strom von Zartheit und Harmonien entspringt.«

Albert Willemetz modernisierte das Libretto ein wenig in Richtung komische Oper; außerdem wurden ein oder zwei Lieder von Offenbachs *La Boulangère a des écus* aus dem Jahre 1874 eingefügt. Brunelleschi entwarf für Joséphine unter anderem einen Matrosenanzug – weiße Shorts, ein Hemd im Marine-Look, weiße Söckchen und Riemchensandalen – der heutzutage sehr gut in die Kollektion von Ralph Lauren passen würde. Sie hatte auch ein paar echt Offenbachsche Krinolinen, und überhaupt gab man sich größte Mühe bei der Beschaffung originalgetreuen Zubehörs: Aus der Instrumentensammlung des Maison Gilbert wurde ein viktorianisches Klavier entliehen, eine Firma in der Faubourg St. Honoré lieferte alte Gravuren, und im Zuschauerraum des Theaters wurde – etwas zeitgenössischer angehaucht – ein neuer Anemonenduft von Forvil versprüht.

Auf der Besetzungsliste standen neben Joséphine noch André Urban, ein altbewährter Operettenstar, der in der Titelrolle von Christinés *Phi-Phi* berühmt wurde, und als führender Bariton der Neuling René Charlé; die Rolle des jungen Tenors übernahm Adrien Lemy, Joséphines ehemaliger Partner vom Casino. Zu den »huits petits rats de Marigny« gehörte auch ein Mädchen mit dem unglückseligen Namen Topalova (A. d. Ü. im Englischen bedeutet »topple over« fall hin!). Die Rezensenten und Kritiker der gesamten Pariser Presse waren begeistert von Joséphines neuen Talenten. Nicht nur Journalisten, sondern auch Komponisten waren beeindruckt von ihrer Dora. Henri Sauget schrieb: »Sie ist entzückend, ihr Gesang, ihr Spiel und ihr Tanz sind Offenbach in Reinform. Jeder ihrer Auftritte ist ein Wunder an Grazie und Feingefühl. Dies ist ihr Operettendebüt und es ist phantastisch; niemand sonst besitzt soviel Glanz, Spontaneität und einzigartigen Charme.« Später komponierte Sauget eine *Berceuse créole;* vielleicht hatte ihn diese Vorstellung dazu inspiriert.

Die Kreolin war Joséphines größter künstlerischer Triumph im Paris der dreißiger Jahre. Damit legte sie das Image der »Wilden« endgültig ab und gehörte nun zur seriösen Welt des Boulevardtheaters, dessen Publikum sich in den Folies oder im Casino vollkommen deplaziert gefühlt hätte, weil die Darbietungen oft gegen ihr moralisches Empfinden verstießen. Für Columbia nahm sie zwei Arien aus *Die Kreolin* auf, die aber nie veröffentlicht wurden; wahrscheinlich sind sie verlorengegangen. Die einzige noch existierende Aufnahme von Joséphines Auftritt als Dora ist wohl der hinreißende Wochenschauausschnitt, in dem sie singt und mit den Chorus-Boys eine Hornpipe tanzt. Ihr Timing und ihre Phrasierung der munteren Offenbach-Couplets ist großartig. Der Seekrankheits-Tanz, der mit einer Abfolge akrobatischer Sprünge endet, während sie von Matrosen in einer Decke geprellt wird, besitzt all den Schwung einer komischen Oper und unterscheidet sich damit sehr von dem gummiartigen Geschüttel der Jazztänze, die man ansonsten aus dieser Zeit kennt.

Viele der berühmtesten Sänger unserer Zeit haben sich vergeblich bemüht, Offenbach zu interpretieren. Der venezolanische Komponist, Dirigent, Dichter und Sänger Reynaldo Hahn, der selbst ein hervorragender Offenbach-Interpret war, schrieb: »Es ist unverkennbar, daß dieser große Star Mademoiselle Joséphine Baker sympathische Qualitäten besitzt; ihre makellose, vollkommen reine und anpassungsfähige Stimme ist von einer Sensitivität und Sanftheit, die ihresgleichen suchen.« Hahn fügte noch hinzu, Offenbachs Musik erwecke den Anschein, daß die Pariser während des Zweiten Empire die Sentimentalität abschaffen und von Melancholie nichts wissen wollten. Wenn die Pariser der 1870er schließlich doch noch die Trauer kennenlernen sollten, so meint er abschließend, so würden es die der 1930er wohl auch tun.

Hahn war damals Direktor des Opernensembles und des Theaters am Casino von Cannes; später bat er Joséphine, dort ein Konzert zu geben. Ihr Name reihte sich in eine lange Liste illustrer Gäste ein, die in der Saison 1937/38 dort auftraten, wie z. B. die junge Ginette Neveu, die Opernsängerin Emma Luart und Marian Anderson. Anderson hatte 1935 ihr erstes Konzert mit Toscanini gegeben, und 1938 wurde ihr die Ehre zuteil, im Lincoln Memorial ein Konzert zu geben, für dessen Organisation Eleanor Roosevelt verantwortlich zeichnete.

Noch 1925 hätte all dies wahrscheinlich nicht stattfinden können. Es war den schwarzen Jazzmusikern und Interpreten klassischer Musik zu verdanken, daß die Schwarzen in der Folgezeit allgemeine Anerkennung fanden.

Das gab Joséphine neuen Mut, und sie beschloß, ihrem Heimatland einen Besuch abzustatten.

9 Während ihrer zehnjährigen Abwesenheit hatten Teile der amerikanischen Presse Joséphines Ruhm nicht in Vergessenheit geraten lassen, doch zumeist geschah dies in sehr herablassendem Ton. In einem Artikel über amerikanische Frauen, die in Paris Karriere gemacht hatten, schrieb George Davis (im Zusammenhang mit Mary Gardens Auftritt in Alfanos *Resurrection* an der Opéra Comique): »Ob die Countess Pepito Abatino wohl noch manchmal an ihre Kindheit in Amerika zurückdenkt? Wenn sie triumphierend die berühmten Treppen des Casino de Paris hinabschreitet, wenn sie als ›unsere Joséphine‹, als Mistinguetts einzige Rivalin umjubelt wird, fragt Joséphine Baker sich dann jemals, was Sissle und Blake und all die anderen Harlemer Schauspieler aus ihren *Shuffle Along*-Zeiten wohl über sie denken mögen?«[1]

Es wurde des öfteren behauptet, Joséphine wolle nach Amerika zurückkehren, aber sie sagte: »Sie würden mich Mammy Songs singen lassen, und ich habe kein Gefühl für diese Lieder, deshalb kann ich sie auch nicht singen.« Zuerst hieß es, Sol Hurok werde sie in einem *Continental Varieties* am Broadway präsentieren, doch schließlich landete sie bei den Shubert Brüdern, die eine neue Version der *Ziegfield Follies* produzierten.

Florenz Ziegfield war 1932 gestorben. »Der führende Unternehmer in Sachen Wollust, der Vollstreckungsbeamte für die Verherrlichung des amerikanischen Girls« hatte Mae Murray, Nora Bayes, Ina Claire, Marilyn Miller und Dutzende anderer Schönheiten zu Stars gemacht. Die Shuberts inszenierten die Show, für die Joséphine engagiert worden war, am Winter Garden Theatre; in demselben Gebäude war einst der Plantation Club untergebracht, in dem Joséphine vor zehn Jahren ihre letzten New Yorker Vorstellungen gegeben hatte.

Als Joséphine sich im Juli 1935 auf die Rückkehr in ihr Heimatland vorbereitete, sagte sie voller Begeisterung: »Ich werde ihnen zeigen, was Frankreich aus Joséphine gemacht hat.« Nach Beendigung der Dreharbeiten zu ihrem zweiten Tonfilm *Princess Tam Tam*, der zum Teil an Originalschauplätzen in Nordafrika spielte, verbrachte Joséphine den Sommer zusammen mit Abatino in Italien. Bei diesem Film hatte Edmond Gréville Regie geführt, und in weiteren Hauptrollen waren Albert Préjean und Viviane Romance zu sehen. Es war die Geschichte einer afrikanischen Schönheit, die der

Pariser Gesellschaft als Prinzessin verkauft wird; die Story weist verblüffende Ähnlichkeit mit den Vehikeln auf, die zur selben Zeit in England Jessie Matthews auf den Leib geschneidert wurden.

In Italien hörte sich Joséphine Mussolinis Rede zur Rechtfertigung der italienischen Invasion in Äthiopien an. »Ich habe Mussolini gesehen und gehört und bin ganz verzaubert gewesen von diesem Mann . . .« Michel Georges Michel berichtete voller Zynismus über Joséphines politische Ansichten, dennoch veröffentlichte die Associated Press ihr Statement in den USA. Dort wurde es ohne Michel Georges Michels ironische Darstellung von Joséphine als Amazone, die sich eine Zigarre anzündet, weiterverbreitet. »Der Negus (Kaiser Haile Selassie) ist wahrhaftig ein Feind der Neger, denn er erhält die Sklaverei aufrecht; Mussolini hingegen ist fest entschlossen, diese Mißstände abzuschaffen. Wenn es nötig sein sollte, wäre ich bereit, eine Negerarmee zu rekrutieren, um Italien zu unterstützen.« Im Rückblick ist dies das absurdeste politische Statement, das Joséphine jemals abgab. Ich persönlich hege den Verdacht, daß Abatino ein Mussolini-Anhänger war und das Ganze von ihm ausging.

Abatino hatte in Amerika einen guten Vertrag für Joséphine ausgehandelt. Sie sollte in der Werbung gleich groß herausgestellt werden wie der Star der *Ziegfield Follies,* Fannie Brice, $ 1500 die Woche bekommen und zu den Proben (die im August begannen) brauchte sie erst Ende Oktober zu erscheinen, als sie an Bord der *Normandie* in New York eintraf.

Joséphine war die erste und auch die letzte Schwarze, die jemals eine Starrolle in den *Ziegfield Follies* bekam. Nachdem sie sie engagiert hatten, wußten die Produzenten anscheinend nicht so recht, wie sie Joséphine dem New Yorker Publikum am besten wieder schmackhaft machen könnten. Es war ein bißchen spät, sie als das typisch amerikanische Girl zu verherrlichen; der komische Part, der in diesem Kontext ihre große Stärke gewesen wäre, war schon an Fannie Brice und Bob Hope vergeben, und zum Gesangsstar hatte man bereits Gertrude Miesen auserkoren. Veron Duke, der Komponist der Produktion, überredete George Balanchine, einige Tänze zu inszenieren, und im Beisein von John Anderson entschieden sie sich für das altbewährte Exotik-Schema. Duke komponierte zwei Lieder für Joséphine. Er erinnert sich:

Mlle Baker hatte eine kleine, aber exquisite Koloratursopranstimme. Ira Gershwin und ich schrieben zwei gepfefferte, tropische Arien mit Florituren, die Lily Pons Angst gemacht hätten; Joséphine meisterte die akrobatischen Intervalle und Larynx-strapazierenden Triller, ohne mit der Wimper zu zucken, doch leider war sie oft nicht zu hören. Miss Niesen hingegen war sehr gut zu hören und hatte an allem und jedem etwas auszusetzen.[2]

Als sie in New York ankamen, wurden Joséphine und Abatino in dem Hotel, wo sie Zimmer reserviert hatten, abgewiesen, und die Begründung lautete wieder einmal, daß dort Gäste aus den Südstaaten wohnten, die man nicht vor den Kopf stoßen wolle. Schließlich mieteten sie ein kleines Apartment, in dem sie auch mit Speisen und Getränken beliefert wurden. Joséphine wurde zwar in

Die Szene aus *Princess Tam Tam*, in der Viviane Romance als Odette Joséphine dazu ermuntert, die Einheimischen mit einer wilden Conga zu schockieren, erfreute sich bei Kompilationsfilmern besonderer Beliebtheit.

Albert Préjean als Max de Mirecourt, der Romancier mit Eheproblemen, der Joséphine-Zaouina in der Pariser High-Society als afrikanische Prinzessin ausgibt.

der ganzen Stadt von berühmten New Yorker Persönlichkeiten wie Joe Louis, Condé Nast und Lorenz Hart eingeladen, doch schon bald machte sich kühle Distanziertheit, besonders auf seiten von Mrs. Ziegfield, bemerkbar.

Nach einer Probevorstellung in Philadelphia sickerten Berichte nach New York durch, daß Joséphine noch vor der Premiere aus der Show aussteigen wolle. Sie konnte einfach nicht umhin, Amerika immer wieder mit Frankreich zu vergleichen, und dabei schnitt ihr Heimatland nicht gerade vorteilhaft ab, »wenn Sie die echten Franzosen kennen, und alle meine Freunde dort sind Franzosen. Die amerikanischen Touristen haben so wenig Geschmack, daß man überall versucht, ihnen aus dem Weg zu gehen. Sie folgen lediglich der gängigen Mode und tun, was gerade als chic gilt, ohne zu verstehen, warum sie es tun.«

Joséphines erster Auftritt in der Show war ein tropischer Tanz in der Karibikszene. Gertrude Niesen sang »There is an island in the West indies« – zwei Vorhänge öffneten sich, und Joséphine sprang in einem Schurz aus silbernen Stacheln auf die Bühne – eine Art verspäteter Tribut an die alten Bananen – und tanzte mit den Boys Conga, wobei sie einen nach dem anderen umwarf. In der Szene »Nachtrennen in Paris« trug sie einen Sari und sang »Maharanee«, das erste Chanson, das Duke für sie komponiert hatte. Das Lied begann im One-step-Rhythmus, ging dann in einen Walzer über und endete im Tangotakt, als die Boys sangen:

Maharanee, oh the gay exotic charm of you
Oh that leg – Oh, that arm of you
Thrills Paree through and through

Dazu sang Joséphine ohne Worte eine Koloratur (in der Partitur stand: »Joséphine Bakers Obligato«, spielt PPP!), die sich über zwei Oktaven erstreckte, vom eingestrichenen D bis hinauf zu einem hohen B, das sie acht Takte lang hielt.

Vincente Minelli, der für all ihre Kostüme verantwortlich war, wollte, daß sie bei ihrem Auftritt in der zweiten Hälfte »so glamourös wie möglich aussähe, und ich entwarf Kostüme, die sich an den europäischen Stil anlehnten. Bei ihrer zweiten Nummer war ihr schlanker Körper von einem schimmernden Sari umhüllt. Dann folgte ihr autobiographisches Tableau ›Five A. M.‹ (Fünf Uhr morgens), in dem sie in einen staubigen, rosa Raum zu ihren afrikanischen Skulpturen heimkehrte. Sie trug ein Kleid aus goldenen Maschen. Ich hatte ein Musselinkleid entworfen, das ich dann an eine Fabrik schicken ließ, die Taschen aus Metallschlingen herstellte. Sie fertigten es genau nach Anweisung an. Das Kleid wog fast einhundert Pfund. Dazu trug Joséphine ein pflaumenblaues Cape aus Straußenfedern. Die Kritiker mögen zu Recht bemängelt haben, daß ihre dünne, zarte Stimme den Zuschauerraum nicht zu füllen vermochte, aber niemand konnte bestreiten, daß ihr prachtvoller Körper den Kostümen mehr als gerecht wurde.«[3]

Für das Ballett ließ Balanchine sie das Cape über die Bühne zu einem Polstersofa ziehen, wo der Tanz begann. Robert Baral beschreibt es: »Eine Mischung aus schwarzen und weißen Liebhabern huschte durch ihre Gedanken (Balanchine spielte hier auf natürlichen, unverfälschten Sex an – keine Spur von Rassentrennung). Dem Publikum gefiel Joséphine, nur der Presse nicht.«[4]

Die Presse schien tatsächlich nur auf diese Gelegenheit gewartet zu haben, sich dafür zu rächen, daß die Franzosen Joséphine so begeistert aufgenommen hatten. Percy Hammond schrieb: »Miss Joséphine Baker, die prominenteste Negerin seit Eliza in *Onkel Toms Hütte*, überquerte das Eis und stellt sich selbst und ihren Körper freimütig in afrikanischem Pomp zur Schau, der mir schon zu exotisch ist.« Brooks Atkinson formulierte es noch bissiger: »Nachdem sie im Ausland die Karriereleiter im Sturm erklommen hat, zählt Joséphine Baker jetzt zu den Berühmtheiten, die anstelle von Talent nur noch ihren Namen anzubieten haben. Ihr Gesang ist nur ein Piepsen im Dunkel, und ihr Tanz ist nur der Schmerz einer Künstlerin. Miss Baker hat ihre Kunst soweit verfeinert, daß am Ende nichts mehr davon übrigblieb.« Atkinson fügte jedoch hinzu, daß »das Show-Business immer ungeheuer gemütlich wirkt, wenn Fannie Brice auf der Bühne herumstampft.« Nun ja, *gemütlich*. Fannies rauhe Mischung aus Sentimentalität und Galgenhumor war typisch für New York. Der Versuch, Joséphine als Exotin zu verkaufen, schlug fehl – aber die Kombination von Balanchines Choreographie mit Dukes Musik, Gershwins Texten und Minellis Kostümen kann nicht so uninteressant gewesen sein, wie diese Kritiker behaupteten. Nur *Variety* äußerte sich wohlwollend: »Die

Überraschung des Abends ist Joséphine Baker . . . Am schönsten ist sie in der exotischen Szene ›5 A. M.‹, in der sie mit vier schattenhaften, schwarz maskierten Männern tanzt.«

Duke bezeichnete den Tanz als einen Alptraum à la Aubrey Beardsley und schloß:»Das Bemerkenswerteste an der Premiere war Joséphine Bakers beispielloser Erfolg, doch ich fürchte, daß da ein wenig nachgeholfen wurde. Der gesamte zweite Rang war fest in der Hand ihrer Freunde und Bewunderer, die ein solches Getöse veranstalteten, sobald ihr Idol nur die Bühne betrat, daß niemand, nicht einmal der Publikumsliebling Fannie, bei diesem ekstatischen Applaus mithalten konnte.«

Duke und all die anderen Kritiker beanstandeten, daß Joséphines Stimme nicht weit genug trage – der Winter Garden war zweimal so groß wie die Folies-Bergère oder das Marigny. Joséphine hatte tatsächlich keine sehr durchdringende Stimme, aber in Europa scheint ihr das nie Schwierigkeiten bereitet zu haben. Des Rätsels Lösung findet man in einer Karikatur der Premiere, auf der die Akteure der *Follies* als Silhouette dargestellt sind: Joséphine in ihrem Conga-Kostüm, Fannie Brice in ihrer berühmtesten Rolle als Baby Snooks, und Gertrude Niesen vor einem Mikrophon. Das New Yorker Publikum hatte sich schon daran gewöhnt, Sänger über Verstärker zu hören. »Ah, ce micro, qui a tué notre métier.«

Dieser katastrophale Empfang fiel zeitlich zusammen mit dem Bruch ihrer Beziehung zu Abatino: Er war unheilbar krebskrank, wovon sie allerdings beide nichts ahnten. Während sie in Amerika weilten, gelang es ihm nicht, einen Filmvertrag auszuhandeln, obwohl eine Rolle als Paul Robesons Partnerin und auch eine Verfilmung von *Porgy and Bess* im Gespräch waren. Gershwins Oper wurde im Oktober 1935 zum erstenmal in New York aufgeführt, und Joséphine schaute sie sich gleich in den ersten Wochen an. Sie traf George Gershwin zusammen mit Ira, als er an ihrer Seite in den *Follies* arbeitete, und sie sagte ihm, daß sie gern in London oder Paris die Bess spielen würde. Doch leider sollte dieser Wunsch nicht in Erfüllung gehen: *Porgy and Bess* wurde erst 1943 zum erstenmal in Europa aufgeführt (und zwar – man kann es kaum glauben – im damals von Nazis besetzten Dänemark, wo die von einem Juden für schwarze Musiker geschriebenen Melodien zum Talisman der Widerstandsbewegung wurden), und als es dann

1952 endlich nach London kam, hätte diese Art von Musik Joséphines Stimmumfang überfordert. Es ist auch nicht sicher, ob sie in den dreißiger Jahren in der Lage gewesen wäre, diese Rolle stimmlich zu meistern, obwohl sie ansonsten hervorragend dafür geeignet gewesen wäre. Die Rolle der Clara – die Sopranistin, die »Summertime« singt – wäre besser für sie gewesen, aber La Baker hätte natürlich nie eine Nebenrolle angenommen.

Ende Februar 1936 war in den New Yorker Zeitungen folgende Anzeige zu lesen:

»Endlich! Chez Joséphine Baker
125 East 54th Street and Park Avenue
Offizielle Eröffnung am Freitag, dem 25. Feb.
nach dem Theater«

Im Vergleich zu ihrer Vorstellung in den *Ziegfield Follies* waren Joséphines Auftritte in ihrem eigenen Club ein großer Erfolg. Tagsüber war der Raum ein elegantes Restaurant, Le Mirage, und ab 22.30 Uhr dann das Chez Joséphine. In der Eröffnungsnacht begrüßte Joséphine jeden Gast persönlich, dann ließ sie ein kleines Ferkel in einem Laufstall herbeibringen, bereitete ihm ein Fläschchen mit Milch und fütterte es. »Die Gäste quietschten vor Vergnügen; der Gedanke an Rom zu Zeiten Neros drängte sich auf.« Wohl kaum!

Begleitet von Ray Benson und seinem Orchester trug Joséphine ihre Chansons auf Englisch und Französisch vor. Sie sang ein bis zwei Lieder pro Stunde, wie es eben gerade so paßte. Hier konnte sie hemmungsloser tanzen als im Winter Garden und trat in einem Kostüm aus »sieben kleinen Strapsen« auf. Zusammen mit drei Tänzern in Zouave-Hosen und Tarbouches legte Joséphine einen *pas de quatre* hin, der für den Rest jener Dekade zu ihrem Programm gehören sollte. »Allein das Tamtam der Trommeln brachte Miss Baker jetzt richtig in Fahrt... Die Bakerschen Zuckungen werden akkurat mit Rücksicht auf die Beschleunigung ausgeführt. Sie entstehen langsam in der Taille, winden sich durch den Unterleib und tauchen in epischer Erhebung aus ihren Hüften wieder auf.«[5]

Das ganze Frühjahr hindurch verkehrte ein recht kosmopolitisches Publikum im Le Mirage. Klatschkolumnisten wußten zu berichten, daß bei der Eröffnung des Clubs Baron Henry Hennet von Budapest, der Graf von Gramont, George Anthony Horvath von Wien, Peggy Dreighton, Katherine Blake und Mrs. James Farley, die Frau des Postministers auf den »Manegenplätzen« saßen. Bei späteren Vorstellungen stürzten sich auch Rudy Vallee, Ben Lyon, Barbara Hutton, Simone Simon, Cole Porter, Fred Astaire, Lily Pons, Paul Robeson und die Gershwins hinein ins Vergnügen, zu dem auch Tanzwettbewerbe gehörten, wie vor zehn Jahren in Paris. Die *New York Herald Tribune* versicherte ihren Lesern: »Wer sie nicht in ihrem Club sah und hörte, hat sich eine der aufregendsten und amüsantesten Kabarettistinnen unserer Zeit entgehen lassen.«

Doch der Rest der New Yorker Presse war Joséphine auch weiterhin nicht wohl gesonnen. *Time* schrieb: »Joséphine Baker, die Tochter einer Wäscherin aus St. Louis, stieg im Boom der zwanziger Jahre aus einer Negerburleske aus, um die Schmeicheleien und den Luxus des Pariser Lebens kennenzulernen. Als Sexobjekt für übersättigte Europäer vom Typ Jazzliebhaber ist ein Niggerweib immer im Vorteil.«

Der *Chicago Defender*, der immer ganz begeistert über Joséphines Erfolge in Europa berichtet hatte, antwortete den Herausgebern der *Time* in einem würdevollen, offenen Brief:

Nur sehr ungern möchten wir glauben, daß der Herausgeber der TIME und seine Chefs vom Dienst sich auf einem so niedrigen geistigen Niveau befinden, (das ihrer unwürdig ist). Um Milde walten zu lassen, sind wir eher geneigt zu glauben, daß TIME unglücklicherweise einen Mitarbeiter ausgewählt hat, dessen Vorstellungen von journalistischem Anstand wohl am besten in der Gosse anzusiedeln sind ... Das scheußliche Wort »Niggerweib« gehört nicht in den Wortschatz eines kultivierten Gentleman ... Allein die Idee, ein solches Wort für eine Frau zu verwenden, entspringt einem kranken Geist.

Dadurch, daß Joséphine in Europa lebte, war sie von den typischen grausamen Vorurteilen, die sie in ihrer Kindheit kennengelernt hatte, weitgehend verschont geblieben. Sie war nicht vorbereitet auf diese Welle des Rassismus – der am Ende der Depression wesentlich stärker ausgeprägt war als 1925 –, auch in einer so europäischen und auf den ersten Blick so intellektuellen Stadt wie New York. Ungefähr zur selben Zeit befand sich die junge Billy Holiday mit Artie Shaw und seiner Band auf Tournee. Bei ihrem ersten Auftritt jenseits der »Mason-Dixon-Linie« schrie ein Zuschauer – »ein Ledernacken, dem die Show so gut gefiel«, um es mit Shaws Worten zu sagen – : »Laßt das Niggerweib noch ein Lied singen.« Billie schaute ihm in die Augen und was sie sagte, war zwar nicht zu verstehen, aber für einen Großteil des Publikums doch gut zu sehen. Sie sagte »Mother-Fucker«.[6] Es kam zu einem Aufruhr, und Billie Holiday mußte durch den Hintereingang hinausgeschmuggelt werden.

Joséphine verspürte weder den Wunsch noch das Bedürfnis, sich an diesem Punkt ihrer Karriere einer solchen Demütigung auszusetzen. Es ist schwierig nachzuvollziehen, was die Ziegfield-Manager sich eigentlich genau erhofft hatten. Es mußten wieder fast zehn Jahre vergehen, bis zu den triumphalen Erfolgen von Pearl Bailey, Katherine Dunham und Lena Horne, bevor ein New Yorker Publikum wieder die Gelegenheit hatte, schwarze Darstellerinnen zu bewundern.

Joséphine rächte sich, indem sie überall nur noch Französisch sprach, was die ohnehin schon feindselig gestimmten Kritiker nur noch mehr befremdete. In der Show von Rudy Vallees stellte sie ihr Chanson »Dream Ship« vor – so hatte Spencer Williams die englische Version eines ihrer schönsten Lieder aus *Princess Tam Tam* betitelt –, sang es dann aber auf Französisch: »Le Chemin du bonheur.« In der Aufnahme, die von dieser Sendung erhalten blieb, ist ein leichter Anflug von Triumph in ihrer Stimme zu hören, als sie ins Französische überwechselt.

Kein Gast hätte in der 54th Straße willkommener sein können als Paul Derval, der den Vertrag für die Spielzeit 1936/37 an den Folies-Bergère gleich dabei hatte. Als Fannie Brice krank wurde und die *Ziegfield Follies* ein paar Wochen pausieren mußten, ergriff Joséphine die Gelegenheit, um aus ihrem Vertrag auszusteigen. Bob Hope ging ebenfalls, und als neue Conga-Tänzerin wurde Gypsy Rose Lee engagiert. Joséphines andere Nummern wurden gestrichen.

Joséphine hatte sich so sehr darauf gefreut, vor ihren eigenen Landsleuten aufzutreten und ihren europäischen Erfolg zu wiederholen, doch jetzt hatte sie einen wuchtigen Schlag ins Gesicht bekommen, in dem all die Kraft jahrhundertealter Repressionen und Vorurteile steckte. In späteren Jahren weigerte sich Joséphine, je wieder über ihr Engagement bei den *Ziegfield Follies* zu sprechen. Der Stolz auf ihre eigenen Leistungen und auf ihre Rasse hatten eine Wunde davongetragen, von der niemand so genau weiß, wie tief sie wirklich ging. Es war die größte berufliche Enttäuschung ihres Lebens.

Bei ihrer Ankunft in Paris empfing sie Derval mit einer Menge Kameraleute und einem Akkordeonspieler, der gleich mit »J'ai deux amours« anfing. Später, wenn Joséphine Scottos Liebeslied sang und zu der Stelle

Ce qui m'en sorcelle
C'est Paris, Paris tout entier

kam, streckte sie beim zweiten »Paris« ihre Arme in einer Geste aus, die nicht nur eine Umarmung, sondern gleichzeitig auch eine flehentliche Bitte ausdrückte. Da die Liebe zu ihrem Vaterland bestenfalls sporadisch erwidert worden war, würde sie in Zukunft von der treuen Ergebenheit ihres Pariser Publikums abhängig sein.

Joséphine
in Wien, 1928

Joséphine in Berlin 1928:
Sie schaut ziemlich besorgt,
denn ihr Auftritt in
Bitte einsteigen, Joséphine im
Theater des Westens hatte auf
seiten der jungen Nazis heftige
Reaktionen hervorgerufen.

Joséphine, gezeichnet von einem
italienischen Karikaturisten (oben)
und auf Zigarettenbildern (rechts).
Ein Bild aus der Serie »Beliebte Film-
und Bühnenstars« für Borg-Zigaretten,
von denen damals sechs Stück
20 Pfennig kosteten.

Rechte Seite:
»Chanson Nègre« von Osbert
Lancaster aus *Sir Galahad*, Vol. 1, No. 1,
einem humoristischen Literatur-
magazin, das auch Beiträge von
Stephen Spender, Louis MacNeice,
Harold Acton und Sonia Hambourg
enthielt.

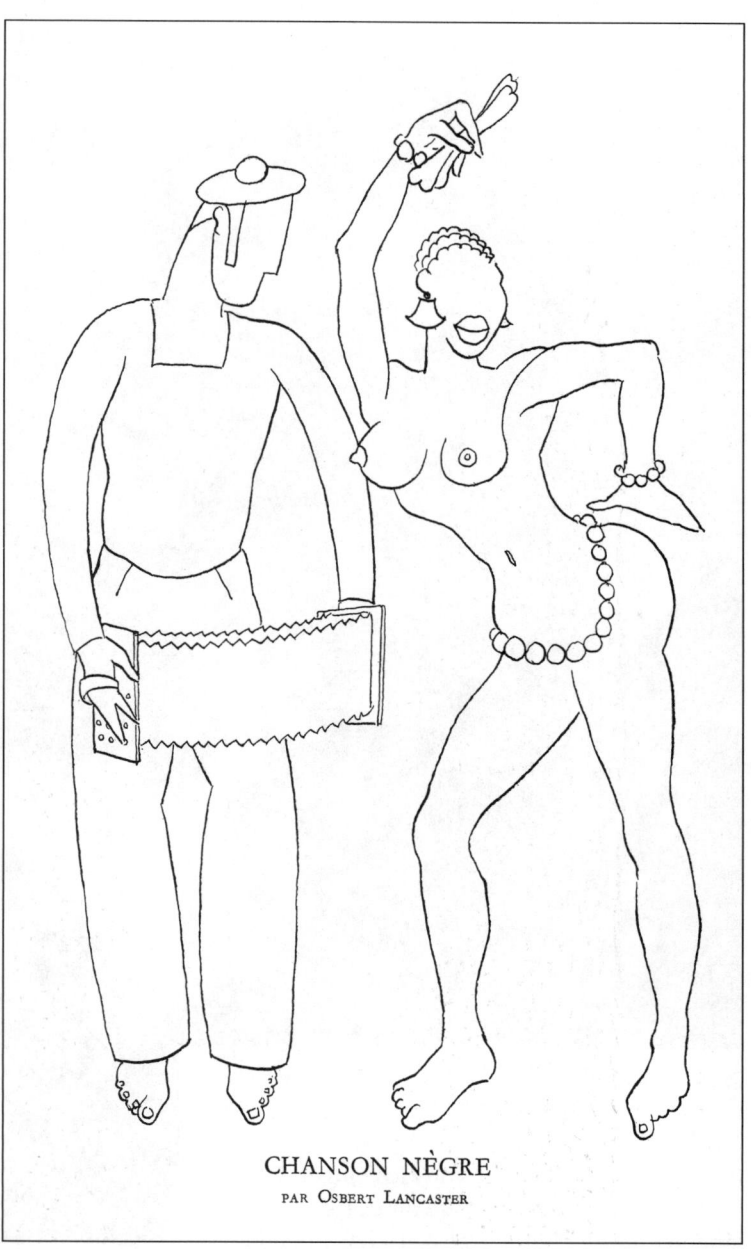

CHANSON NÈGRE

par Osbert Lancaster

Zwei Joséphine-Porträts von Hoyningen-Huene im Auftrag von Condé Nast, für den der aus Rußland gebürtige Photograph seit 1927 arbeitete.

154

»Joséphine Baker, quelle surprise, quelle stupéfaction!« schrieb
Pierre Varenne im *Paris Soir* nach der Premiere von *Paris Qui
Remue*: »Wir nahmen Abschied von einem netten, kleinen
Mädchen... und eine Künstlerin, eine große Künstlerin ist zu uns
zurückgekommen.«

»J'ai Deux Amours« wurde zu Joséphines Erkennungsmelodie.

Joséphine in
Paris Qui Remue.

Henri Jeanson schrieb:
»Wissen Sie, ein Lied von
Scotto ähnelt ein bißchen
dem billigen Veilchenstrauß,
den eine Midinette zur
Erinnerung an eine alte
Flamme aufbewahrt.«

Joséphine singt
»Voulez-vous de la
Canne à Sucre?«

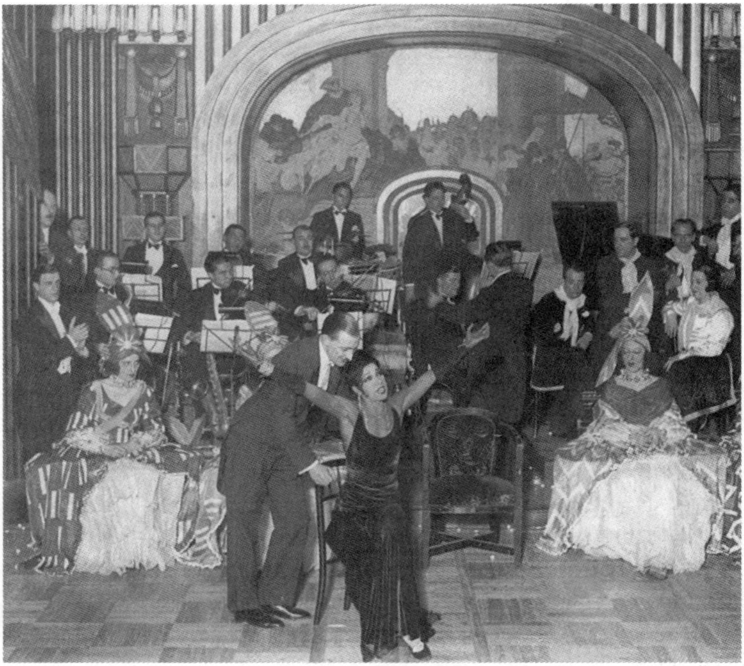

LIDO
DES CHAMPS-ÉLYSÉES

Soirée du Vendredi 28 Novembre
A MINUIT

La troisième série de la nouvelle mode d'illustration scénique des livres à succès

Les
Mémoires de Joséphine BAKER
PAR
Marcel SAUVAGE

Les débats auxquels prendra part le public seront dirigés par
Jean BASTIA

Des chapitres du livre seront vécus par
Joséphine BAKER
lus par ELLE-MÊME assistée de l'auteur et de
M. Germain CHAMPELL
du Théâtre des Nouveautés

Joséphine BAKER et Marcel SAUVAGE
SIGNERONT DES EXEMPLAIRES DU LIVRE

Un défilé d'Artistes de la Revue du Casino de Paris
"PARIS QUI REMUE"
accompagnera la présentation du livre.

Soirée sans augmentation de prix — L'entrée du Lido n'est pas payante

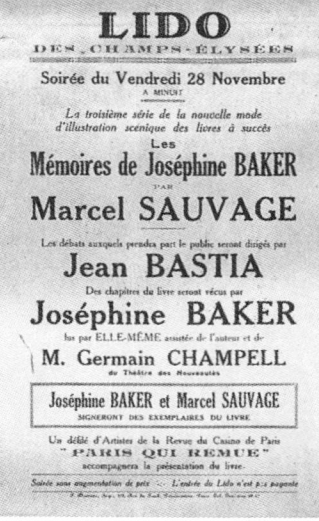

Der Startschuß für ihr Buch ist gefallen. Joséphine singt mit Adrien Lemy im Lido: Diese Vorstellung gehörte zu einer Veranstaltungsreihe, bei der Autoren Passagen aus ihren Büchern vorlasen. Die seltsam gekleideten Chorsängerinnen im Hintergrund sollen Zuckerrohr darstellen – wie in Joséphines Lied »Voulez-vous de la Canne à Sucre?«

Joséphine zu Hause, Anfang der dreißiger Jahre. Ihren Besuchern fiel auf, daß die Inneneinrichtung ein extravagantes Durcheinander von modernem, antikem und orientalischem Mobiliar war. Ihr Privatzoo bestand zeitweise aus einer Ziege, einem Kalb, zwei Ferkeln, fünf Katzen, sieben Hunden und zwei Papageien.

Joséphine als Dirigentin in *La Joie de Paris*. »Schon seit langem«,
sagte sie, »besteht mein Dessert nur aus Saxophonnoten und mein
Hauptgericht aus Trompetengeheul.«

Auf seinem Poster für *La Joie de Paris* läßt Paul Colin Joséphine
noch schwungvoller erscheinen als auf dem Plakat, das er in den
zwanziger Jahren gezeichnet hatte: Die bildhafte Darstellung ihres
»Soul of Jazz«-Finale im ersten Akt, bei dem sie von »22 coloured
boys of Jazz« begleitet wurde. Zu ihrem Repertoire gehörte auch
»That Man of Mine«, eine Komposition von Oscar Aleman.
Eine Programmnummer war speziell Paul Colin gewidmet: »La
Palette de Paul Colin«, mit Jean Irace als Maler, den Revuetänzern,
den 16 Helena Stars, Les Danseuses de Lysana und Le Spring
Ballet als Farben der Palette und den King's London Boys als
Koloristen.

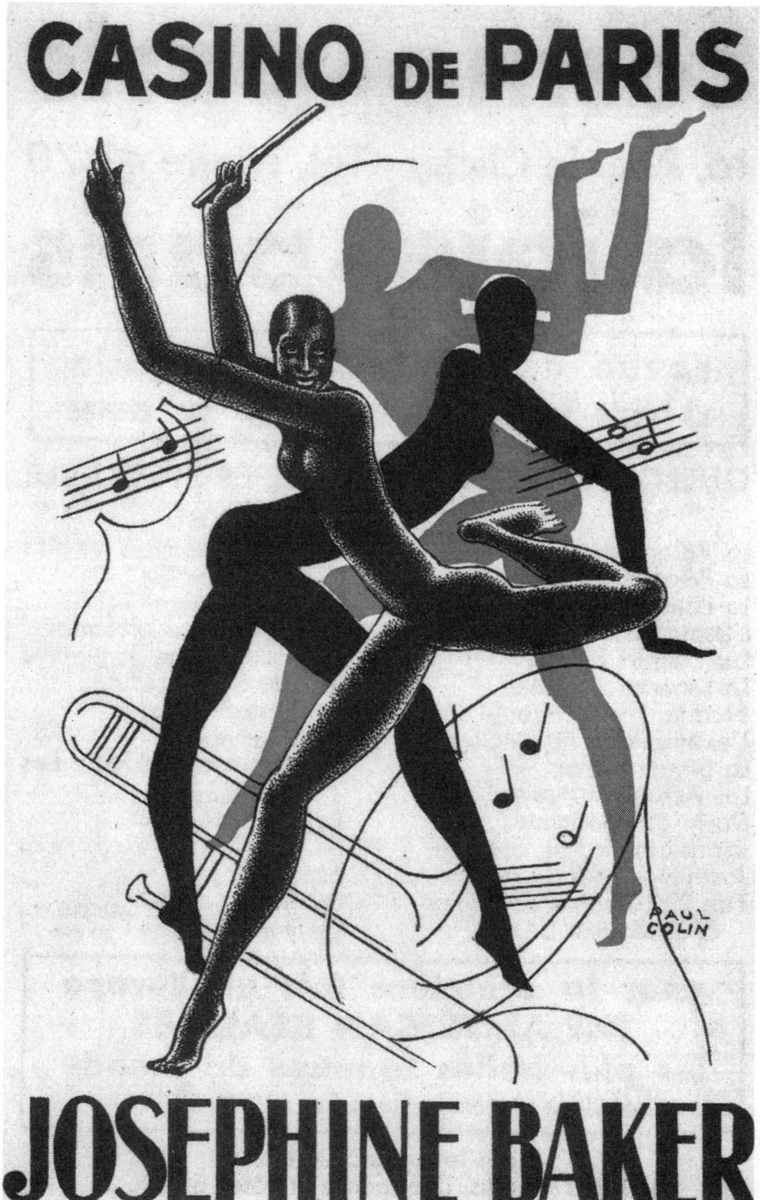
CASINO DE PARIS
PAUL COLIN
JOSEPHINE BAKER

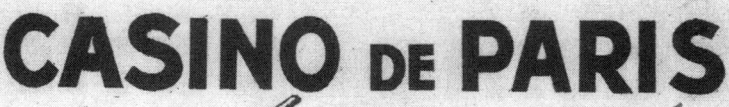

In Paris hatte sich Joséphines Tanzstil dermaßen verändert, daß er überhaupt nicht mehr wiederzuerkennen war. Aus der »unscheinbaren Ballettratte des Chorus«, wie Frank Driggs sie bezeichnet hatte, war ein Star geworden. In der Zusammenarbeit mit erstklassigen Choreographen wie Louis Douglas, Joe Alex und später George Balanchine (als diese Photos gemacht wurden, gab er ihr Privatstunden) kamen ihre speziellen Talente zum Vorschein.

Joséphine mit René Dorin, ihrem Partner vom Casino, in der Ecole des Beaux Arts, 1933 beim »Bal de la Grande Masse«.

In den Augen der Pariser kreierte Joséphine eine Kunst, die den Dschungel, afrikanische Skulpturen und New Orleans in sich vereinte: Sie war der »Douanier« Rousseau der Music-Hall, ein lebender Gauguin, die »Schwarze Venus« von Beaudelaire.

le Sourire

SON TROISIEME AMOU

Titelblätter von damals. Joséphine, Chiquita und »J'ai Deux Amours« waren so berühmt, daß man sie nicht mehr vorzustellen brauchte. »Um schick zu sein«, sagte Joséphine, »braucht man nicht nur ein hübsches Kleid, einen netten Hut oder eine gute Figur – man muß dem Ganzen auch durch ein bezauberndes Lächeln Glanz verleihen.«

Joséphine im Experimental Baird Television Studio, 16 Portland Place, London, im Oktober 1933. Der sportlich gestreifte Blazer und der Rock, wahrscheinlich von Schiaparelli, stehen in merkwürdigem Kontrast zu der Hintergrundmalerei, die damals in den Kindertagen des Fernsehens als Prospekt diente. Auch andere Künstler, wie z. B. die Stars des Ballet Russe, Karsavina, Toumanova, Baronova und Riabouchinska traten damals im Fernsehen auf.

Rechte Seite:
Peter Rose Pulham photographierte Joséphine in London für *Harper's Bazaar*. PRP war Ende der dreißiger Jahre eine schillernde Persönlichkeit der »Haute Bohème« von London. Theodora Fitzgibbon, mit der er befreundet war, erinnert sich, wie er Cecil Beaton immer damit aufzog, daß er seine Negative nicht selbst entwickelte: »Auf den Auslöser drücken kann jeder Idiot; die wahre Kunst wird in der Dunkelkammer vollbracht.« Zum Schluß versetzte er seine Kamera und kaufte sich statt dessen Farben und Leinwand.

Am Prince Edward
Theatre, London, 1933.
Joséphine teilte sich
das Programm mit
Toni Birkmayers
Wiener Balletten,
die als Gegenstück
zu ihrem
»Triumph of Jazz«
»The Triumph of the
Waltz« aufführten.

Eine Feier am 8. Juni 1933, bei der Joséphine die »Commune libre de la fol' Butte« auf dem Montmartre eröffnete: Ein erster Flirt mit dem Kommunismus, der – wie auch alle späteren – rein sozialen Ursprungs war.

170

Princess Tam Tam: »Sous le ciel d'Afrique« war eine von Joséphines wenigen Aufnahmen, die in den dreißiger Jahren (auf Bestellung) in den USA erhältlich waren.

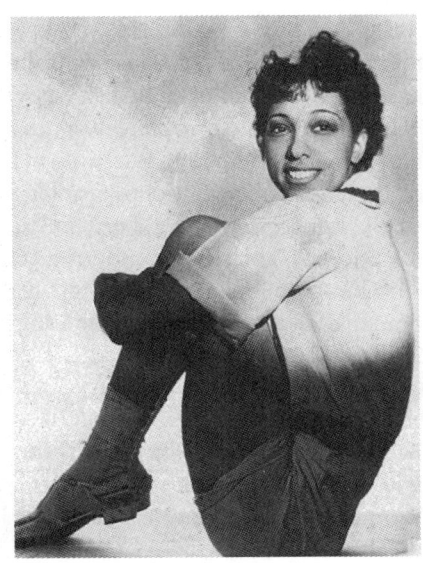

Joséphine in Offenbachs
Die Kreolin. Das Photo
oben widmete sie Henri
Jullien, einem ihrer Partner
auf der Bühne.

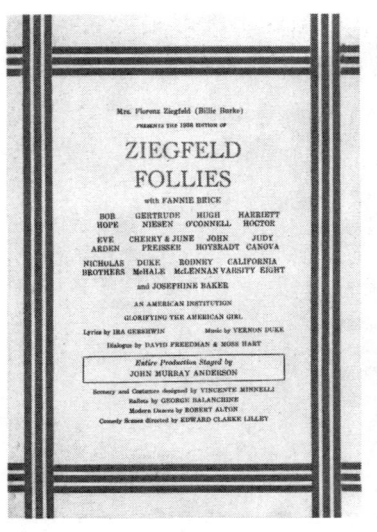

Die Besetzungsliste der Ziegfield Follies 1936 war sehr eindrucksvoll. Leider waren Joséphines Nummern nicht die Hits der Show. Die Melodie, die jeder auf dem Heimweg summte, war Vernon Dukes Vertonung von Ira Gershwins »I Can't Get Started«, das Bob Hope und Eve Arden als »Park Avenue's Lady Godiva« sangen.
Rechts: Porträts aus dem Programm und von der Show.

Joséphines gekünsteltes, fast matronenhaftes Auftreten auf amerikanischen Bühnen machte ihre von vielen Widersinnigkeiten begleitete Rückkehr nach New York nicht gerade leichter. Mit viel härterem Make-up im Gesicht als in Europa schien sie Fannie Brice, dem großen Star der Ziegfield Follies, ähnlich zu sehen. Die Kritiker gaben sich nicht damit zufrieden, ihre Darbietungen in der Show zu verreißen, sondern machten sich auch noch über ihre europäischen Eigenheiten lustig. Sie sprach inzwischen besser Französisch als Englisch (sogar Langston Hughes bezeichnete ihre Sprache als »Negro Dixie«). Bei einer Party, die Condé Nast für George Gershwin gab, traf sie Beatrice Lillie. »In einem französischen Redeschwall mit Saint-Germain-Untertönen«, um Lucius Beebes Worte zu gebrauchen, erzählte Joséphine Beatrice Lillie, wie sehr sie sie bewundere und sich ihr im Geiste verwandt fühle. Woraufhin Bea erwiderte: »Honeychile, yo' mighty good yo'self« (Du bist auch nicht schlecht).

Joséphines erster Ton-
film *ZouZou*, in dem
sie und Jean Gabin die
Hauptrollen spielen.
(Links ein schwedi-
sches Poster, auf dem
auch einige Zeichnun-
gen von Paul Colin zu
sehen sind.) »Wissen
Sie, warum Jean Gabin
ein großer Schauspieler
ist?« fragte sie. »Weil er
nie die Wahrheit von
Leben oder Tod ver-
gißt... er vergißt nie,
daß auch er nur ein
Mann wie jeder
andere ist.« Gabin sang
auch ein Lied in dem
Film: »Viens Fifine.«

Joséphines Karibik-Nummer in den Ziegfield Follies.
Diese eigenartigen Früchte an ihren Hüften, die weder mit
Bananen noch mit Haifischzähnen viel zu tun haben,
waren offensichtlich Raoul Pene du Bois' Hirn entsprungen.

Ich glaube, kein Mensch hat je ein komplizierteres Leben
so unkompliziert gesehen wie Joséphine.

Bricktop

IV

Leutnant Baker

10 Es hieß, Joséphine sei völlig verzweifelt gewesen, als sie im Juni 1936 wieder in Paris eintraf. Ihr treuer Gefährte Pepito Abatino war gestorben, während sie noch in New York weilte. Der Bruch ihrer Beziehung schien besiegelt, als er im Januar allein nach Paris zurückgekehrt war. Auf die Frage nach ihrem bewegten »Eheleben« antwortete Abatino frei heraus: »Um die Scheidung einzureichen, hätten wir erst einmal rechtmäßig verheiratet sein müssen. Es ist ja schön und gut, Joséphines Manager als ihren Ehemann vorzustellen, und es steht auch jedem frei, anzunehmen, daß wir den Bund fürs Leben geschlossen hätten, wenn ihm das als die elegantere Lösung erscheint. Aber ich war ihr Manager, und solange es auf dieser Welt Künstler von Joséphine Bakers Kaliber gibt, werde ich auch Manager bleiben.« Es war Ironie des Schicksals, daß sie jetzt hätten heiraten können, wenn sie gewollt hätten, denn während ihres Aufenthaltes in den USA hatte Joséphine sich von Will Baker scheiden lassen.

Ob er nun ein Graf war oder nicht, auf jeden Fall hat Abatino enorm viel für Joséphine getan. Mit seiner Hilfe hatte sich das bestbezahlte Chorus-Girl des Vaudeville-Theaters zu einem der bestbezahlten Stars der Welt gemausert. Sie hätte zweifellos auch ohne ihn große Karriere gemacht, aber geschäftstüchtig wie er war wußte er immer zu verhindern, daß sie ihren Erfolg irgendwo bis zur Neige ausschöpfte, und er hielt so die Legende am Leben. Er prüfte ihre Drehbücher (bei allen drei Spielfilmen, in denen sie in der Hauptrolle zu sehen war, ist er als einer der Drehbuchautoren aufgeführt), organisierte die Veröffentlichung der ersten zwei Bände ihrer Memoiren, schrieb einen Roman, der auf einem Ereignis aus ihrer Kindheit basierte und umgab sie mit der Sicherheit, die sie brauchte, um die Femme fatale zu spielen. Obwohl sie sich dem Publikum auch nach seinem Tod immer wieder von einer neuen Seite zeigte und kurzzeitig sogar versuchte, Charakterrollen zu spielen, ging es mit ihrer Karriere nie wieder so gleichmäßig bergauf wie früher. Jetzt kam ihre uneinheitliche Persönlichkeit stärker zum Vorschein, was sich auch in der leicht chaotischen Organisation ihrer Bühnenlaufbahn widerspiegelte.

Als Abatino starb, hinterließ er Joséphine das gesamte Barvermögen, das er inzwischen angehäuft hatte. Dafür hielt Joséphine sein Andenken in Ehren, obwohl sie im Streit auseinandergegangen waren; sie erzählte nur Gutes von ihm und veranlaßte die Überführung seiner sterblichen Überreste von Paris zum Château les Milandes, ihrem Landsitz, der später so berühmt werden sollte.

Joséphine kam einen Tag vor ihrem dreißigsten Geburtstag nach Paris zurück, doch die Party fand erst am 26. Juni in Le Beau Chêne in Le Vesinet statt. Mitveranstalter war André Rivollet, der Journalist und Co-Autor von *Une Vie de Toutes les Couleurs*. Dieser dritte Band mit ihren »auf Interviews basierenden« Memoiren scheint der Wahrheit am nächsten zu kommen. Die Kindheitserinnerungen hat Rivollet mit vielen Details belegt – nicht wie die Schilderungen von Marcel Sauvage, der letzten Endes eben doch ein Dichter war.

Die neue Revue an den Folies-Bergère sollte *En Super Folies* heißen. Der Designer, ein junger ungarischer Künstler, der Joséphine einige Jahre zuvor in Budapest zum erstenmal gezeichnet hatte, war Michel Gyamarthy. Seit Joséphines letztem Auftritt war an den Folies-Bergère einiges verändert worden. Paul Derval weihte das neue Theater im Januar 1928 ein. Die Fassade zierte jetzt ein ultra-modernes Basrelief von Pico, auf dem Lila Nicolska dargestellt war. Auf einem Fries im Innenraum war ein Gemälde von Joséphine in Federn und Juwelen zu sehen, wie sie gerade mit einem jungen Mann in Zylinder anstößt. Der Zuschauerraum war von 920 auf 1 740 Plätze erweitert worden, was auf Kosten der alten Wandelhalle hinter den Parkettsitzen ging, die Manet in seinem Bild »Un Bar au Folies-Bergère« verewigt hat – die Edelprostituierten, die sich traditionellerweise hier aufgehalten hatten, mußten sich jetzt mit dem Trottoir begnügen.

Die Show selbst war eine Art Rückkehr in die Vergangenheit für die Folies. Nachdem sie in der vorangegangenen Spielzeit für *La*

Folie d'Amour mit einigen modernen Satiren auf *Manon, Schwanen-see* und *Die Kameliendame* herumexperimentiert hatten, brachten sie jetzt in der neuen Show wieder die exotischen Dekors, für die das Theater schon immer berühmt gewesen war und auch heute noch ist.

Joséphine vertiefte sich in die Probenarbeit mit zwei neuen Tanzpartnern – Paul Meeres und Frederic Rey –, wobei letzterer in den nun folgenden Jahren noch öfter mit ihr zusammen auftreten sollte. Bei einer der letzten Generalproben tauchte ein bekanntes Gesicht im Zuschauerraum auf: Colette, unverkennbar mit ihrem Krauskopf und ihrem ausgeprägten Burgunder Akzent. Nach dem Tanz stürzte Joséphine von der Bühne, um die berühmte Schriftstellerin mit einer stürmischen Umarmung zu begrüßen und ihr dafür zu danken, daß sie gekommen war. Colette war eine begeisterte Anhängerin der Music-Hall und der Revue; zur Zeit von *L'envers du Music Hall* hatte sie auch einmal selbst auf dieser Bühne gestanden. Einige Tage vor der Premiere veröffentlichte sie ihre Rezension der Generalprobe:

Nackttänzerinnen – erst kürzlich in den Schatzkammern der Antike als große Neuheit wiederentdeckt – sind unerträglich, wenn sie grinsen oder lächeln. Nur Ernsthaftigkeit verleiht ihnen das Flair der Reinheit. Und damit wären wir schon beim Thema: Das Tableau der *Revue* an den Folies-Bergère, in dem Joséphine Baker als Nackttänzerin auftritt. In anderen Szenen steht die Ekstase des Grimassen schneidenden Negerkindes im Vordergrund, oder es kommt durch viel Pomp ihre instinktive komödiantische Begabung zum Vorschein. Wir lieben ihre kraftvolle, durchdringende und gefühlvolle Stimme, die von Vokalisen zu Trillern fliegt, und können gar nicht genug bekommen von dieser Sanftheit, dieser rührenden Gefallsucht, die bei Joséphine so viel ergreifender ist als jede Koketterie.

Doch heute wollen wir bei der Joséphine Baker verweilen, die verschleiert und in einen weißen orientalischen Umhang aus Wolle gehüllt die Bühne betritt, bevor sie uns ihren nackten Körper präsentiert. Vor einem in feuerrot und hellblau gehaltenen Bühnenbild, das den herrlichen Eingang zum Oudaia-Garten in Rabat darstellt, begegnet diese afrikanische Joséphine der Wollust in Gestalt

von vier attraktiven jungen Männern, deren starke Arme sie ent-
kleiden. Die Schleier fallen, sie steigt über die am Boden liegenden
Kleidungsstücke wie über die Umrandung eines Brunnens und
wechselt mit einem entschlossenen Schritt in die Sphäre der gra-
vitätischen Nacktheit über.

Die harte Probenarbeit mit der ganzen Truppe scheint sie schlanker gemacht zu haben, ohne die zarten Knochen ihrer fleischlichen
Hülle zu berauben, erblühen ihre ovalen Knie und ihre Knöchel in
dieser makellos schönen und ebenmäßig braunen Haut, von der
ganz Paris berauscht ist. Die Jahre, und das Training, haben einem
langgestreckten und dezenten Knochenbau zur Perfektion verholfen und dabei die bewundernswerte Konvexität ihrer Schenkel
bewahrt. Joséphines Schulterblätter sind distinguiert, ihre Schultern graziös, sie hat den Bauch eines jungen Mädchens mit hochsit-
zendem Nabel. So vollkommen nackt bis auf drei goldene Blumen
und verfolgt von ihren vier Angreifern setzt sie die erhabene, ern-
ste Miene einer Schlafwandlerin auf und gibt damit einer gewag-
ten Music-Hall-Nummer Niveau. Ihre riesigen, schwarz und blau
umrandeten Augen starren ins Leere, ihre Wangen sind gerötet,
zwischen dunklen, violetten Lippen schimmert die feuchte,
betörende Süße ihrer Zähne hervor – ihr Gesicht zeigt keine Reaktion auf die vierfache Umarmung, unter der ihr geschmeidiger
Körper zu schmelzen scheint. Auf der Bühne der Folies wird Paris
erleben, wie Joséphine Baker in ihrer Nacktszene allen anderen
Nackttänzerinnen vormacht, was Keuschheit bedeutet.

Nach dem Debakel in New York war Colettes Rezension wie Bal-
sam für Joséphines Seele, und sie machte sich sofort mit einem Arm
voll Blumen auf den Weg zu Colettes Wohnung. Colette schrieb ihr
Dankeschön auf einen jener Briefbögen aus fein gearbeiteter
Papierspitze, die sie sammelte. »Für den schönsten aller Panther«,
wie sie Joséphine schon vor langer Zeit getauft hatte.

Colettes Beschreibung von Joséphines Tanz war an Sinnlichkeit
kaum zu überbieten – sie hatte natürlich auch einen erfahrenen
Blick. Außerdem hatte sie in ihrer Jugend leidenschaftliche lesbische Beziehungen unterhalten und schämte sich der Bewunderung
für ihr eigenes Geschlecht in keinster Weise. Es wurde oft behauptet, auch Joséphine habe Liebesbeziehungen zu Frauen gehabt. Es

gibt zwar keinerlei Beweise dafür, doch Pariser Persönlichkeiten wie Marie Laurençin, Colette, Anna de Noailles und Violette Morris, eine bekannte Rennfahrerin mit Männerfrisur, Smoking und schwarzer Krawatte, waren allesamt Freundinnen von Joséphine, die sich auch selbst oft in weißer Krawatte und Frack in der Öffentlichkeit zeigte. Der Historiker Eric Garber erwähnt Joséphine in seinem Artikel »T'aint Nobody's Bizness«[2] über die Homosexualität in der Harlem Renaissance. Männer fanden sie begehrenswert, homosexuellen Männern gefiel ihr Humor, ihre Fähigkeit, sinnlich zu sein und sich gleichzeitig darüber lustig zu machen. Sie mochten ihre sexuelle Ambiguität; sie war schmal wie ein Junge. Auf Frauen muß sie eine ebenso starke Anziehungskraft ausgeübt haben. Eine der langlebigsten rassistischen Legenden, die man sich über schwarze Amerikaner erzählt, besagt, daß sie nicht den Tabus der Weißen unterliegen, daß sie in gewisser Weise »freier« seien. Zu Joséphines Zeiten trugen Sängerinnen wie Clara Smith und Alberta Hunter mit ihren Liedern viel dazu bei, dieses Vorurteil zu bekräftigen – ihre Songs steckten voller Anspielungen, doch das Zielpublikum (und oft auch die Komponisten) waren Weiße.

Als Joséphine in ihren Gesprächen mit André Rivollet von der Zeit erzählte, als sie noch im Plantation Club in New York tanzte, berichtete sie auch, wie unwohl sie sich einmal gefühlt hatte, als sie eine Einladung zu einer Party bekam, die sich im nachhinein als flotter lesbischer Vierer herausstellte. »Manche Leute hätten in dieser Situation vielleicht nur an ihre Karriere gedacht«, erzählte sie ihm, denn die Gastgeberin war eine bekannte Schauspielerin, deren Namen Joséphine allerdings nicht preisgeben wollte, »aber ich hatte anderes im Sinn«.

Sie vertraute Rivollet ebenfalls an, daß sie beabsichtigte, parallel zur Exposition Internationale, die im Sommer 1937 in Paris stattfinden sollte, einen neuen Nachtclub zu eröffnen. In ihrem Vertrag mit den Folies-Bergère hatte Joséphine auf einer Garantieklausel bestanden, die ihr Engagement für die Dauer der Ausstellung sicherstellte. Sie erinnerte sich zweifellos daran, daß *La Revue Nègre* unter anderem so erfolgreich gewesen war, weil sie in den letzten Wochen der Art déco-Ausstellung im Jahre 1925 aufgeführt wurde.

Die Expo, die am 24. Mai 1937 eröffnet wurde, war die letzte ihrer Art in Paris. Was von der eigens zu diesem Zweck geschaffenen modernen Architektur übriggeblieben ist, beeindruckt auch heute noch – das Musée d'Art Moderne und die anderen Gebäude am Trocadéro. Sie waren nur ein Teil des riesigen Aufgebots an futuristischem Design, zu dem auch ein von Speer entworfener Deutscher Pavillon gehörte, über dem die Pariser zum erstenmal in ihrer Stadt das Hakenkreuz flattern sahen. Zum neu eröffneten »Chez Joséphine« in der Rue François Ier waren es nur ein paar Minuten zu Fuß. Von all den Nachtclubs, die ihren Namen trugen, war dieser Joséphines Lieblingskind. Bricktop hatte ihre Aktivitäten damals gerade nach Cannes verlagert, was Joséphine nur zugute kam, denn sie konnte dem nun »heimatlos« gewordenen Publikum ein neues Zuhause bieten.

Auch die Mode nahm in diesem Jahr nüchternere Formen an, als ob sie die neue Stilrichtung in der Architektur widerspiegeln wollte. Unter Vermeidung fast allen Zierats stellten die führenden Designer einen griechisch-ägyptisch angehauchten Look vor, den sie als »neoklassizistisch« bezeichneten. Diese Statuen-Gewänder standen Joséphine ausgezeichnet, und als Ausgleich zu der härteren Linienführung in der Bekleidung wählte sie weichere Formen für ihre Frisur. Auch Madelaine Vionett, die damals führende Modeschöpferin, hatte Kleider für Joséphine entworfen, doch ihr Lieblingscouturier in den dreißiger Jahren war Jean Dessès, der in jenem Jahr zum erstenmal einen eigenen Salon eröffnete, und zwar in der Avenue Georges V, gegenüber vom Chez Joséphine.

Dessès war gebürtiger Grieche und nur zwei Jahre älter als Joséphine. Auch seine Karriere hatte 1925 in Paris begonnen. Bis 1937 hatte er für Maison Jane an der Ecke Rue de la Paix und Place Vendôme gearbeitet: Von dieser kleinen, exklusiven Firma bezog Joséphine fast alle ihre Kleider. In den Programmheften zu ihren Bühnenauftritten war immer ein diskreter Hinweis zu finden:

Dans son tour de chant
Mademoiselle Joséphine Baker est habillé
par JANE, Place Vendôme

Dessès' Kunst beruhte auf seinem erstklassigen Entwurf und seinem Talent, Stoffe direkt auf eine Puppe zu drapieren und wie ein Bildhauer zu arbeiten.

Es war jedoch nicht diese moderne und elegante Joséphine, die die Aufmerksamkeit eines jungen Geschäftsmannes namens Jean Lion auf sich zog, sondern eher die sportliche Reiterin. Neben dem Singen und Tanzen hatte Joséphine immer noch soviel überschüssige Energie, daß sie sich noch voller Elan diversen sportlichen Aktivitäten widmen konnte. 1934 hatte sie ihre erste Flugstunde genommen, und auf dem Rücken ihres Pferdes Tomato hatte sie sich zu einer begeisterten Reiterin im Bois de Boulogne entwickelt. Jean Lion begleitete Joséphine auf diesen Ausritten und schaute fast jeden Abend im Chez Joséphine vorbei. Als sie am 3. Juni 1937 in Le Vesinet ihren einunddreißigsten Geburtstag feierte, war die Hochzeit des Herzogs von Windsor mit Mrs. Simpson Thema des Tages. Lion machte Joséphine einen Heiratsantrag, den sie zur allgemeinen Überraschung auch annahm. Jean Lion war Jude und, obwohl kaum noch größere Unterschiede in der Herkunft denkbar waren, denn seine Eltern waren reiche Industrielle, teilten sie doch zumindest eine leidvolle Erfahrung: die Rassendiskriminierung.

Der Sommer 1937 stellte in vielerlei Hinsicht einen Wendepunkt in Joséphines Leben dar. Obwohl sie noch zwei Jahre zuvor ganz begeistert vom populistischen Charisma des Duce gewesen war, wurde es Joséphine erneut untersagt, in Italien aufzutreten. Auch auf der Titelseite von Goebbels berühmt-berüchtigter Broschüre über die »entartete« Kunst im Dritten Reich prangte ein Bild von Joséphine. (Die unglückseligen Gebrüder Rotter, Fritz Kortner, Max Reinhardt, Siegfried Arno, Ernst Deutsch, Valeska Gert und Pola Negri standen ebenfalls mit auf der Liste.) Zur gleichen Zeit bezog Joséphine auch eindeutig Stellung zum spanischen Bürgerkrieg.

Das berühmteste und gleichzeitig umstrittenste Ausstellungsstück auf der Exposition Internationale war Picassos *Guernica* – vor dem Sieg Francos durfte das Gemälde noch offiziell im spanischen Pavillon ausgestellt werden. Am 5. Juni organisierten Louis Aragon und Jean-Richard Bloch, die Herausgeber der Anfang des Jahres ins Leben gerufenen Zeitschrift *Ce Soir*, eine Veranstaltung zugunsten spanischer Kinder. Picasso entwarf die Titelseite des Programms, Cocteau die Rückseite. Viele berühmte Künstler nahmen daran teil – wobei Cocteau, Gabriello und Joséphines alter Bekannter aus den Zeiten der *Revue Nègre* Saint-Granier als Conferenciers fungierten. Großartige Sänger – Fréhel, Georgius, Alice Cocea, Charles Friant und Etcheverry – standen zusammen mit spanischen Künstlern wie Raquel Meller, Joan Magrinia und Emil Vendrell auf der Bühne und sangen und tanzten mit Lisa Duncan, der Schwester von Isadora, und den Schauspielern Michel Simon und Jean-Louis Barrault. Joséphine trat am Ende des Programms zusammen mit Guy Rouzé auf, nachdem die Star-Auktionatoren Arletty, Françoise Rosay und Jean-Pierre Aumont Bilder versteigert hatten – es wurden Gemälde von Foujita, Signac, Kisling, Leger, Chagall, Cocteau, Valentine Hugo und Paul Colin verkauft.

Dies war auch eine der wenigen Gelegenheiten, bei denen Joséphine zusammen mit der Mistinguett auf einer Bühne stand. Die beiden Künstlerinnen wurden wohlweislich mit großem Abstand voneinander ins Programm genommen – zwischendurch fand die Auktion statt. La Miss wurde – Ironie des Schicksals – von der Band Jo Bouillons begleitet, der zehn Jahre später Joséphines Ehemann werden sollte. Im Laufe jener zehn Jahre sollte diese ganz spezielle Hautevolee aus altehrwürdigen Namen, mit oder ohne Geld, und gutsituierten Geschäftsleuten, die sich in diesen letzten zwei Jahren vor Ausbruch des Krieges bei Rennen, in Restaurants und in Clubs ganz selbstverständlich mit Künstlern, Musikern und Modedesignern an einen Tisch setzten, für immer auseinandergerissen werden.

Während ihrer leidvollen USA-Reise im Jahr zuvor hatte Joséphine an einigen der neuen amerikanischen Songs Gefallen gefunden und nahm für ihre Verlobungsfeier eine französische Version von »There's A Small Hotel« aus *On Your Toes* auf, das gerade Premiere gefeiert hatte, als sie sich in New York aufhielt. In der Mitte ist ein köstlicher kleiner Dialogfetzen über »jeunes mariés« zu hören, die im Hotel ankommen. Nachdem die Ausstellung ihre Pforten geschlossen hatte, wurden Joséphine und Jean Lion im November im Rathaus von Crèvecoeur-le-Grand getraut. Wenn ein Ausländer oder eine Ausländerin einen französischen Staatsbürger heiratet und die französische Nationalität annehmen möchte, so muß er oder sie nach französischem Recht diese Absicht bei der Trauung kundtun. Der Bürgermeister M. Jammy Schmidt fragte Joséphine deshalb ganz offiziell, ob sie auf ihre amerikanische Staatsbürgerschaft verzichten wolle. Nachdem sie diese Frage bejaht hatte, wurde zu Protokoll genommen, daß sie von nun an französische Staatsbürgerin sei. Ihre Trauzeugen waren Paul Derval und Charles Daulle, für Jean Lion waren sein Bruder Georges und M. Albert Riboc angetreten. Jetzt war es also vollbracht, Joséphine war Französin – ein Schritt, den sie anscheinend nie bereut hat, was immer auch geschah.

Am darauffolgenden Tag zog sie jedoch schon wieder allein los und nahm ein Engagement für eine Tournee durch englische Music-Halls und für die Weihnachtssaison im Café de Paris an. Sie flog jeden Sonntag zurück, um ein wenig Zeit mit Jean zu verbringen, aber selbst wenn sie in Paris war, trafen sie sich nur selten. »Ich kam meist so gegen fünf oder sechs Uhr morgens aus dem Cabaret nach Hause«, erzählte sie Marcel Sauvage 1947, »und eine Stunde später ging Jean schon wieder ins Büro. Ich schlief bis nachmittags. Dann aß ich noch schnell zu Abend, bevor ich wieder ins Theater mußte. Oft war mein Mann da noch gar nicht zurück. So kann man doch auf Dauer nicht leben.«[3] Obwohl Jean Lions Familie Joséphine gern mochte, und seine Mutter immer wieder behauptete, sie sei die einzige Person, die es mit ihrem Sohn aushalten könne, paßten sie letztendlich doch nicht zusammen. Als Joséphine auf Europatournee ging, hoffte Jean, daß sie danach der Bühne Adieu sagen würde, zumindest für eine gewisse Zeit. Doch als er sie während der Tournee besuchte, gerieten sie sich sofort in die Haare. Aus Hotels in ganz Europa schrieb Joséphine Briefe, in denen sie sich bitter beklagte. Jean wiederum warf ihr gern vor, sie habe »das Schlimmste getan, was eine Frau ihrem Mann antun könne«. Das Schlimmste, kommentierte sie, wenn dieser Ehemann *Franzose* war.

In England besuchte Joséphine Spencer Williams, der sich mit seiner Frau, einer englischen Tänzerin namens Pat Castleton, in Sunbury-on-Thames niedergelassen hatte. Dort arbeitete er weiter an seiner erfolgreichen Karriere als Songdichter und lud sich Gäste zum »Tee« ein. Dieser bestand für gewöhnlich aus Gin, den er mit Passionsfruchtsaft aus der Dose mixte.[4] Es war kein Geheimnis, daß Joséphine in Schwierigkeiten steckte, und bei dem Song, den er damals gerade für Fats Wallers Englandtournee schrieb, dachte er vielleicht an Joséphine: »You can't have your cake and eat it.« (Du kannst nur eines von beiden haben).

Schon Hunderte von Schauspielerinnen und Chorus-Girls, Halbweltdamen und Mannequins hatten in die Aristokratien und Plutokratien Westeuropas eingeheiratet und dann sehr schnell durch eifriges Lernen und Instinkt den ganzen Snobismus und die Scheuklappen der Kaffeehausgesellschaft oder des Landadels übernommen. Jean Lions Sportler-Clique, die sich auf der Rennbahn, beim Fliegen oder auch geschäftlich traf, und die eine eigentümliche Mischung aus Snobismus und Big Business darstellte, wäre sicherlich immer von Joséphines offenkundiger Exotik und ihrem sanften Charme fasziniert gewesen. Aber das war ihr nicht genug. Das Ideal und Ventil, nach dem sie suchte, war nicht mehr körperliches Wohlbefinden oder materieller Gewinn. »Ein Künstler kann die Bühne nicht verlassen! Deine Familie, deine große und letztendlich einzig wahre Familie, ist jeden Abend wieder das Publikum.«[5]

Doch die Music-Hall lag in ganz Europa in den letzten Zügen. Schon im Jahr zuvor war den Reportern aufgefallen, daß in den Zuschauerreihen der Folies-Bergère nur noch ausländisches Publikum anzutreffen war. Aufgrund des guten Rufes, den dieses Theater unter Paul Dervals Leitung aufgebaut hatte, konnte es als einzige Music-Hall von ganz Paris überleben und seinem Stil bis heute treu bleiben. Erst 1987 inszenierte und produzierte Gyamarthy dort wieder eine neue Revue, *Folies en Folies;* das Plakat dazu stammte von Erté, der seit 1919 immer wieder einmal für die Folies-Bergère arbeitet. Für den Niedergang der Music-Hall wurde gemeinhin der parallel dazu verlaufende Siegeszug von Kino, Grammophon und Rundfunk verantwortlich gemacht, wobei die Anfänge der Tontechnik und in den fünfziger Jahren dann das Fernsehen der Music-Hall den endgültigen Todesstoß versetzten. Diese Argumentation ist auch sicherlich richtig, doch ein ganz spezieller Faktor wird dabei außer acht gelassen. Gegen Ende des neunzehnten und Anfang des zwanzigsten Jahrhunderts waren Vaudeville und Music-Hall die einzigen Theaterformen, die Darstellern aus niederen sozialen Schichten relativ leicht zugänglich waren. Wenn einige von ihnen dann später den Sprung zum »richtigen« Theater schafften, so war das eine großartige Leistung. Doch die neuen Medien mit ihren vielfältigen Möglichkeiten für emporstrebende Künstler, und die zwanglosere Form des modernen Dramas, ließen in den dreißiger Jahren die besten aus dem proletarischen Milieu stammenden Künstler von der Music-Hall abwandern, was ihr genau in dem Moment den Boden unter den Füßen wegzog, als die anderen Unterhaltungsformen sich zu einer Bedrohung auswuchsen.

Während dieser letzten zwei Spielzeiten vor Ausbruch des Krieges stand Joséphine und mit ihr die ganze Kunst der Music-Hall auf ziemlich wackligen Füßen. Ihre Auftritte in Großbritannien und andernorts in Europa – die Zahl der Länder, in denen man noch auf Tournee gehen konnte, wurde allerdings immer kleiner – waren zwar recht erfolgreich, aber ihre Nummern schienen schon einer längst vergangenen Epoche anzugehören. Der geheimnisvolle, exotische Star und die schmachtvollen, mit Koloraturen gewürzten Balladen stammten, um es mit Billy Wilders Worten zu sagen, aus »jenen fernen, glücklichen Tagen in Paris, als eine Sirene noch eine Brünette war, und es noch keinen Fliegeralarm bedeutete, wenn ein Mann das Licht abdrehte«.

11 Als am 3. September 1939 der Krieg ausbrach, befand sich Joséphine in einer schwierigen Situation. Tausende versuchten, von Europa nach Amerika zu fliehen. Sie hätte ziemlich problemlos zurückgehen können, obwohl sie ihre amerikanische Staatsbürgerschaft abgelegt hatte, doch was erwartete sie dort? Wesentlich klarer als viele andere Leute außerhalb Deutschlands erkannte sie, was die Bedrohung durch die Nazis zu bedeuten hatte: Da sie eine Schwarze und noch dazu mit einem französischen Juden verheiratet war, hatte sie sich der Liga gegen Rassismus und Antisemitismus angeschlossen.

1938 hatte Joséphine eine Fehlgeburt erlitten. Dies brachte sie Jean Lion aber nicht etwa näher, sondern vergrößerte die Kluft zwischen ihnen nur noch mehr. Nach einigen weiteren Engagements in England und Skandinavien war Joséphine im Sommer 1939 in Argentinien aufgetreten. Als sie nach Paris zurückkehrte, war sie umringt von exotischen Vögeln und Affen, die sie sich auf ihrer Tournee zugelegt hatte. Ursprünglich hatte es einmal Pläne gegeben, daß sie in Paris in einer neuen musikalischen Komödie auftreten sollte, aber der Ausbruch des Krieges trieb sie in die Arme von Henri Varna am Casino de Paris zurück. Dieser jedoch wollte keine großangelegte Revue inszenieren, sondern Joséphine ganz schlicht und einfach in einem zweiteiligen Schaustück mit Maurice Chevalier auftreten lassen. »Das Casino de Paris wollte keine großartige, spektakuläre Revue auf die Bühne bringen, was sich in der damaligen Situation von selbst verboten hätte, sondern eher eine flotte Show voller Charme, Rhythmus und Schönheit, um Maurice Chevalier und Joséphine Baker, den zwei größten Gesang- und Tanzstars jener Zeit, einen würdigen Rahmen zu verleihen.«

Joséphine und Chevalier kannten sich schon seit Jahren. 1927 waren sie beim alljährlich stattfindenden Bal Des Petits Lits Blancs zum erstenmal zusammen aufgetreten. Chevalier und seine Frau Yvonne Vallée waren gelegentlich im Chez Joséphine gewesen, und ein paar Jahre zuvor waren er und Joséphine zusammen photographiert worden, als sie im Zirkus ein Elefantenbaby mit Champagner »tauften«. Wie die meisten von Joséphines Pariser Bühnenpartnern – Gabin, Albert Préjan und Fred Rey – war auch Chevalier schon mit der Mistinguett zusammen aufgetreten. Aber im Gegensatz zu all den anderen war er auch *der* Mann ihres Lebens gewesen, und wenn sie »Mon homme« sang, schrieb Mistinguett später, so war es Chevalier, an den sie dabei dachte. Er hegte keine besonderen Sympathien für Joséphine, doch nachdem die beiden Stars ihre Kämpfe über das jeweilige Timing und Billing ausgefochten hatten, gingen sie dann gemeinsam an die Arbeit.

Joséphine war in der Parodie »Yes, we *have* bananas« zu sehen und führte mit Ben Tyber einen Steptanz auf; in »La Poupée noire« wurde sie von sechs schwarzen Tänzern begleitet, zu denen auch der alte *Revue Nègre*-Veteran Sam Marshall gehörte. In ihrer Schlußszene »L'Ile heureuse« trat Joséphine in Reiherfedern und Pailetten auf, wobei ein süßer kleiner Hut von Suzy schief über dem einen Auge saß. Dann stolzierte sie mit nacktem Oberkörper auf die Rampenlichter zu und sang eine der bezauberndsten Serenaden von Scotto – vielleicht sogar das schönste Lied, das er je für sie schrieb: »Mon coeur est un oiseau des îles«. Damals sollte Paris Joséphine zum letzten Mal in ihrem Geburtstagskostüm zu sehen bekommen. Sie war fünfunddreißig und ihre Figur war noch makellos, vielleicht sogar noch feiner proportioniert als 1930.

Nach der Pause und dem Einführungssketch »Un sourire de Paname« von Nita Raya (die abgesehen vom Namen Madame Chevalier war) kam »Le Salut de Maurice«: In jedem Winter sang »notre nationale Maurice Chevalier« einige bekannte Titel wie »ça fait d'excellent français«, »Mimile«, »Une brune, une blonde« und ein Lied, das während der Besatzungszeit zur französischen Nationalhymne werden sollte – »Paris sera toujours Paris«. Wenn mitten in seinem Auftritt ein Lied zuviel Erfolg zu haben schien, verlegte er es bei der nächsten Vorstellung ans Ende, denn die Spannung, so meinte er, müsse die ganze Zeit erhalten bleiben. Joséphine war seiner Ansicht nach im ersten Teil der Show zu erfolgreich, weshalb er versuchte, mit ihr zu tauschen, aber es war schon zu spät. Nach der Premiere schickte Varna Joséphine einen Blumenstrauß mit seiner Karte, auf der ganz einfach stand: »Joséphine je t'aime«.

Jene ersten Wochen des Krieges, die gemeinhin als »drôle de guerre« und in Großbritannien auch als »phoney war« (Sitzkrieg) bezeichnet wurden, waren für Joséphine mit harter Arbeit verbunden. Sie hatte sich freiwillig zum Roten Kreuz gemeldet, das zuerst einmal Tausende von Flüchtlingen, die aus grenznahen Städten Frankreichs, Belgiens und Deutschlands nach Paris strömten, versorgen mußte. Nach Beginn der Kampfhandlungen fuhr sie einmal pro Woche an die Front, um die Truppen zu unterhalten, verschickte zu Weihnachten 1500 Autogramm-Postkarten, trat jede Nacht im Casino auf und begann zwischendurch auch noch mit den Arbeiten zu einem neuen Spielfilm, der ursprünglich »Un soir d'alerte« hieß.

Dieser dritte Tonfilm mit Joséphine war eigentlich von vornherein zum Scheitern verurteilt. Obwohl die Dreharbeiten offensichtlich schon im Winter 1940 beendet waren, wurde der Film erst 1945 in einer stark gekürzten Version freigegeben. Da hieß er dann *Fausse Alerte,* und in den fünfziger Jahren kam er in den USA als *The French Way* in die Kinos. Dabei hat er durchaus seine Reize und ist heutzutage vor allem deshalb interessant, weil er ein realistisches Bild von den kleinlichen Eifersüchteleien und Verdächtigungen der Pariser Bourgeoisie zeichnet, wie sie sich in Bunker flüchtet und Gasmasken aufprobiert. Joséphine sang darin drei Lieder. Der Regisseur Jacques de Baroncelli drehte bereits seit 1916 Filme. Wie Marc Allegret, der Regisseur von *Zou Zou,* und Edmond Gréville, der *Princesse Tam Tam* gemacht hatte, war auch er ein Profi, der sich auf kommerzielle Genrefilme spezialisiert hatte. Schade, daß Joséphine nicht mit Renoir, Clair oder Carné zusammengearbeitet hat – sie hätten vielleicht ein Drehbuch ausfindig gemacht, das ihren besonderen Fähigkeiten Rechnung getragen hätte, anstatt immer wieder das althergebrachte Bühnenimage zu strapazieren.

Die letzten Plattenaufnahmen für die nächsten vier Jahre machte Joséphine während *Paris-Londres*. Dazu gehörten auch ein neues Lied, »Mon Tommy«, in dem die Tapferkeit der britischen Truppen gepriesen wird, und zwei alte Kassenschlager, »Tipperary« und eine Swingversion von »If you were the only girl in the world«, bei dem Joséphine die Zeile »a garden of Eden just made for two« besonders hervorhob. Heute erscheint es uns sonderbar, daß die jungen Männer angesichts von Tod, Verstümmelung und Gefangenschaft im Zweiten Weltkrieg gern die alten Lieder sangen, in denen die Schrecken des vorigen Krieges heraufbeschworen wurden. Doch sie sind wirklich außergewöhnlich – die ergreifendsten Folksongs der Kriegsjahre –, und Joséphine sang sie auch weiter, als sie zu späteren Kriegszeiten wieder auf die Bühne zurückkehrte. Doch zuvor erschien ein Theaterimpresario namens Daniel Marouani auf der Bildfläche und lenkte das ohnehin schon sehr bewegte Leben der Joséphine Baker in eine der merkwürdigsten Bahnen.

Marouani kannte einen jungen Offizier namens Jacques Abtey, und dieser wiederum arbeitete seit 1936 unter dem Kommando von Oberst Schlesser in der Spionageabwehr. Bei Ausbruch des Krieges erhielt er die Anweisung, geeignete Agenten zu rekrutieren, die insbesondere an der Front und bei allen militärischen Einrichtungen zur Zusammenarbeit mit dem Nachrichtendienst bereit wären. Marouani schlug ihm ein Treffen mit Joséphine Baker vor, da sie für seine Arbeit von Nutzen sein könne. Abtey war nicht begeistert von der Idee, Frauen anzuwerben, und erinnerte sich: »Je ne connaissais Joséphine Baker que par ses disques, ses photos et des articles de presse la représentant comme une artiste exceptionelle mais quelque peu excentrique.«[1] (Ich kannte Joséphine Baker nur von Schallplatten, Photos und aus Zeitungsartikeln, die sie als außergewöhnliche und leicht exzentrische Künstlerin darstellten«). Marouani und Abtey, der sich zahlreicher Pseudonyme bediente und sich damals Fox nannte, besuchten Joséphine in Le Vesinet. Überrascht, daß sich hinter »Fox« ein junger Mann und nicht der erwartete Detektiv mit Melone verbarg, bat Joséphine die beiden herein und ließ den weißgekleideten Butler am Kamin Champagner servieren.

Abtey war blond und blauäugig, weshalb er während seiner Deutschlandexpeditionen vor dem Krieg auch problemlos für einen Nordländer durchging. Joséphine stellte ihre Liebe zu Frankreich so überzeugend dar, daß er sie schließlich engagierte. Ihr erstes Ziel war die italienische Botschaft – wo sie sehr herzlich empfangen wurde. Das mag ein wenig überraschen, doch vielleicht erinnerte man sich hier an ihre öffentlichen Sympathiekundgebungen für Mussolini. Sie schnappte dort so einiges an Klatsch und Tratsch auf, und auch bei ihrer Zusammenarbeit mit Krankenwagenfahrern und Krankenschwestern, die sich um Flüchtlinge und Verwundete von der Front kümmerten, sollte sie auf eine eventuelle Unterwanderung achten. Doch wenn sie sich als nützlich für die Franzosen erwies, so war es nicht unbedingt in ihrer Funktion als Spionin.

Damals hatten erst wenige Leute von dem jüngsten General in der französischen Militärhierarchie, Charles de Gaulle, gehört: Während sich die Armee auf die aussichtslose Verteidigung der Stadt gegen die vorrückenden deutschen Streitkräfte vorbereitete, ließ er seine Truppen ganz in der Nähe von Joséphines Haus in Le Vesinet aufmarschieren. Als die Deutschen vor Paris standen, zogen Joséphine, Abtey und Tausende anderer Leute in Richtung Süden. Joséphine hatte während eines Urlaubs im Jahr zuvor das Schloß von Milandes – oder Mirandes, wie die Einheimischen sagen – gepachtet. Dorthin reiste sie zusammen mit Abtey (der jetzt Jack Saunders hieß und einen amerikanischen Paß besaß) und ihrem Dienstmädchen Paulette – mit dem Spitznamen »La Libellule«, die Libelle – sowie einem belgischen Flüchtlingspaar und dem älteren französischen Ehepaar Laremie. Später gesellten sich noch fünf junge Männer zu ihnen: Flieger und Matrosen, die schon für die späteren Forces Françaises Libres rekrutiert worden waren.

In der großen Halle des Schlosses lauschten sie de Gaulles erster Radioansprache, in der das Wort »resistance« zum erstenmal einen kriegerischen Beigeschmack bekam. Wenn wir hören, daß »jemand der Resistance angehörte«, denken wir heutzutage immer an irgendeine organisierte Rekrutierung und an die tapfere Truppe von Männern und Frauen, die in den nächsten vier Jahren einen so nervenaufreibenden und einsamen Kampf ausfechten sollte. Doch als Leute wie Joséphine und ihre Kameraden 1940 anfingen, für die Forces Française Libres in Übersee zu arbeiten, gab es herzlich wenig, woran man sich hätte anschließen können. Sie stellten sich einfach nur jedem, den sie im Dienste der gemeinsamen Sache kontaktieren konnten, zur Verfügung.

Eine Zeitlang diente das Schloß als Zwischenstation für viele ehemalige Militärs in Zivil und als Verbindungsstelle für die entstehenden Widerstandsgruppen in der besetzten Zone. In seinen Memoiren behauptet Abtey, daß durch einen der Besucher, einen gewissen La Besnerais, der wichtige Kontakt zu Pater Dillard, einem Mitglied der Führungsmannschaft von Maréchal Pétain, zustande gekommen sei. Von 1940 bis 1942 lieferte der Priester der Widerstandsbewegung viele Geheiminformationen. Dillard, der vor dem Krieg Lehrbeauftrager für Theologie gewesen war, wurde später festgenommen und starb in Dachau.

Kurz nach dem Besuch von La Besnerais kamen fünf deutsche Offiziere in das Schloß und wollten es nach verborgenen Waffen durchsuchen. Joséphine empfing sie mit ihrem »sang-froid remarquable«, wie es Abteys Chef in Marseille, Paillole, später beizeichnete.

»Uns ist zu Ohren gekommen, Madame, daß Sie in Ihrem Schloß Waffen verstecken«, knurrte der Offizier. »Was haben Sie dazu zu sagen?«

»Das kann doch wohl nicht Ihr Ernst sein, Monsieur l'Officier. Ich hatte zwar indianische Vorfahren, aber die haben ihre Tomahawks schon seit geraumer Zeit an den Nagel gehängt, und der einzige Tanz, an dem ich mich nie beteiligt habe, ist der Kriegstanz.«[2]

Da Verrat inzwischen überall an der Tagesordnung war, wußten Abtey, Joséphine und die anderen nicht genau, ob sie den Besuch der Deutschen – die sich im übrigen vom Charme der Baker und ihres »amerikanischen« Freundes Mr. Saunders einwickeln ließen und wieder abzogen – nicht vielleicht einem Möchtegernwiderständler zu verdanken hatten, der als Lockspitzel fungierte. Es war an der Zeit weiterzuziehen.

Abtey verwandelte sich kurzerhand in den Künstler »Jacques Hébert«, der die berühmte Joséphine Baker auf ihren Reisen begleitete, und dann machten die beiden sich auf den Weg nach Lissabon. Die Pässe hatte ihnen ein Bekannter von Joséphine am brasilianischen Konsulat in Nizza besorgt. In Abteys Visum stand: »Accompagne Mme. Joséphine Baker.«

Als er daran zurückdachte, sagte er:»Ich mag Menschen, die Verantwortung übernehmen können. Joséphine haderte nicht lange mit ihren Entschlüssen. Wäre die wahre Identität von Jacques Hébert je aufgeflogen, so hätte sie mit ihrem Paß auch Schwierigkeiten bekommen.«

Abtey und Joséphine kehrten von Nizza nach Milandes zurück, sagten ihren Gefährten Lebewohl und fuhren mit dem Auto davon. Joséphine war in einen phantastischen Pelzumhang gehüllt:»Sie wirkte ernst, doch ihr unerschütterlicher Glaube verlieh ihr Glanz.« Sie trugen Informationen über Truppenbewegungen der Deutschen in Westfrankreich bei sich, die sie aus militärischen Quellen bezogen hatten. Es war der Anfang einer langen und gefährlichen Reise, nicht nur für sie, sondern auch für Frankreich. In Pau bestiegen sie den Zug nach Madrid, und von dort flogen sie weiter nach Portugal.

In Lissabon löste Joséphines Anwesenheit eine kleine Sensation aus. Sie wurde interviewt, photographiert und, was noch viel wichtiger war, in der britischen, belgischen und französischen Botschaft empfangen. Dank ihrer Kontakte konnte sich Abtey mit dem britischen Botschafter treffen. Zu diesem Zweck war er nämlich dorthin entsandt worden: Die französische Armee hatte damals jeglichen Kontakt zu den Briten abgebrochen, und es war Aufgabe der Offiziere der Widerstandsbewegung, diese Verbindung wiederherzustellen und die Briten mit den Amerikanern zu vereinen.

Am 6. Dezember 1940 kehrte Joséphine, diesmal mit einem spanischen Paß, nach Spanien zurück. Der Sprecher im Lissaboner Radio verabschiedete sie mit den Worten:»A bientôt, Joséphine. Sollten Sie Hitler begegnen, dann sagen Sie ihm, daß wir ihn voller Ungeduld hier erwarten – um ihn nach St. Helena zu schicken!«

Als Joséphine wieder in Frankreich war, erstattete sie Paillole in Marseille Bericht und bekam die Anweisung, abzuwarten, bis Abtey im Januar zurückkehren würde. Ganz überraschend traf sie dort Fred Rey, der sie zu einer Reihe von Weihnachtsvorstellungen in der Opéra von Marseille überredete. In weniger als zwei Wochen stellten sie eine Reprise von *Die Kreolin* auf die Beine, die immer noch lief, als Abtey mit der Nachricht zurückkam, daß sie nach Nordafrika weiterziehen müßten. Als Joséphine Marseille verließ, verklagte das Theater sie wegen Vertragsbruchs, obwohl sie ein ärztliches Attest vorgelegt hatte, aus dem hervorging, daß sie arbeitsunfähig war. Sie nahm so viele Tiere mit, wie nur irgend möglich, schiffte sich auf die *Gouverneur Général Gueydon* ein und fuhr nach Algerien. Es sollten fast vier Jahre vergehen, bis sie in ihre Wahlheimat zurückkehren würde.

Joséphine war eine viel zu auffällige Persönlichkeit, um für die aktive Widerstandsbewegung von Nutzen zu sein, aber ihre Auslandskontakte – die sie aufgrund ihrer Berühmtheit jederzeit anknüpfen konnte – waren für die Schattenarmee sehr wertvoll. Von Algerien reiste das Trio – Abtey, Joséphine und Fred Rey – nach Marokko, weil sie hofften, von Casablanca aus wieder nach Lissabon zu gelangen, um dort die Kontaktperson der Gaullisten in Großbritannien zu treffen. Dieses Mal konnte Abtey-»Hébert« kein Visum bekommen, und Joséphine fuhr allein. Auf dieser Reise hatte sie die Informationen für die Mittelsmänner in Portugal mit unsichtbarer Tinte auf ihre Notenblätter geschrieben.

Als sie nach Marrakesch zurückkehrte, frischte Joséphine ihre Bekanntschaft mit dem geheimnisvollen Thami El Glaoui, dem Pascha von Marrakesch, und Moulay Larbriel Alaoui, dem Cousin des Sultans, wieder auf. Vielleicht hatte sie die beiden daran erinnern können, daß ihr Herrscher 1937 während der Expo des öfteren in den Folies-Bergère zu Gast gewesen war.

Im Frühjahr 1941 unternahm Joséphine ihre dritte und letzte Spanienreise. Sie gab dort mehrere Vorstellungen, wurde überall eingeladen und kehrte mit weiteren Informationen und Anweisungen zurück, die sie sich an die Unterwäsche geheftet hatte: »Wer würde es schon wagen, Joséphine Baker einer Leibesvisitation zu unterziehen?«

Im Juni 1941 wurde Joséphine krank und kam in eine Klinik in Casablanca. Sie litt an einer Bauchfellentzündung und mußte bis Dezember 1942 im Krankenhaus bleiben. Abtey setzte seine Aktivitäten fort, fuhr von Nordafrika nach Frankreich und blieb dabei immer in Verbindung mit Joséphines Ärzten und Schwestern. Als Joséphine sich scheinbar schon auf dem Wege der Besserung befand, bekam sie in Casablanca Besuch von einer Sängerin, die von Frankreich aus auf Tournee gegangen war – Abtey wollte ihren Namen allerdings nicht preisgeben. Sie meinte zu Joséphine, es sei nun doch an der Zeit, wieder nach Paris zurückzukommen. »Gib doch zu, daß die Deutschen gewonnen haben.«[3] Ihre Krankheit, das ständig wiederkehrende Fieber und die mehrfachen Operationen ließen Joséphine manchmal schier verzweifeln. Am 17. Juni 1942 schrieb sie (auf einer Postkarte) an ihre Freundin Marthe de Rosa in Neuilly (trotz des Krieges kam die Post immer noch durch): »Voilà pourquoi je suis toute simplement toujours malade en toute cas je pense que cela tu vois la fin dieu merci.«. Als ich diese Karte 1987 bei einer Auktion in Paris zufällig zu Gesicht bekam, sagte einer der Teilnehmer über Joséphines Französisch: »Da sind ein paar grammatische Fehler drin.« Als die Amerikaner im November 1942 in Casablanca landeten, wurde über die Medien verbreitet, daß Joséphine tot sei. »Sie starb in den Armen ihres italienischen Ehemannes, der seit der Trennung in Italien lebt und extra nach Casablanca angereist kam.« Diese Zeitungsente enthielt allerdings auch ein Körnchen Wahrheit: Joséphine war nicht tot, und Jean Lion war ebensowenig Italiener. Zu Beginn des Krieges hatten sie sich scheiden lassen, doch nun konnte Joséphine ihm zu einem Visum nach Südamerika verhelfen. Als er ihr nach dem Krieg einen erneuten Heiratsantrag machte, wiederholte sie nur die Worte des Richters, der die Scheidung ausgesprochen hatte: »Die beiden hatten nie Gelegenheit, sich richtig kennenzulernen.«

Am 11. November marschierten die amerikanischen und französischen Invasionstruppen durch die Straßen von Casablanca. Joséphine erinnert sich: »Ich sah, wie die Befreiungsarmee sich langsam zum Sieg durchkämpfte und eine neue Welt tat sich auf. Ich weiß noch, wie ich weinte, als ich der Parade zuschaute.«[4] Abtey und Joséphine waren nur zwei der unzähligen Kontaktpersonen, die wichtige Informationen zusammengetragen hatten, doch damit hatten sie den Alliierten geholfen, ihre Invasion in Nordafrika vorzubereiten. Sie hatten das Privileg, vom Dach der Klinik aus einen Teil der Schlacht hautnah mitzuerleben. Nachdem die Truppen erfolgreich gelandet waren, erhoben Abtey und einige Kollegen ihr Glas zu einem Toast auf Joséphine: »Auftrag ausgeführt, Leutnant Baker.«

Obwohl Joséphine in späteren Jahren nie so ausführlich über ihre Zeit in der Résistance berichtete, war sie doch sehr stolz auf die Auszeichnungen, die man ihr verliehen hatte. Die Rolle, die sie – im wahrsten Sinne des Wortes – gespielt hatte, wurde von de Gaulle höchstpersönlich gewürdigt. Daß sie als einer der wenigen Bühnenstars Energie und Geld für die Sache der Freien Franzosen geopfert hatte, setzte ein Zeichen – das von vielen ihrer Zeitgenossen, die umständehalber in der besetzten Zone hatten bleiben müssen, gar nicht so gern gesehen wurde. In den verbleibenden zweieinhalb Kriegsjahren sollte Joséphine ihre Fähigkeiten und ihre Energie wieder herkömmlichen Dingen zuwenden: Sie folgte den Alliierten und unterhielt die Truppen.

Joséphine war nicht die einzige Amerikanerin, die sich der Résistance angeschlossen hatte. In ihrem Buch *Women in the Resistance* beschreibt Margaret Rossiter die Aktivitäten vieler gebürtiger Amerikanerinnen. So erwähnt sie beispielsweise die Schauspielerinnen Drue Leyton und Devereaux Rochester, eine Schülerin von Isadora Duncans Schwester Lisa. Was Margaret Rossiter über diese Frauen schrieb, hätte ebensogut auch für Joséphine gelten können: »Was diese Amerikanerinnen leisteten, stellt ihren Mut und ihre Liebe zu Frankreich unter Beweis. Sie engagierten sich genauso wie unzählige Französinnen, die ihrem Land all ihr Können zur Verfügung stellten, mit dem einzigen Unterschied, daß die Amerikanerinnen dabei nicht ihrem eigenen Land dienten.« Im Fall von Joséphine, deren Tätigkeit man getrost als Spionage oder Sabotage bezeichnen könnte, ließe sich noch hinzufügen, daß sie sich einem erhöhten Risiko aussetzte; man denke nur an Valada Snow, ihre alte Kollegin aus den Tagen der *Chocolate Dandies*, für die die Kriegsfalle in Dänemark zuschnappte: Trotz ihrer amerikanischen Staatsbürgerschaft wurde sie in ein Konzentrationslager gesteckt.

Ihr erstes Engagement als Entertainerin für die Truppen bekam Joséphine im Liberty Club, den der Offizier und Schwarzamerikaner Sydney Williams gegründet hatte. Seine Aufgabe bestand darin, einen Treffpunkt zu organisieren, an dem weiße und schwarze Soldaten völlig gleichberechtigt waren. Das war allerdings ein schwieriges Unterfangen, denn die offizielle Linie der amerikanischen Armee war noch sehr stark vom Ersten Weltkrieg geprägt, als strikte Rassentrennung geradezu empfohlen wurde.

Laut *The Crisis* – die Zeitschrift der NAACP – erteilte die US-Regierung den Franzosen 1917 geheime Anweisungen, in denen es hieß, man müsse »eine unüberbrückbare Kluft zwischen den Rassen schaffen, sonst droht den Weißen durch die Schwarzen der Rassenverfall. Sittenlosigkeit und plumpe Vertraulichkeiten sind den Amerikanern ein großer Dorn im Auge.«

Als Williams erfuhr, daß Joséphine noch lebte und darüber hinaus sogar bereit war aufzutreten, engagierte er sie für die Eröffnungsnacht. Diese Vorstellung wurde für die Wochenschau aufgenommen, und die Leinwand sprudelte förmlich über vor lauter Freude und Begeisterung im Publikum und bei Joséphine, als sie »J'ai deux amours« singt und den Leuten zeigt, wie man einen symbolischen Freundschaftsknoten bindet. Williams erinnert sich: »Sie hingen an den Kronleuchtern... Joséphine tat etwas, was ich noch nie zuvor erlebt hatte. Sie sang und verwandelte das Lied in ein Gebet. Das Publikum war tief gerührt.«[5]

Das ganze Jahr 1943 hindurch reiste Joséphine den Truppen nach und trat dabei in Algier, Marrakesch, Agadir, Fez, Tunis, Tripolis, Benghasi, Alexandria, Kairo, Jerusalem, Haifa, Damaskus und Beirut auf. Durch die Zusammenarbeit mit der Armee bekam Joséphine wieder engeren Kontakt zu schwarzen Amerikanern. 1950 schrieb sie: »Viele dieser GIs wurden gute Freunde von mir, und ich habe sie später in anderen Teilen der Welt wiedergetroffen. Mit diesen Männern diskutierte ich über die Probleme meines Volkes und dabei erfuhr ich auch, wie viele – oder wie wenig – Fortschritte die Schwarzen seit meinem letzten Besuch in den Vereinigten Staaten gemacht hatten. Sie erzählten mir viel Ermutigendes, doch sie waren immer wieder verbittert darüber, daß sie ihrem Land in einer Jim Crow-Armee dienen mußten.«[6]

Bei den Angehörigen der Truppe begegneten Joséphine ihre eigenen Probleme wieder. Am 2. Mai 1943 kam Basil Dean, der Direktor der ENSA, auf sie zu und fragte sie, ob sie nicht bei ihnen mitmachen wolle. Er beauftragte einen seiner persönlichen Assistenten, Harry Hurford-Janes, sich um sie zu kümmern. Von da an bis zu ihrem Tode sollte Hurford-Janes zu Joséphines engsten und treusten Freunden zählen. Er erinnerte sich: »Meine Aufgabe bestand darin, Miss Bakers Gefühle zu schützen, wenn die britischen, die amerikanischen oder die ägyptischen Behörden sie durch Rassen-

oder Klassenvorurteile gedemütigt hatten.«[7] Im August arrangierte Joséphine ihm zu Ehren ein Bankett im Hause ihres Freundes Mohamed Menebhi in Marrakesch, an dem auch Robert Murphy, ein Abgesandter von Präsident Roosevelt, und andere amerikanische und französische Offiziere teilnahmen.

Joséphine und Hurford-Janes wurden in vielfältiger Weise für die ENSA aktiv. »Eine meiner schönsten Erinnerungen«, schrieb er ihr 1949, »ist jene Nacht, als wir ein kleines Klavier auf die Station dieses kanadischen Krankenhauses schleppten und Du ›I'll Be Seeing You‹ sangst, bis Du vor Müdigkeit kaum noch auf den Beinen stehen konntest. Wie sogar die Schwestern mit Tränen in den Augen dastanden und diese armen hilflosen Männer – von denen viele nie wieder gesund werden sollten – bewegungsunfähig auf dem Rücken lagen und nur mit ihren Augen ausdrücken konnten, wieviel Trost und Erleichterung Du ihnen brachtest.«[8] Hurford-Janes unterzeichnete seine Briefe an Joséphine immer mit »Dein Dich liebender Bruder«, und nach ihrem Tod behielt er sie als »diese liebe, zauberhafte, wundervolle, spontane, idealistische, verrückte, großzügige und warmherzige Frau« in Erinnerung.

In Algerien begegnete Joséphine dann endlich Charles de Gaulle. Nach der Landung der Alliierten befehligte er zumindest eine echte Kampftruppe und nicht mehr diesen zusammengewürfelten Haufen der Freien Französischen Streitkräfte, die zu ihm nach England kamen, als Frankreich fiel. Man darf nicht vergessen, daß seine Position 1943 noch lange nicht abgesichert war. Er wurde zwar von Churchill unterstützt, doch mit Roosevelt und den Amerikanern war er völlig zerstritten, auch wenn das nie an die Öffentlichkeit kam. Von daher waren Leute wie Joséphine und Abtey ganz besonders interessant für ihn, da sie von Anfang an auf seiner Seite gestanden waren. Auch einem anderen berühmten Franzosen, der damals nach Algerien kam, ließ Joséphine ihre Hilfe zuteil werden: Anfang der achtziger Jahre erzählte François Mitterand bei einem Mittagessen im Elysée-Palast Sir Bernhard Ledwidge folgende Geschichte: 1940 war Mitterand in Kriegsgefangenschaft geraten. Später flüchtete er in die »freie« Zone Frankreichs und begann dort mit dem Aufbau einer Widerstandseinheit aus Flüchtlingen und Ex-Soldaten. Ende 1943 wollte er Kontakt zu de Gaulle aufnehmen und fuhr über England nach Nordafrika. Als er mit einem britischen Flugzeug aus Bristol eintraf, zeigte ihm de Gaulle die kalte Schulter. Der General fragte ihn, warum er ausgerechnet mit den Briten gekommen sei, und Mitterand erklärte ihm, das sei die einzige Transportmöglichkeit von Bristol aus gewesen. De Gaulle hörte sich seine Pläne an, beauftragte ihn dann aber, nach Frankreich zurückzukehren und dort nicht etwa seine eigenen Aktivitäten weiterzuverfolgen, sondern sich de Gaulles Vetter zur Verfügung zu stellen. Mitterand, der damals schon erfahren genug war, um eine eigene Einheit zu kommandieren, erklärte sich damit natürlich nicht einverstanden, woraufhin de Gaulle Order erließ, ihn in Algerien festzuhalten. Mitterand zog Joséphine ins Vertrauen, die wiederum ihre Verbindungen spielen ließ, um ihn mit einigen RAF-Offizieren bekannt zu machen. Sie waren einverstanden, ihn mit einem RAF-Flugzeug nach Schottland zu schmuggeln. Der Zufall wollte es, daß auch der Feldmarschall Montgomery mit diesem Flugzeug nach Großbritannien zurückflog, um dort mit den Vorbereitungen für die Invasion Frankreichs zu beginnen. Bei der Landung erklärte Monty Mitterand, er habe zwar nichts dagegen gehabt, daß er mit ihnen geflogen sei, aber durch die Paßkontrolle könne er ihn nicht auch noch lotsen. Mitterand verfügte jedoch über gute Kontakte zum Geheimdienst, passierte die Kontrollen und fuhr dann mit dem Schiff zurück nach Frankreich. Das ist nur ein Beispiel dafür, wie Agenten von Joséphines Kaliber dem Zufall manchmal in die Hände spielen konnten. Daß in diesem Fall die anderen Beteiligten drei der mächtigsten Männer ihrer Zeit waren, macht das Ganze nur noch interessanter.[9] Joséphine und Mitterand haben sich in der Folgezeit sicher in Paris wiedergetroffen, doch politisch gehörten sie immer verschiedenen Lagern an; Joséphine war und blieb eine de Gaulle-Anhängerin. Als sie im Winter 1943/44 ein Konzert zugunsten der Freien Französischen Streitkräfte gab, überreichte General de Gaulle ihr ein winzig kleines Lothringerkreuz aus Gold.

Joséphine folgte dem Vormarsch der Alliierten, kam nach Sizilien und Italien und hielt im August 1944 mit der ersten französischen Armee unter General de Lattre de Tassigny schließlich wieder Einzug in Paris. Diese Zeit könnte man als eine Art umgekehrten Sitzkrieg bezeichnen: Es wurde immer noch gekämpft, und Tausende mußten ihr Leben lassen, doch in die Hauptstadt war wieder Frieden eingezogen und die Pariser wußten meist gar nicht, was für Greueltaten sich eigentlich wirklich ereignet hatten. Marguérite Duras beschrieb es so: »Sie hatten keine Ahnung, was in Deutschland nach 1933 passiert war... Sie lebten noch in der Urzeit und ein paar Monate lang sollte ihnen ihre jugendliche Unschuld auch noch erhalten bleiben. Über die Abgründe der menschlichen Rasse war noch nichts ans Tageslicht gekommen.«[10]

In der Theaterwelt wurden diejenigen, die während der Besatzungszeit weiter aufgetreten waren, als Kollaborateure der einen oder anderen Art angesehen. Tino Rossi, Maurice Chevalier und viele andere wurden verhaftet. Joséphines alte Rivalinnen Mistinguett und Cécile Sorel sahen sich herber Kritik ausgesetzt. Sorel hatte schließlich das letzte Wort, als sie vor Gericht zitiert und eingehend befragt wurde, wie und warum sie so viel Zeit bei der deutschen Kompanie verbracht habe. Sie winkte ihren Anklägern – alles Männer – freundlich zu und sagte: »Ihr hättet sie nicht hereinlassen sollen!«

Joséphine wurde wie eine Heldin empfangen. Sie hatte sich eine ganze Reihe neuer Kleider im Edwardianischen Stil zugelegt und trug bei ihrem ersten Auftritt ein Potpourri alter Lieder vor, so auch Scottos »Viens Poupole«, Prousts ehemaliges Lieblingslied. Am Ende des Abends stand das Publikum auf und sang statt der Marsaillaise mit und natürlich auch für Joséphine

J'ai deux amours
Mon pays et Paris

doch später sagte sie, das habe nicht mehr gestimmt. Damals hatte sie nur eine einzige Liebe – ihr Land, Frankreich.

12 Als am 29. April 1945 der Krieg in Europa zu Ende ging, hielt sich Joséphine in London auf, wo sie am Adelphi Theatre in einer Victory Show auftrat. Den gesamten Winter hindurch hatte sie noch weitere Vorstellungen in ganz Europa gegeben. In der Presse, die die Nachricht von ihrem »Tod« während des Krieges widerrufen hatte, hieß es: »Überall dort, wo die Soldaten der alliierten Truppen einen Schritt in Richtung Sieg unternehmen, da taucht auch diese exotisch bunte Flamme auf, um Wärme und Illusion zu verbreiten.«[1] In Paris fand dann im Théâtre des Champs-Elysées eine Galavorstellung statt – es war inzwischen fast zwanzig Jahre her, daß sie an diesem Theater mit *La Revue Nègre* debütiert hatte. Im Publikum saß diesmal kein geringerer als General de Gaulle höchstpersönlich, und Joséphine präsentierte sich den Parisern als ganz neue Persönlichkeit. Die mit Juwelen und Federn geschmückte »Wilde« von einst hatte sich in eine vornehme Botschafterin verwandelt. Nachdem sie neunmal das Kostüm gewechselt hatte, trat sie zum Schluß in einem schlichten blauroten Kleid vor eine riesige Tricolore mit aufgesticktem Lothringerkreuz in der Mitte.

Nach dem Waffenstillstand trat Joséphine als erste französische Künstlerin in Mulhouse auf, und später auch in Deutschland, bei einer Galavorstellung in Berlin. Von dort aus bereiste sie das ganze Land und besuchte kurz nach der Befreiung auch das Lager Buchenwald. Sie sang für einige der sterbenden Insassen, die schon zu schwach waren, um noch verlegt zu werden. Dort, wo man die Franzosen gefangen gehalten hatte, zeigte man ihr verschiedene Namen mit eingeritzten Kreuzen dahinter. Wie die meisten Menschen, die damals ein Konzentrationslager zu Gesicht bekamen, war auch Joséphine hinterher nicht in der Lage, über ihre Gefühle zu sprechen.

Weihnachten 1945 traf sie sich in Les Milandes mit Kommandeur Abtey und einigen anderen Kriegskameraden. Abtey blieb Joséphine fortan in enger Freundschaft verbunden, und in Les Milandes stand ihm bis in die sechziger Jahre ein Haus zur Verfügung. Wenig später kehrte sie nach Italien und Nordafrika zurück, um weitere Truppenkonzerte zu geben. Bei fast allen Auftritten während der letzten Kriegsmonate und kurz danach hatte sich Joséphine von dem Orchester Jo Bouillon begleiten lassen.

Jo Bouillon stammte aus einer Musikerfamilie. Er und seine Brüder Gabriel und George waren Geiger. Ihren ersten Unterricht hatten sie von ihrem Vater erhalten, und am Ende ihrer Ausbildung stand der Abschluß am Konservatorium. Zu Beginn der dreißiger Jahre war Bouillon mit vielen Music-Hall-Orchestern und Tanzbands aufgetreten und hatte so manch berühmten Pariser Star begleitet. Er und Joséphine waren Bekannte und viele Musiker –

wie der belgische Trompeter Réné Compère – hatten sowohl in Jos Band als auch bei Joséphines »Baker Boys« mitgespielt. Genau wie Joséphine war auch er an anstrengende Tourneepläne gewöhnt. Während der Besatzungszeit war er allerdings in Paris geblieben und hatte in Restaurants und Theatern gespielt. Wie viele andere Künstler geriet er später in den Verdacht der Kollaboration, doch diesen Vorwurf weist sein Sohn Jean-Claude Bouillon ganz entschieden zurück. Seitdem sie sich wiedergetroffen hatten, bestand eine ganz besondere Beziehung zwischen Jo und Joséphine.

Im Juni 1946 waren sie zusammen in Deauville, um ihren Geburtstag zu feiern. Bei der Party im Hotel Normandie wurde ein riesiger Kuchen mit brennenden Kerzen an ihren Tisch gebracht. »Du kannst sie ruhig zählen!« lachte Joséphine, »ja, es sind vierzig!«

Als sie im Spätsommer 1946 wieder einmal von denselben Beschwerden heimgesucht wurde, die ihr schon seit 1941 zu schaffen machten, wich er nicht von ihrer Seite. Das Gerücht von ihrem bevorstehenden Tod machte erneut die Runde. Am 9. Oktober 1945 bekam Joséphine in der Klinik in Neuilly, wo sie operiert worden war, hohen Besuch: eine Delegation unter Leitung von Oberst Boissoudy. In seiner Begleitung befand sich General de Gaulles Tochter mit ihrem Ehemann Kommandeur Boissieu, sowie Jean-Pierre Bloch von der Liga gegen Rassismus und Antisemitismus. Nach einer kurzen Zeremonie wurde Joséphine die Medaille de la Résistance avec Rosette verliehen. Jo Bouillon, Henri Varna und einige andere Freunde waren auch dabei. Mit Hilfe von zwei Schwestern, die äußerst besorgt dreinschauten, gelang es Joséphine, strahlend auszusehen mit ihrer Satin-Bettjacke und den diamantenen Ohrringen.

Joséphine starb nicht, und im Winter fuhr Jo dann mit ihr nach Brasilien, um dort aufzutreten und ihr ein wenig Erholung zu gönnen. Trotz dieses neuen Glücks – es war offensichtlich, daß sie sich verliebt hatte – ging es in den nächsten Jahren mit Joséphines Karriere bergab. Von 1944 bis 1949 nahm sie keine einzige Schallplatte auf und war auch nur noch selten auf den Pariser Bühnen zu sehen. Doch sie hatte zum erstenmal in ihrem Leben eine stabile, emotionale Beziehung zu einem Künstler, der wie sie aus dem Theatermilieu stammte – kein Vergleich zu einem Mann aus anderen Kreisen. Wenn Joséphine schon nicht auftrat, so zeigte sie sich doch zumindest in der Öffentlichkeit. Im April 1947 gehörte sie in Stockholm der Jury für einen Jitterbug-Tanzwettbewerb an – was für ein Unterschied zu jenen Tagen, als sie das Rennen noch selbst gemacht hätte! Sie trat mit Marguerite Moreno bei der Premiere des Films *La Vie en rose* auf – das Drehbuch stammte von ihrem alten Verehrer Henri Jeanson – und sie sang, begleitet von Jo und seinem Orchester, im Radio.

Im Mai heirateten Joséphine und Jo Bouillon in Castelnaud-Fayrac. Von nun an sollten sie nicht mehr in Paris, sondern im Schloß von Les Milandes bei Sarlat zu Hause sein. Das ganze Dorf feierte mit ihnen. In ihrem zweiteiligen Kostüm und dem großen rosa Hut sah Joséphine recht sittsam aus. Nach der standesamtlichen Trauung fand in der Dorfkirche eine römisch-katholische Zeremonie statt. Jo Bouillons Familie war fast vollzählig erschienen, und sein Bruder Georges spielte die Orgel. Joséphine gab ihren Namen mit Joséphine Freda Baker, geschieden von Jean Lion an. Als Familienangehörige hatte sie Pepito Abatinos Schwester Christina aus Italien eingeladen, die auch mit Ehemann, Schwiegereltern und Kindern anreiste. »Das, was letztendlich zählt, ist doch die Seelenverwandtschaft.«[2]

Später erinnerte sich Jo Bouillon, daß einige von Joséphines Freunden – wie zum Beispiel Jean-Pierre Bloch und Félix Marouani – ein wenig überrascht von dieser religiösen Zeremonie waren. Soweit sie wußten, war Joséphine doch zum Judentum übergetreten, als sie Jean Lion heiratete, und Bloch erinnerte sich auch, daß sie während des Krieges immer ein hebräisches Gebetbuch bei sich getragen hatte. Jo Bouillon schrieb später: »Joséphine war tief religiös, und für sie war Gott überall. Sie betrat eine Kathedrale mit derselben Hochachtung wie eine Synagoge, eine Moschee oder einen Tempel ... für sie zählte nicht die eine oder andere Religion, sondern nur die Idee eines allgegenwärtigen Gottes.«[3]

Im November 1947 gingen die Neuvermählten auf Mexiko-Tournee. Es wurde ein voller Erfolg, und zweimal pro Woche machten sie eine halbstündige Sendung im Radio. Daraufhin wurden sie zu einer Tournee durch den Norden der Vereinigten Staaten eingeladen: Es war fast zwölf Jahre her, daß Joséphine amerikanischen Boden betreten hatte. Sie waren für eine Weihnachtsshow im »Majestic« in Boston engagiert – eine ehemalige Hochburg von Sissle und Blake. Die Show hatte am 25. Dezember 1947 Premiere und lief drei Wochen lang. Joséphine hatte in Amerika schon viele Mißerfolge einstecken müssen, und auch diese Show stand von Anfang an unter einem ungünstigen Stern. *Paris Sings Again* wurde innerhalb weniger Tage auf die Beine gestellt und brachte als Hauptattraktionen Hurtado de Cordoba, Roland Berbeau, Pierre Guillerman und ein 30-Mann-Orchester, das angeblich aus Paris stammte. Gleich nach dem Eröffnungsstück »Sous les ponts de Paris« wurde die Atmosphäre (soweit vorhanden) durch ein rein amerikanisches »Jingle Bells« gründlich wieder zerstört. Joséphine sang »Mama«, »Mon triste coeur«, »Hortensia«, »Zoubida« und ihr 1900-Medley. Die besten Kritiken bekam sie für ihre Kostüme, und selbst die wurden von der *Boston Post* noch verrissen. »Wenn die Farben, die Miss Baker trug, nicht das gesamte Spektrum ausschöpften, so hat doch zumindest nicht viel daran gefehlt.«

Danach fuhr Joséphine allein nach St. Louis, um ihre Familie zu besuchen, und traf sich dann in New York wieder mit Jo. Überall begegneten ihr dieselben alten Rassenvorurteile, und es machte sie sehr betroffen, daß sich daran nichts geändert hatte und daß weder ihre eigenen Leute noch die Regierung einschneidende Veränderungen anstrebten. Die New Yorker Hotels konnten es sich zwar nicht mehr leisten, ihre Reservierung abzuweisen, doch übergangen und schlecht bedient wurden sie und Jo trotz alledem. Hughes nannte es »dieses sonderbare Kopfschütteln der Weißen, wenn ein Schwarzer erwartet, genauso höflich und zuvorkommend behandelt zu werden wie jeder andere Amerikaner auch«.

Trotz alledem machte Joséphine 1948 in den USA aber auch eine interessante Erfahrung. Charles S. Johnson, der Rektor der Fisk University in Nashville, hatte sie gebeten, einen Vortrag zu halten. Ihr Thema war »Frankreich, Nordafrika und die Rassengleichheit in Frankreich«. Joséphine fand sofort Gefallen daran, vor Publikum zu sprechen. Fragen waren ihr willkommen, und die jungen Leute hörten ihr interessiert zu. Daß sie so freimütig über all diese Dinge sprach – gleich zu Anfang zitierte sie die Hinweisschilder, die sie überall in den Südstaaten gesehen hatte: »Hunde, Juden und Nigger unerwünscht« und sprach auch über ihre eigenen Erlebnisse –, machte ihren Vortrag nur noch amüsanter:

Ich mag es überhaupt nicht, wenn die Leute über eine hervorragende schwarze Künstlerin sagen: »Sie ist eben eine Ausnahme.« Es gibt nur wenige Ausnahmen, aber viele begabte Menschen, die nie Gelegenheit bekommen, ihr Talent unter Beweis zu stellen. Wir sind die größte Rasse der Welt, die Jugend sollte das wissen und auf unsere Leistungen stolz sein können. Durch Liebe erreicht man mehr als durch Haß. Haß ist der Niedergang jeglicher Rasse und Nation.[4]

Doch als Joséphine gegen Ende ihres Amerikaaufenthaltes interviewt wurde, war sie außergewöhnlich deprimiert: »Ich bin vierzig, doch ich fühle mich wie siebzig. Nach dieser Erfahrung werde ich nur noch eine Show an den Folies-Bergère machen, mich zur Ruhe setzen und einer Jüngeren das Feld überlassen.«

Joséphine mit Katherine Dunham.

Wenige Monate später eröffnete sie mit Jo ein neues Cabaret auf den Champs-Elysées: Joséphine war völlig verändert, sie war wieder jung und strahlte in ihrem schulterfreien Kleid. Die Pariser Stars und Adeligen im Publikum bereiteten ihr einen königlichen Empfang. Was war geschehen?

Katherine Dunham zufolge war es Joséphines Kampfgeist, der sie mitten ins Pariser Nachtleben zurücktrieb, nachdem sie im Winter den Triumph der Dunham-Truppe am Théâtre des Champs-Elysées miterlebt hatte. Katherine Dunham, 1912 in Chicago geboren, war Tänzerin, Choreographin und Anthropologin. Bei ihren Studien in Jamaica, Martinique, Trinidad und Haiti hatte sie ein Konzept für Negertänze ausgearbeitet, das allgemeine Beachtung finden sollte, weil sie es einerseits mit ihrer Truppe praktisch vorführte, andererseits aber auch den Einfluß der schwarzen Tänze und Musik auf die amerikanische Kultur des zwanzigsten Jahrhunderts untersucht hatte. Dunham erinnert sich:

Ich glaube, unsere Anwesenheit in Paris traf Joséphine Baker in tiefster Seele... Es war kurz nach dem Krieg und sie war nicht oft aufgetreten... Unser Erscheinen ließ sie das Theater aus einer völlig neuen Perspektive sehen... Sie vollbrachte Höchstleistungen als Tänzerin, Schauspielerin, Sängerin und in einer Art Totaltheater, obwohl sie die meiste Zeit in verschiedenen Music-Halls auftrat. Ich schätze Joséphines spontane Reaktion so ein, daß sie uns als eine Herausforderung in ihrem eigenen Revier akzeptierte.[5]

Vier Abende hintereinander schaute sich Joséphine die Dunham-Truppe in ihrer *Rhapsodie Caraibe* an. Als Joséphine und Jo Bouillon dann am 8. April 1948 im Club des Champs-Elysées selbst Premiere hatten, befand sich auch Katherine Dunham unter den Prominenten, die zur Feier des Tages erschienen waren – Jean Marais, Jean-Louis Barrault, Madelaine Renaud, Gérard Philipe, François Perier, Françoise Rosay, Martine Carol, die Botschafter von Ägypten, China, Argentinien und Venezuela – und Joséphines alter Freund Joe Louis war extra aus Brüssel gekommen. Einen kleinen Hut mit einer kessen weißen Feder auf dem Kopf, so erschien die mittlerweile siebzigjährige Mistinguett, die selbst auch noch immer tanzte, um ihren Manegenplatz einzunehmen. Als Joséphine sie mitten in einem Lied erblickte, ging sie ohne zu unterbrechen zur Tür und geleitete La Miss höchstpersönlich an ihren Tisch – den Zuschauern ist diese Szene lebhaft in Erinnerung geblieben. Jegliche Rivalität aus alten Zeiten war vergessen. Doch Joséphine hatte jetzt neue Konkurrenz bekommen. Katherine Dunham meinte später: »Nachdem wir uns kennengelernt hatten, wurden wir Freundinnen. Jedesmal wenn wir in derselben Stadt auftraten, mußten wir uns unbedingt sehen. Sie nannte mich ›Schwester‹. Ich finde, wir hatten eine sehr gute Beziehung zueinander – und wenn wir jemals eifersüchtig aufeinander waren, dann beruhte das sicherlich auf Gegenseitigkeit.«[6]

In ihrer Freizeit machten sich Joséphine und Jo an die Renovierung des Schlosses von Les Milandes – ein schwieriges Unterfangen, da keiner von ihnen große Ahnung von der Materie besaß.

In einigen Szenen, die für Joséphines Comeback an den Folies-Bergère vorgesehen waren, machte sich der Einfluß von Katherine Dunham bemerkbar. Bei der Wahl des Titels wichen Derval und Gyamarthy wagemutig von ihrer Glückszahl 13 ab und nannten die neue Show *Féeries et Folies*. In einem Märchenvorspiel war Veronica Bell als Aschenputtel zu sehen und dann trat Joséphine auf: In einer ersten Parodie spielte sie sich selbst im Zug nach Paris, dann war sie der arabische Teppichhändler – eine Rolle aus Kriegszeiten – und dann »la Danseuse Zubida«. Im Finale des ersten Aktes »Scotch Parade« trugen die Showgirls Kilts und Felltaschen, und Joséphine hatte eine riesige weiße Bärenfellmütze auf dem Kopf. Im zweiten Akt war das Märchen von Schneewittchen zu sehen, und Joséphine zeichnete ein Portrait der Liebe in den verschiedenen Epochen der Menschheitsgeschichte, zuerst als Eva (statt der Feigenblätter trug sie allerdings ein Leopardenfell), dann als Schöne mit dem Biest, als Prinzessin aus Tausendundeiner Nacht, als Joséphine de Beauharnais (endlich!) und dann, in einer Hommage an das ausklingende neunzehnte Jahrhundert, als Mademoiselle Raphaëlla, den Star des Bal Mabille. Doch es war das Finale dieser Show, das als eine der großen Baker-Nummern in die Geschichte eingehen sollte. In einem vierteiligen Tableau trat Joséphine als Maria Stuart, Königin von Schottland, auf: »Prisons des femmes«, »Sonate Pathétique«, »L'Exécution« und »Le Vitrail«. Als sie dann das »Ave Maria« sang, war sie völlig verschleiert.

Auf den Photos, die bei *Féeries et Folies* an den Folies-Bergère von Joséphine gemacht wurden, sind, deutlicher als jemals sonst in ihrer gesamten Karriere, ihre zwei verschiedenen Gesichter zu erkennen: die Frau und die Künstlerin. Sie war dreiundvierzig: In den mit Gold- und Silbermünzen besetzten Futteralkleidern und selbst in den – immer noch – hautengen Trikots und Hosen für die Ballettnummern ist sie unverkennbar eine ältere Version des Casinostars der dreißiger Jahre. Doch in der Krinoline oder im Pelzmantel, die sie für andere Szenen trug, läßt sich schon die leichte Erschöpfung des Alters und die Abgeklärtheit erkennen, die für sie in Zukunft so typisch sein sollten.

Jo Bouillon und Georges Tabet schrieben für die Show eine ganze Reihe neuer Lieder, die Joséphine zum großen Teil auch auf Platte aufnahm. Während des Krieges hatte sie sich mit dem Mikrophon angefreundet, und ihre Stimme hatte sich ein wenig mehr in Richtung Mezzosopran verlagert – eine Vorstufe zu der kehligen Altstimme, die sie in den letzten Jahren bekommen sollte. Ausgerüstet mit diesem neuen Repertoire und den sündhaft teuren Modekreationen von Jean Dessès, Balenciaga, Balmain und Christian Dior traten die zwei Jos im Sommer 1950 in Italien auf und reisten dann weiter nach Havanna, wo sie für einen Nachtclub engagiert waren.

Im Dezember 1950 bekam Joséphine in Kuba ein Telegramm von Willard Alexander, einem New Yorker Agenten, der ihr ein Engagement an einem Nachtclub namens Copa City in Miami anbot. Der Besitzer Ned Schuyler suchte sie in Havanna auf. Bestärkt durch ihren damaligen Erfolg sagte Joséphine grundsätzlich zu, äußerte aber gleichzeitig die Vermutung, daß der Club, wie alle anderen Vergnügungsstätten in den Südstaaten, für Schwarze wohl nicht zugänglich sei. Schuyler gab zu, daß Schwarze dort seit jeher keinen Zutritt hätten – es habe allerdings auch nie einer um Einlaß gebeten. Joséphine sagte unter der Voraussetzung zu, daß das Publikum gemischt sein werde, und Schuyler arrangierte eine Galapremiere mit Sophie Tucker als Moderatorin. Das Publikum war gemischtrassig, und viele alte Freunde, Schwarze und Weiße, kamen, um Joséphine zu sehen. Der Club bot Platz für 750 Zuschauer und war jede Nacht ausverkauft. Joséphine sang auf englisch, spanisch, französisch und portugiesisch. Der Kritiker von *Variety* schrieb: »Vor diesem anspruchsvollen Publikum hat sich

Miss Baker als eine der zugkräftigsten Nummern seit Eröffnung des Nobelschuppens vor zwei Spielzeiten herausgestellt... Sie verwandelt jeden Nachtclub, der ihrer habhaft werden kann, in eine Goldgrube.«

Joséphine war in Ekstase. Auf einer Pressekonferenz sagte sie: »Seit sechsundzwanzig Jahren ist dies mein erster Auftritt in meinem Heimatland. Die anderen Male zählen nicht. Jetzt ist alles anders. Ich bin glücklich, hier zu sein und in dieser Stadt unter diesen Umständen aufzutreten, weil mein Volk hier sein kann, um mich zu sehen. Das bedeutet so viel für *uns,* und wenn ich sage uns, dann meine ich mein Volk, und wenn ich sage mein Volk, dann meine ich meine Rasse.«[7]

Von dem Wunsch beseelt, ihre Freude mit anderen zu teilen, telegrafierte sie auch an Präsident Truman: »Mein Mann und ich danken Ihnen als Stellvertreter des amerikanischen Volkes dafür, daß wir so großartig empfangen wurden und uns für die Gleichberechtigung aller Bürger einsetzen durften, die Ihnen, wie ich weiß, ja auch sehr am Herzen liegt.«

Aus heutiger Sicht mag uns ein einziger Nachtclub in Miami, der seine Rassenschranken fallen läßt, recht unbedeutend vorkommen. Doch Jahre bevor die Bürgerrechtskampagne richtig Fuß gefaßt hatte, waren es gerade diese kleinen Dinge, die zu einer Klimaveränderung beitragen konnten, wenn sie sich ohne Haß durchsetzen ließen. Joséphine konnte sich vor Angeboten, an anderen Orten der Vereinigten Staaten aufzutreten, kaum noch retten und fuhr von Miami nach Manhattan.

Nach fünfzehnjähriger Abwesenheit trat Joséphine zum erstenmal wieder in New York auf, und zwar im Strand Theatre in der 47th Street am Broadway. Nur der einzigartige Prosastil von *Variety* konnte diesem Ereignis gerecht werden:

Die professionelle Perfektion, die Joséphine Baker derzeit im Strand demonstriert, läßt sich nicht synthetisch oder über Nacht herstellen. Sie entstammt derselben Tradition, auf der die Langlebigkeit fast aller Protagonisten im Showbusiness beruht, die sich auch nach vielen Jahren noch an der Spitze halten können... Untermauert wird das Ganze von einem gut durchdachten Potpourri aus portugiesischen, französischen, spanischen und englischen Liedern – sie hätte auch in Blindenschrift singen können, und das Publikum wäre immer noch hingerissen gewesen. Sie »radebricht« jeden Kauderwelsch so spielerisch leicht, daß sie in allen Sprachen verstanden wird. Mit Miss Baker ist zweifelsohne ein neues Gesicht auf die amerikanische Bühne zurückgekehrt... Ihr Broadway-Comeback setzt ein Signal und verschafft ihr eine Genugtuung, wie sie nur wenigen Künstlern vergönnt ist. Doch niemand hätte es mehr verdient als sie.

Der Star, von dem in dieser »umwerfenden« Rezension die Rede ist, wechselte im Laufe der Show sechs- oder siebenmal das Kostüm – sie hatte 43 Kleider zur Auswahl. »Pauvre Sidi« sang sie in einer tunesischen Djellabah und die Nummer aus Haiti in einem »bunten Hosenanzug«. Dann folgten »Begin the Beguine« (Joséphine behauptete immer, Cole Porter habe an sie gedacht, als er dieses Lied schrieb), »Night and Day« in einem Medley mit »Solitude« und ein italienisches Finale – »weil Italienisch die Sprache der Liebe ist«.

Joséphine war darüber hinaus noch für eine Spätvorstellung in Monte Prosser's Café Theatre in 1619 Broadway engagiert. Sie trat aber nur einmal auf und kündigte dann den Vertrag, weil ihr Arzt, Irving B. Goldman, ihr angeblich verordnet hatte, »zusätzliche Vorstellungen zu streichen«.

Im Januar 1951 hieß es, José Ferrer und Richard Condon planten für Joséphine eine Musical-Show über »Haiti und die Bräuche der Fremden«. Es wurde berichtet, Ernest Hemingway habe ein »verlockendes Angebot« angenommen, und der Entwurf sei schon in Arbeit. Unterdessen hatte Ned Schuyler für Joséphine einen Vertrag mit Warner Brothers ausgehandelt: Sie sollte in den Filmtheatern des ganzen Kontinents in Liveshows auftreten. Als die Glanzzeiten des Vaudeville zu Ende gingen, waren die Theatermanager dazu übergegangen, Stummfilme ins Programm aufzunehmen, um so ihr Publikum zu halten. Inzwischen stellte nun das Fernsehen eine ernsthafte Bedrohung für die großen Kinopaläste dar, und die Manager liebäugelten jetzt wieder mit der Liveshow, um ihre großen Double-Feature-Programme attraktiver zu gestalten. (Gegen Ende der zwanziger und in den dreißiger Jahren hatten die meisten großen Kinos eine Liveshow.)

Es war inzwischen sechsundzwanzig Jahre her, daß Joséphine in Theatern aufgetreten war, die nicht an der Ostküste lagen. Während dieser Zeit war etwas Wichtiges geschehen. Obwohl man sie schon für tot erklärt hatte, und ihr Pariser Lebensstil für Amerikaner eher ungewohnt war, war sie zu einer Legende geworden, denn sie entsprach dem »American Dream« von dem armen Vorstadtmädchen, das ganz groß herauskommt. Die Zeitungen, insbesondere die mit einer vorwiegend schwarzen Leserschaft – der *Chicago Defender*, der *Afro-American* und die *Amsterdam News* – hatten nie aufgehört, über ihren Werdegang zu berichten, und selbst in den entlegensten Ortschaften, wo man nur davon träumen konnte, sie einmal live zu sehen, hatten die Leute das Interesse an »Josie« Baker, wie sie allgemein genannt wurde, nie verloren.

Auf dieser Tournee durch die Nachtclubs war nicht viel Glamour geboten. Viermal täglich brachte Joséphine zwischen den Filmen ihre einstündige Show. Sie wickelte ihr Publikum um den Finger, und die Zuschauer sprudelten förmlich über vor lauter Begeisterung für diese Künstlerin, die nicht nur den amerikanischen Traum aufs Beste erfüllte, sondern auch noch ideologische Stärke demonstrierte, als sich der Kampf für die Gleichheit der Rassen in einer sehr kritischen Phase befand.

Bei all ihren Auftritten erzählte sie auch immer zwischen den Liedern, und für ihre Fanpost mußte sie schließlich zwei Sekretärinnen engagieren. An allen Theatern bestand sie darauf, daß im Orchester auch schwarze Musiker mitspielten und beim Kartenverkauf jegliche Rassendiskriminierung ausgeschlossen sei. Einem Theater in St. Louis, das ihr diese Garantie nicht geben konnte, sagte sie kurzerhand wieder ab.

Folgendes Zitat stammt aus einer ihrer Stegreifreden in Cincinnati: »In ganz Amerika wächst die Einheit zwischen Schwarzen und liberalen Weißen, die einsehen, wieviel Schaden diese Rassendiskriminierung unserer nationalen und internationalen Sicherheit zufügt. Wir müssen kämpfen, und in diesem Kampf stehen wir nicht allein da.«[8] In Harlem wurde der 21. Mai zum »Joséphine Baker Tag« erklärt. Sponsor war die NAACP, die Joséphine in Anerkennung ihrer Verdienste die Ehrenmitgliedschaft auf Lebenszeit angetragen hatte, und die Preisverleihung wurde von dem Friedensnobelpreisträger Dr. Ralph Bunche vorgenommen.

Joséphine thronte in Maßanzug und schwarzem Strohhut auf dem Rücksitz eines Cadillac-Cabrios und ließ sich durch die Straßen chauffieren. Die Massen strömten herbei, säumten die Straßen, winkten und liefen hinter dem Auto her. Im Hotel Theresa in der 7th Avenue und der 125th Street fanden ein Mittagessen und ein Autokorso mit 27 Wagen statt; im Park Palace Ballroom wurde eine Cocktailparty gegeben und im Golden Gate Ballroom in der Lenox Avenue wurde eine abendliche Talentshow abgehalten. Radio WLIB sendete eine Woche lang einen »Gruß an Joséphine Baker«, bei dem Dr. Bunche, Frederic March, Florence Eldridge, Jean Hersholt, Peggy Lee, Josh White, Ella Fitzgerald, Lionel Hampton, Walter White und Noble Sissle mitwirkten. Zusammen mit Eubie Blake warf Sissle auch einen Blick hinter die Kulissen und ließ sich mit Joséphine photographieren: Es war genau dreißig Jahre her, daß sie zum erstenmal vorgesprochen hatte, um als Chorusgirl für *Shuffle Along* engagiert zu werden. Präsident Truman war im Wahlkampf mit dem Lied »I'm Just Wild About Harry« auf Stimmenfang gegangen, und später vermachten die zwei Musikveteranen ihre autographischen Aufzeichnungen der Truman-Sammlung. Doch jetzt schrieben wir das Jahr 1951, und die Stimme des McCarthysmus war schon überall zu vernehmen. In einer Schlagzeile hieß es: »Kommunisten mißbrauchen Baker Day für rote Propaganda.« Obwohl sie für gewöhnlich immer behauptete, sie wisse nicht, was ein Kommunist sei, nahm Joséphine auch in dieser Angelegenheit kein Blatt vor den Mund: »In ganz Amerika herrscht eine völlig absurde Atmosphäre der Verleumdung, der Angst und der Verdächtigungen gegen loyale Amerikaner, die nichts mit dem Kommunismus zu tun haben. Selbst ich blieb von dieser lächerlichen Verleumdungskampagne nicht verschont. Doch ich kämpfe weiter.«[9]

Im Juni 1951 besuchte sie die Familie von Willie McGee, einem Schwarzen, der wegen Vergewaltigung angeklagt war, und dessen Fall sich zu einer tragischen *cause célèbre* auswachsen sollte. Joséphine ließ sich zusammen mit Mrs. McGee photographieren, die gramgebeugt und voller Resignation in die Kamera schaute. Mit einem dunklen Zweiteiler aus Paris und einem stirnfreien Hut bekleidet versuchte Joséphine, ihr Mut zu machen, doch ihre Augen funkelten vor Zorn. Aber es nutzte alles nichts mehr: Der letzten Berufung wurde nicht stattgegeben, und McGee wurde hingerichtet. An jenem Abend ging Joséphine auf die Bühne und teilte ihrem Publikum mit, daß sie zwar wisse, daß im Theater die Show immer weitergehen müsse, doch sie bitte die Zuschauer um Verständnis dafür, daß sie nicht mit dem Herzen dabeisein könne, da heute einer von ihren Leuten umgebracht worden sei. Berichten zufolge hatte sich vor dem Gefängnis eine große Menschenmenge versammelt, um Beifall zu klatschen. In diesem Zusammenhang wurde nicht zum erstenmal von einer Art legaler Lynchjustiz gesprochen, die den Menschen in der Folgezeit noch viel Angst einflößen sollte. Es war, als hätte sich seit 1917 nichts geändert: »Packt an und zieht für East St. Louis.«

In Atlanta sagte Joséphine alle ihre Vorstellungen ab, nachdem drei Hotels ihre Zimmerreservierung abgelehnt hatten. Sie hätte bei einer Tagung der NAACP auftreten sollen. Die meisten Teilnehmer dieser Konferenz – die in den Südstaaten wohl zum erstenmal in dieser Form stattfand – waren in der Atlanta University oder privat untergebracht. Selbst im Jahr 1962 erhielt Ralph Bunche, damals Staatssekretär bei den Vereinten Nationen, noch eine »höfliche Absage« von einem Hotel in Atlanta, das er um eine Zimmerreservierung gebeten hatte.

Joséphine beendete ihre Tournee in Kalifornien, wo natürlich auch Gespräche mit Hollywood-Produzenten auf dem Programm standen. Ned Schuyler meinte dazu: »Es ist nicht die Frage, ob der Film Joséphine haben möchte, sondern ob sie ihr ein Drehbuch bieten können, das mit ihrer Ansicht zum Thema Rassentrennung in Einklang steht.«

In Los Angeles waren zehn Reihen für VIPs reserviert, doch das war noch immer nicht genug für all die Prominenten, die Joséphine sehen wollten. Da saß Ethel Barrymore neben den Smiths und den Joneses, die gekommen waren, um »ihrer« Joséphine Beifall zu klatschen. Miss Barrymore ging auch hinter die Bühne und frischte ihre Bekanntschaft mit Joséphine wieder auf, die bis nach Boston und in die zwanziger Jahre zurückreichte, als die große Tragödin in dem Repertoirestück *The Second Mrs. Tanqueray* und eine Woche später in *Chocolate Dandies* zu sehen war. Bobby Short erinnert sich an einen Abend, als sie zusammen mit dem Count Basie Orchester auftrat: Während sie um die Trompeter herumtanzte, überkam sie plötzlich eine Welle der Glückseligkeit, daß sie zusammen mit einer solch erlesenen Musikergruppe auftreten durfte. Der *Hollywood Compass* berichtete: »Die Frauen halten den Atem an, wenn sie so nonchalant ihren Hermelinpelz auf die Bühne wirft: Den Männern stockt der Atem, wenn sie anfängt, die mit Sicherheit ausdrucksstärksten Schultern beiderseits des Atlantiks zu schütteln.« »Mein größter Wunsch«, versicherte ihnen Joséphine, »wird immer sein, daß mein Volk in diesem Land glücklicher sein kann.«

Im Alter von fünfundvierzig Jahren hatte Joséphine endlich den einen großen Erfolg, der ihr bisher versagt geblieben war: die Anerkennung und den Applaus der Amerikaner.

Jean Gabriel Domergues ver-
führerisches Joséphine-Portrait
auf dem Programmheft von
En Super Folies war nur eines von
vielen Bildern, die dieser
akademische Maler für die Folies-
Bergère produzierte.

Links: Michel Gyarmathys Poster
für die Revue *En Super Folies* an
den Folies-Bergère. 1928 hatte er
auch das Plakat für Joséphines
ersten Auftritt in Budapest
entworfen.

Linke Seite:
En Super Folies: Joséphine und ihr
Spiegelbild im Federkleid mit
einem Kopfschmuck aus Reiherfedern und Blumen.

217

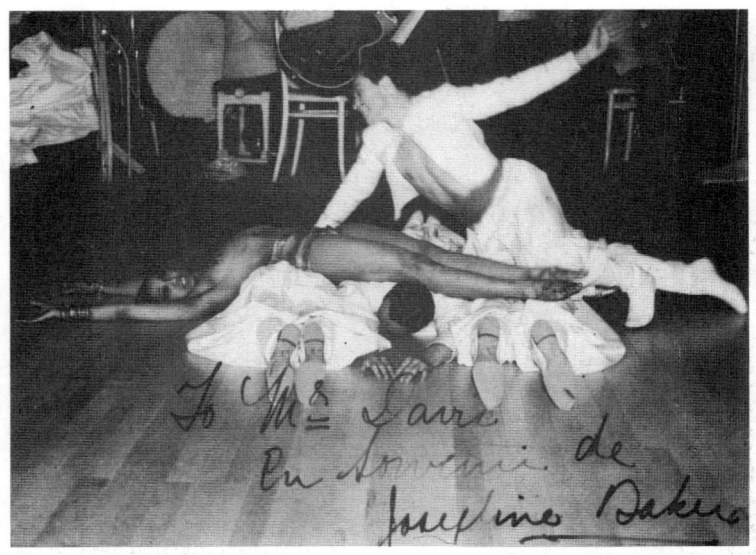

Joséphines Auftritte in
London 1937 und 1938.
Oben: Das Finale ihrer
Nummer aus Tausendund-
einer Nacht im Café de
Paris.

FINSBURY PARK
EMPIRE

PROGRAMME

Links und gegenüber:
Programme und Werbe-
material für ihre Auftritte
im Finsbury Park Empire,
im Café de Paris und im
London Palladium.

Eine ganz andere Frau als auf der Bühne begegnet uns auf den Bildern von Serge Lido, der sie in ihrem Garten in Le Vesinet aufnahm. Ihre Ehe mit Jean Lion ging daran zugrunde, daß Bühnenleben und Häuslichkeit für sie unvereinbar waren.

Als Joséphine 1939 als Partnerin von Maurice Chevalier auftrat, schuf dessen bevorzugter Postermaler Charles Kiffer das Albumblatt für sie.

Das Finale von *Paris-Londres*, »L'Ile Heureuse«. Joséphine trägt
als La Belle de Bahia ein Kostüm von Rosevienne und singt
»Mon Cœur est un Oiseau des Iles«.

FRANCE MAGAZINE

LA BONNE FRANQUETTE DE JOSÉPHINE

MARDI
12 DECEMBRE 1939
N° 37

Le maquillage n'est pas terminé : Joséphine se coiffe : elle chantonne
comme toujours, car elle est la gaieté même. Cela amuse le photographe
de la surprendre ainsi ? Soit. On rira. – Je ne suis pas belle, ainsi,
mal coiffée : mais puisque vous le voulez. – Joséphine est simple et

PRIX :
2 FRANCS

Der bevorstehende Krieg lockerte die Bühnenberichterstattung
ein wenig auf:
Oben: Joséphine beim Schminken im Casino.
Rechts kostümiert für ihre Rolle in *Fausse Alerte*.

224

POUR VOUS

LE PLUS GRAND HEBDOMADAIRE DU CINÉMA

NUMÉRO 601
22 MAI 1940

TOUS LES MERCREDIS
UN FRANC 75

JOSEPHINE BAKER, la célèbre vedette de music-hall, effectue sa rentrée à l'écran, au côté de Lucien Baroux, dans le nouveau film de Jacques de Baroncelli.

Programme

☆

1. MUSIQUE DE L'AIR.
2. L'AIR NETTOIE SA MAISON.
   LES FANTASSINS DU CIEL
   Réalisations du Service Cinématographique de l'Air.
3. **LITTLE WALTER**, le fou musicien dans son répertoire.

   ENTR'ACTE
4. **JO BOUILLON** et son Orchestre.

   ENTR'ACTE
5. MADEMOISELLE
   JOSÉPHINE BAKER
   Chansons nouvelles de V. Scotto, Jean Tranchant, etc..
   "Nevada Tropical", un grand succès américain.
   Pot-Pourri 1900.
   Chansons d'inspiration marocaine et russe, etc...

☆

Eine Galavorstellung
zugunsten der »L'En-
treaide de l'aviation«
am 21. November 1944
im Paramount in Paris.
Rechts oben: Joséphine
in ihrer 1900-Nummer.
Sie sang »Je t'ai ren-
contré simplement«,
»Frou-Frou« und
»Viens Poupole«,
Prousts Lieblingslied,
das durch Mayol
berühmt wurde.

Bei Proben
mit Vincent Scotto.

Das Werbeplakat für die Schallplatten, die Joséphine gegen Ende des Krieges aufnahm. Auch »Brazil« und »Besame Mucho« waren darauf zu hören. Unter dem Bild im Katalog der Columbia stand: »Wir danken Ihnen, daß Sie so heroisch waren und noch einmal für uns gesungen haben, Frau Offizier.«

Columbia

Joséphine
BAKER

EN GUISE DE PRÉFACE

___

UNE LETTRE
DU GÉNÉRAL DE GAULLE
A JOSÉPHINE BAKER

[handschriftlicher Brief, weitgehend unleserlich]

LE GÉNÉRAL DE GAULLE.

Der Brief von General Charles de Gaulle an Joséphine (links), der in Jacques Abteys Buch *La Guerre Secrète de Joséphine Baker* abgedruckt wurde.

»Joséphine salue la France« aus ihrer Show am Bobino 1975.

228

COMMANDANT JACQUES ABTEY
du 2ᵉ BUREAU de l'ETAT-MAJOR de l'ARMÉE
et des S.R. de LA FRANCE LIBRE
1936-1945

LA GUERRE SECRÈTE
DE
JOSÉPHINE
BAKER

AVEC UNE LETTRE AUTOGRAPHE
du général DE GAULLE

Le Plaisir le moins coûteux..... un livre

LES
ÉDITIONS SIBONEY
PARIS - LA HAVANE
49, Rue du Rocher — PARIS — Lab 64.81

vous offrent.....

LA GUERRE SECRÈTE
DE
JOSÉPHINE BAKER
du
Commandant
Jacques ABTEY
du 2ᵉ Bureau
de l'État-Major de l'Armée

Un fort volume in-8 carré . . 350 francs
l'exemplaire

J. BAKER en tenue de débarquement

Joséphine kleidet sich nach der neuesten
Pariser Mode Ende der vierziger Jahre.
Dior, Balmain und Balenciaga entwarfen
allesamt Modelle für sie.

Joséphine 1948 mit Katherine Dunham und einigen Mitgliedern ihrer Balletttruppe. Joséphine sagte: »Katherine Dunham ist jetzt schon Katharina die Große.«

Rechte Seite:
Joséphine 1949 hinter den Kulissen der Folies-Bergère.
Sie trägt den Kopfschmuck für ihre ritterliche Minneszene »La Festin«.

Bei Joséphines Rück-
kehr an die Folies-
Bergère 1949 reichte
das Programm von
einem 1900er Can-
Can (links) bis zur exo-
ischen »Nuit Perver-
se«-Nummer (unten).
Fast ein Vierteljahr-
hundert nach ihrem
ersten Folies-Engage-
ment gab es nun auch
wieder eine »Golden
Bridge«-Sequenz
(rechte Seite, oben),
doch es war das
schottische Element
dieser Revue, das den
Zuschauern im Ge-
dächtnis bleiben sollte.

Als Mary Stuart über-
raschte sie ihre treuen
Anhänger mit ihrer
Interpretation des
»Ave Maria«.

»Ich liebe die Bühne und ich werde auftreten, bis ich sterbe.«

Joséphine Baker, *Village Voice*, 17. Januar 1974

V

Die Abendsonne

13 In den zwanziger Jahren war Jakari eines der Modespiele *sur la plage*. Joséphines Zeitgenossen spielten es alle in Juan und Cannes und trugen dazu die ausgebeulten Hosen und knappen Westen, die durch Chanel und Schiaparelli in Mode gekommen waren. Beim Jakari wird ein kleiner Gummiball mit einem langen Gummiband am Schläger befestigt. Der Solo-Spieler schlägt den Ball, der dann wieder zurückspringt, um einen noch härteren Schlag versetzt zu bekommen. Joséphine schien es in ihrer Beziehung zu Amerika ähnlich zu ergehen. Ihr Leben verlief nach einem Muster, das sie selbst nicht erkannte, das jedoch im nachhinein ganz offensichtlich ist. Jedesmal wenn sie nach Frankreich zurückkehrte, nahm ihr Leben eine ganz unerwartete Wende, und des öfteren fügten Menschen oder Ereignisse ihr Wunden zu. Jedesmal wenn sie nach Amerika kam, hoffte sie auf die Anerkennung durch Kollegen und Kritiker. Doch immer prallte sie auf irgendeine Art und Weise wieder ab und trat den Rückzug an. Waren es einmal nicht ihre Auftritte, die den Skandal heraufbeschworen, so sorgte sie allem Anschein nach selbst dafür.

Die Schnellebigkeit der Amerikaner Ende der vierziger Jahre behagte Joséphine ganz und gar nicht, und deshalb hatte sie einem Teil ihrer Familie den Vorschlag gemacht, nach Frankreich umzusiedeln und ihr in Les Milandes Gesellschaft zu leisten. Um das Jahr 1951 herum kamen ihre Mutter, ihre Halbschwester Margaret und ihr Schwager Elmo Wallace aus St. Louis, und später gesellte sich auch noch ihr Bruder Richard hinzu.

Joséphine hatte ihre Schwester seit zwanzig Jahren nicht mehr gesehen, doch nun trat Margaret wieder in ihr Leben und nahm schließlich den wichtigsten Platz darin ein. Sie besaß dieselbe Stärke wie Joséphine und ihre Mutter: den Willen zu überleben und den notwendigen Optimismus, um trotz aller Hindernisse nicht aufzugeben. Die beiden Schwestern waren sich in vielen Dingen uneinig und fochten heftige Kämpfe aus. Doch sie konnten einen Streit auch ebenso schnell wieder beilegen, verzeihen und alles sofort vergessen.

Den Spätsommer 1951 verbrachte Joséphine mit Jo Bouillon und ihrer Familie in Les Milandes. Mit vereinten Kräften versuchten sie, aus dem Anwesen eine Touristenattraktion mit Restaurant, Nachtclub und Hotel zu machen.

Kurz bevor sie allein in die USA zurückkehrte, um all die Engagements wahrzunehmen, die ihr die Frühjahrstournee eingebracht hatte, war Joséphine im amerikanischen Rundfunk zu hören, und zwar in der Pariser Ausgabe von Tallulah Bankheads berühmter *Big Show,* die am 24. September im Pariser Empire aufgezeichnet wurde. Tallulah war vier Jahre älter als Joséphine, und sie hatten beide in den zwanziger Jahren in Europa Karriere gemacht. 1925, im Jahr der *Revue Nègre,* trat Tallulah Bankhead in London in zwei Stücken auf, mit denen ihr Name untrennbar verbunden ist: Cowards *Fallen Angels* und Michael Arlens *The Green Hat.* Sie stellte Joséphine ihrem Publikum vor:

TALLULAH: Und nun, meine lieben Zuhörer, möchte ich Ihnen eine Frau vorstellen, die in jeder Hinsicht typisch für Paris ist. Als gebürtige Amerikanerin kam sie vor ein paar Jahren in dieses Land und verliebte sich in Paris, genauso wie sich Paris in sie verliebte. Und es war nicht nur ein Flirt, sondern eine langandauernde Romanze zwischen Paris und der exotischen Joséphine Baker.

JOSÉPHINE: O, merci, merci Tallulah. Du bist wirklich lieb, ganz reizend.

TALLULAH: Ja, ich weiß. Joséphine, je desire être votre amie, elle chantay s'il vous plait.

JOSÉPHINE: Tallulah, was willst du damit sagen?

TALLULAH: Was soll das heißen, was *will* ich damit sagen. Ich spreche Französisch mit dir. Ich spreche Französisch wie eine Französin.

JOSÉPHINE: Wie eine Französin aus Finnland.

TALLULAH: Okay, Mädchen, wenn du meinst . . . Sing dein Lied, Schätzchen.[1]

Joséphines Stimme war noch genauso sanft und zart wie früher. Von ihrem Südstaatenakzent war kaum noch etwas zu hören. (Tallulah, die auch aus den Südstaaten, aus Alabama, stammte, hegte seit jeher große Sympathie für die schwarze Bürgerrechtsbewegung und war eine gute Freundin von Louis Armstrong, Canada Lee und Hattie McDaniel – die erste schwarze Schauspielerin, die einen Hollywood-»Oskar« gewann, und eine unglaublich schwungvolle Bandleaderin und Musikerin.)

Als Joséphine diesmal in den USA ankam, herrschte dort eine recht eigenartige Atmosphäre. Im Alltagsleben hatte sich nichts verändert. Die alten Rassengesetze und Rassenschranken gab es nach wie vor, nur daß sie jetzt offiziell mißbilligt wurden. Doch diese Ächtung hatte noch immer keinerlei Konsequenzen und wurde deshalb auch von niemandem befolgt. Die Rassendiskriminierung war noch überall zu spüren, besonders wenn man auf Kollisionskurs ging, und genau das tat Joséphine, sooft sie nur konnte. Sie beschwor den Krach förmlich herauf. Am 16. Oktober gab sie schließlich ihre berühmteste Vorstellung außerhalb der Bühne.

Roger Rico, einer der Stars von *South Pacific,* und seine Frau hatten Joséphine zum Essen in den Stork Club in der East 53 Street eingeladen. Auch Bessie Buchanan, eine alte Freundin von Joséphine aus Sissle und Blake-Zeiten, war mit von der Partie. Obwohl ein Kellner die gesamte Bestellung aufgenommen hatte, wurden der Gesellschaft lediglich Getränke serviert. Das Essen blieb aus, und nachdem sie eine Stunde gewartet hatten und vom Personal wiederholt übergangen worden waren, griff Joséphine zum Telephon, um den Club zu verklagen. Die Geschäftsführung behauptete, in dem Moment, als sie gingen, habe das Essen bereits auf dem Tisch gestanden.

Im Club Room des Stork Club traf sich zu vorgerückter Stunde die Crème de la crème der Schauspieler und Journalisten. An jenem Abend befand sich unter den Gästen auch Grace Kelly, die damals noch am Anfang ihrer Hollywood-Karriere stand. An einem anderen Tisch saß der berühmte Klatschkolumnist Walter Winchell, der schon oft begeisterte Kritiken über Joséphines Vorstellungen geschrieben hatte und darüber hinaus in dem Ruf stand, ein Fürsprecher der Schwarzen zu sein. Da Joséphine das wußte und das Verhalten der Bedienung, die angeblich auf Anweisung des Besitzers Sherman Billingsley gehandelt hatte, als Beleidigung empfand, ließ sie der Presse am nächsten Tag eine Mitteilung zukommen, in der sie auch Winchell anprangerte. Sie beschuldigte den Club der Rassendiskriminierung und verlangte eine Entschuldigung. Außerdem sei Winchell ein Heuchler, weil er ihr nicht geholfen habe.

An jenem Abend kam Sugar Ray Robinson, der wie Joséphine für Gleichberechtigung kämpfte, in ihre Garderobe im Roxy. Er wird wie folgt zitiert:»Ich wußte, daß Billingsley etwas gegen Neger hatte, doch dieses Gespräch mit Joséphine gab mir den Rest, denn Billingsley ist zu allem Überfluß auch noch Mitglied im Damon Runyon Wohltätigkeitsausschuß. Ich rief Walter Winchell von ihrer Garderobe aus an, und nachdem ich mir seine Geschichte angehört hatte, mußte ich ihm glauben. Er sagte zu mir: ›Du weißt, daß ich Sherman Billingsleys Verhalten nicht gutheiße, doch, obwohl ich ihn schon seit sechsundzwanzig Jahren kenne, würde ich ihm die Freundschaft sofort kündigen, wenn ich mitbekommen hätte, daß Miss Baker aufgrund ihrer Hautfarbe etwas angetan worden wäre.‹ « Was ich nicht weiß, macht mich nicht heiß.

Robinson forderte Billingsleys Austritt aus dem Runyon-Komitee. Walter Winchell verteidigte zuerst einmal sich selbst und ergriff dann Partei für seinen Freund Billingsley. In seiner täglich in vielen Zeitungen des ganzen Landes erscheinenden Kolumne startete er eine Hetzkampagne gegen Joséphine, aber auch gegen Walter White von der NAACP und gegen die Schriftstellerin Laura G. Hobson, die sich eine Woche nach dem Zwischenfall an einer Streikpostenkette beteiligt hatte. Die meisten Gäste des Stork Clubs ignorierten den Vorfall und die Streikposten, doch von Martha Torge erhielt Joséphine ein Telegramm folgenden Inhalts:»Habe soeben die teure *Blue-Veil*-Filmparty vom Stork Club ins 21 verlegt. Es ist nur ein kleiner Beitrag, aber Du sollst wissen, daß wir Dich lieben.«

Billingsley war in den Zeiten der Prohibition schon mehrmals verurteilt worden, und seine Lizenz sollte ihm früher schon einmal entzogen werden.

Billingsley antwortete auf eine Anfrage des Mayor's Committee on Unity, das Fiorello La Guardia als »Beratungsstelle zu seiner Unterstützung im Kampf gegen Rassenunruhen und Spannungen« gegründet hatte, mit einem Brief. Dieser Brief, von dem er später behauptete, es sei eine Fälschung und er habe ihn nicht geschrieben, wurde auszugsweise veröffentlicht: »Da bei uns nur auserwählte Kundschaft verkehrt, halten wir es für notwendig, gewissen Personen, die bei der Mehrzahl unserer Gäste Widerwillen erregen würden, den Zutritt zu verwehren.« Zu diesem Personenkreis zählte offensichtlich auch Joséphine, die kurz zuvor zu einer der bestgekleideten Frauen der USA gewählt worden war.

Am 20. Dezember übergab der Untersuchungsausschuß dem Bürgermeister Vincent R. Impellitteri einen abschließenden Bericht, in dem es hieß: »Wir stimmen zwar mit dem Verhalten von Mr. Billingsley nicht überein, doch die Klage wegen Rassendiskriminierung müssen wir als unbegründet zurückweisen.«[2]

Das Bürgermeisteramt wurde später beschuldigt, den Teil des Berichtes unterschlagen zu haben, in dem abschließend gesagt wurde: »Unserer Ansicht nach ist der Zwischenfall, der zu oben genanntem Rechtsstreit geführt hat, an sich unbedeutend – doch die unlautere Motivation liegt sehr viel tiefer.« Ein Kritiker jener Zeit drückte es folgendermaßen aus: »Das Recht, im Club Room zu essen, ist nicht unbedingt das größte Verdienst der Demokratie. Der springende Punkt bei der Episode mit Joséphine Baker ist vielmehr die unglaubliche Vogel-Strauß-Politik, die einige einflußreiche Persönlichkeiten dieser Stadt zugunsten von Billingsley betreiben. Und das Allererstaunlichste an dieser Geschichte ist, daß der Bürgermeister von New York offensichtlich auch zu diesem Personenkreis zählt.«

Billingsley verlor seine Lizenz nicht, und Winchell pflegte weiterhin gute Beziehungen zu denjenigen, die nicht auf seiner Abschußliste standen. Seine fortgesetzten Angriffe hatten allerdings den Effekt, daß Roger Rico seine Rolle in *South Pacific* verlor und Joséphines Frühjahrsvorstellungen in New York und Florida abgesagt wurden. Am 3. November schrieb Winchell: »Regierungsbeamte, die sich für die Angelegenheit Joséphine Baker interessieren, behalten sie (und die Roger Ricos von *South Pacific*) im Auge, falls sie noch einmal versuchen sollten, in die USA einzureisen.«

Wenn er nicht gerade damit beschäftigt war, die Streikposten als Kommunisten anzuschwärzen und Joséphine als antisemitisch, profaschistisch und prokommunistisch zu bezeichnen, veröffentlichte er rassistische Witze: »Dann ist da noch der von dem süßen kleinen Negermädchen, das seine Mutter fragte, woher denn die Babys kämen. Die Mutter konnte natürlich nicht sagen, vom Storch (A. d. Ü. engl. = Stork) – und so antwortete sie El Morocco.«

Winchells Kollege und Biograph, Herman Klurfeld, schrieb später, daß dieser Mißbrauch seiner Publizität der Anfang vom Ende seiner beliebten Sendung »Mr. and Mrs. America« war. Vielleicht war es das, ganz sicher bedeutete es aber das endgültige Aus für Joséphines triumphales Comeback. Der große Erfolg, die klingelnden Kassen und die Sympathie, die ihr im Kampf gegen die Rassendiskriminierung entgegengebracht worden war, hatten sie zu Anfang des Jahres anscheinend vergessen lassen, wo sie war. Im Frühjahr hatte dann Jo Bouillon wohl dafür gesorgt, daß weitere Spontanausbrüche ihrerseits nicht an die Öffentlichkeit gelangten.

Winchell hatte zwischenzeitlich die Spitze abgeschossen, Joséphine weigere sich, vor schwarzem Publikum aufzutreten – er verdrehte ganz einfach die Tatsache, daß sie darauf bestanden hatte, nur in Theatern ohne Rassentrennung aufzutreten. Als ob sie das Gegenteil beweisen wollte, ließ sie sich an Weihnachten für eine Revuereihe am Apollo in Harlem engagieren. Hier war das Publikum rüpelhaft und undiszipliniert. Sie trat in einem ihrer Dior-Kleider auf die Bühne und warf ihren Pelzumhang zu Boden.

»Heb das Ding auf, Mädchen!« schrie jemand aus dem Publikum. Als sie dann in einem pinkfarbenen Fischschwanzkleid zurückkam und einen burlesken Fächertanz mit riesigen Straußenfedern aufführte, lag ihr das Publikum vollends zu Füßen. Robert Barel erklärt uns, die Zuschauer seien »beim ersten Applaus noch sehr zurückhaltend gewesen, weil Joséphine ein recht ungewöhnlicher internationaler Ruf vorauseilte, der den Leuten nicht nur einen gewissen Respekt abverlangte, sondern auch immense Neugier geweckt hatte«.

Die ungeheure Publizität, die dem Zwischenfall im Stork Club damals beigemessen wurde, verlieh der Geschichte eine Einmaligkeit, die sie gar nicht verdient hatte, denn tatsächlich war es nur eine von vielen Auseinandersetzungen, bei denen Joséphine ihre Finger im Spiel hatte. Im Juli hatte sie beispielsweise in Los Angeles einen Mann aus Dallas festnehmen lassen, weil er abfällige

Bemerkungen über ihre Rasse gemacht hatte. Statt zehn Tagen Gefängnis bezahlte er lieber $ 100 Strafe. »Ich hoffe, die Stunden im Gefängnis haben ihn gelehrt, daß alle Menschen überall die gleichen Rechte haben.«[3] Als sie gegen Winchell vorging, hatte sie wohl insgeheim gehofft, er werde sich auf ihre Seite schlagen. Der Gerechtigkeit halber muß gesagt werden, daß er das vielleicht sogar getan hätte, doch seine Verbindung zu Billingsley und seine Freundschaft zu Monte Prosser, dessen Theater Joséphine erst Anfang des Jahres wegen zu schlechter Bedingungen den Rücken gekehrt hatte, bestärkten ihn in dem unguten Gefühl, von Joséphine ausgenutzt zu werden. Das Echo der Schimpfkanonade, die er gegen sie losließ (und die von mehreren seiner Kollegen und vielen Lesern nachdrücklich verurteilt wurde), sollte in den nächsten zwölf Jahren in ganz Amerika widerhallen, sobald Joséphines Name nur erwähnt wurde. Das führte zu einem lebenslänglichen Bruch mit ihrem Heimatland. In den sechziger und siebziger Jahren trat sie zwar noch mehrfach in den USA auf, doch irgendwie haftete diesem späten Glück jedesmal der Charakter einer Prüfung an. Wahrscheinlich wurde Joséphine aber durch ihre spontane Beherztheit und ein falsch kalkuliertes Risiko vor noch größeren Demütigungen bewahrt. Paul Robeson, der genauso unerschrocken war wie sie, bekam keinen Paß mehr und war dadurch jahrelang zu qualvollem Schweigen verdammt, da er nicht mehr zu Hause auftreten konnte und die Verbindung zu seinem Publikum und seiner Kunst abgebrochen war.

Alle diese Ereignisse und Auseinandersetzungen waren nur deshalb so folgenschwer, weil die amerikanische Öffentlichkeit 1951 durch Propaganda und Furcht so aufgehetzt war. Es mußten fast sechs Jahre vergehen, bis die angestrebte Aufhebung der Rassenschranken im öffentlichen Leben wieder ein gutes Stück vorankam. Der Kampf wurde fortan von Leuten weitergeführt, die mehr von Politik verstanden als Bühnentalente wie Joséphine. Trotz alledem hatte sie mutig und kraftvoll ihre Stellung gehalten. Doch der entscheidende Schlag gegen die Rassentrennung sollte nicht in einer Cocktaillounge oder einem Restaurant stattfinden, sondern in einem Bus in Alabama.

Am 28. Januar beendete Joséphine ihre Amerikatournee und fuhr nach Kuba. In Havanna wurde sie verhaftet. In ihrer Wohnung beschlagnahmte die kubanische Polizei zahlreiche Bücher und Pamphlete. Beamte des kubanischen Geheimdienstes sagten, man habe Joséphine über ihre angeblichen kommunistischen Tendenzen ausgefragt, nach einem »eingehenden Verhör« sei sie jedoch wieder freigelassen worden. Später sagte sie: »Jeder, der an Brüderlichkeit glaubt, wird als Kommunist angeklagt.«[4] Im Monat darauf war sie in Mexiko, wo sie in Mexico City auch in einem Gefängnis auftrat. Sie sang zwei französische und drei spanische Lieder für die Gefangenen. Dort verkündete sie auch, daß sie eine weltweite Liga gegen Rassendiskriminierung gründen wolle.

Als Joséphine nach Buenos Aires fuhr, um dort zu singen, saßen ihr die schlechten Erfahrungen vom vorigen Winter in den USA noch in den Knochen und sie ließ sich zu mehreren antiamerikanischen Äußerungen hinreißen – ein gefundenes Fressen für die peronistische Presse. Sie wurde von Peron höchstpersönlich hofiert und sollte für seine Partei auf Stimmenfang gehen. Wollte sie vielleicht eine zweite Evita werden? Im November wurden ihre Äußerungen auch in den USA bekannt, und als sie im Odeon Theatre auftrat, erzählte sie ihrem Publikum, ihr sei zu Ohren gekommen, daß sie nicht mehr nach Amerika einreisen dürfe. Auf die Frage nach der Rolle der Amerikaner im Zweiten Weltkrieg antwortete sie: »Wir Freien Franzosen haben unser Land selbst befreit.«

Der argentinische Schauspieler und Regisseur Alfredo Arias, damals noch ein Kind, wurde von seinem Vater zu einer politischen Versammlung mitgenommen. Er hatte ein Gedicht auswendig gelernt, das er bei der Veranstaltung vortragen wollte, doch da kam Joséphine auf einem Lastwagen angefahren und hielt eine dermaßen lange Rede, daß er sich schlafen legte.[5] Man hatte Joséphine versprochen, ihr beim Aufbau ihrer Liga behilflich zu sein, und dadurch hatte sie offensichtlich jeglichen Sinn für Humor verloren und sich gleichermaßen auch von der Wirklichkeit entfremdet. In Amerika nahm der Abgeordnete Adam Clayton Powell Jr. Joséphine wegen »bewußt falscher Darstellung und Verdrehung von Tatsachen« in ihren antiamerikanischen Statements ins Visier. »Der bedauerlichste Aspekt an Miss Bakers Aktivitäten in Argentinien ist, daß sie sich zum Werkzeug ausländischer Interessengruppen machen läßt, die den USA ganz offenkundig nicht wohlgesonnen sind und sich auch für ihre Belange nur solange interessieren, wie sie die USA damit treffen können.«[6] Schließlich merkte auch Joséphine, daß dem tatsächlich so war, und besann sich plötzlich wieder darauf, daß sie einen Ehemann und ein großes Haus in Frankreich hatte.

Sie war beschämt und wütend darüber, wie sie sowohl in Nord- als auch in Südamerika behandelt worden war und machte daraus auch keinen Hehl, als sie im Mai 1953 nach Paris zurückkehrte, um dort zum erstenmal seit Jahren wieder aufzutreten. Es war wieder einmal beim Bal des Petits Lits Blancs im Moulin Rouge – eine Wohltätigkeitsveranstaltung zugunsten von Kindern. Sie war merklich fülliger als 1949 und trug einen mit Spitzen besetzten, fünfschichtigen Rock mit Volants, der bis zur Taille geschlitzt war, damit man ihre berühmten Beine in voller Länge bewundern konnte. Sie sang, tanzte und warf Veilchensträuße in die Menge, in der auch Bing Crosby, Gary Cooper, Aga Khan, Lily Pons und Charles Chaplin saßen. Joséphine hatte »Charlot«, der genau wie sie aus Amerika verbannt worden war, so stürmisch begrüßt, daß seine Wange ganz mit Lippenstift verschmiert war. Am 30. Dezember 1953 debütierte Joséphine als Rednerin im Palais de la Mutualité. In einer einfachen antirassistischen Rede mit dem Thema »Humilier l'homme c'est vexer Dieu«, erzählte sie aus ihrem Leben.

Der amerikanische Schriftsteller und Geistliche Charles Sinnickson erinnert sich an eine ihrer Reden, die er kurz darauf in Grenoble hörte. Die Organisatoren waren Kommunisten, und im Saal kam es zu Tumulten. Joséphine mußte all ihren Charme und ihr schauspielerisches Talent einsetzen, um das Publikum zu beruhigen und anfangen zu können. Gleich zu Anfang erzählte sie von einer Kirche, die sie als Kind auf einer Tournee in Baltimore gesehen hatte. Die Tür war cremefarben gestrichen: Die Besucher mußten sich vor diese Tür stellen, und wer genau so hell oder heller war, durfte hineingehen. Wer dunkler war, wurde abgewiesen.[7]

Joséphine hatte das dringende Bedürfnis, den Amerikanern – insbesondere den New Yorkern – zu zeigen, daß ihre Ideen und Ideale ernst zu nehmen waren. Es waren jedoch nicht Weisheit und Humor, die ihr den Weg wiesen, sondern einzig und allein ihr Gefühl. In einem Alter, wo die meisten Frauen ihren Kinderwunsch ad acta legen – sie war siebenundvierzig –, startete Joséphine ein ehrgeiziges Projekt: Sie wollte Kinder verschiedener

Hautfarbe und Religion adoptieren und zusammen aufwachsen lassen, um der Welt zu beweisen, daß Rassenharmonie im täglichen Zusammenleben sehr wohl möglich ist. 1953 fuhr Joséphine nach Japan und brachte von dort ihre ersten beiden Waisenkinder mit: den Koreaner Akio und den Japaner Janot. Ihr Adoptivvater wurde Jo Bouillon, und ursprünglich hatte Joséphine nur an vier Kinder gedacht, letztendlich wurden es dann aber zwölf. Ihre »Regenbogenfamilie« wurde und blieb ihre *raison d'être* bis an ihr Lebensende. Das Experiment hatte sicherlich auch damit zu tun, daß Joséphine selbst keine Kinder bekommen konnte, und natürlich hatte das Ganze auch einen politischen Aspekt, was die Sache nicht gerade leichter machte.

Wie viele Schauspielerinnen hatte Joséphine keine Kinder gewollt, als sie jung war. 1931 hatte sie gesagt: »J'adore les enfants. Mon rêve est d'en avoir un, deux, trois mais plus tars ... maintenant je n'ai pas le temps!«[8] (»Ich liebe Kinder. Es wäre mein Traum, eins, zwei oder drei zu haben, aber später... jetzt habe ich keine Zeit!«). Sie hatte mehrere Fehlgeburten erlitten. Zum erstenmal 1938, dann in Marokko während des Krieges und sogar noch 1947, wie Jo Bouillon in seinen Memoiren schreibt.[9]

Joséphine verkündete, sie wolle sich nun von der Bühne zurückziehen, um ihre Zeit und Energie ihrer Familie widmen zu können. 1954 und 1955 gab sie in Südamerika, Kanada und verschiedenen europäischen Hauptstädten Abschiedsveranstaltungen. In diesen Monaten adoptierten sie und Jo Bouillon noch vier weitere Kinder: den Finnen Jari, Luis aus Bogota und Jean-Claude und Moise, beide aus Frankreich. In ihrem »Verbund« aus verschiedenen Rassen und Religionen repräsentierte Moise den jüdischen Glauben.

Joséphines Abschiedsvorstellung in Paris am 10. April 1956 im Olympia war eine Hommage der anderen Pariser Theater an Joséphine, die ihren Auftritt in der zweiten Programmhälfte hatte. Sängerinnen, Tänzerinnen und Schauspielerinnen von den Folies-Bergère, dem Casino de Paris, der Opéra, der Comédie Française, dem Marigny und dem Lido spielten jeweils eine Szene, die eine Stufe auf Joséphines Karriereleiter darstellen sollte. Alte Freunde wie Paul Colin, Sidney Bechet und Henri Varna traten zusammen mit jüngeren Stars wie Amalia Rodrigues, Gilbert Bécaud, Eddie Constantine und Georges Guétary auf: »Spätestens jetzt weiß jeder, daß sie wieder mitmischt«, witzelte eine Zeitung, doch Joséphine hatte tatsächlich vor, die Bühne zu verlassen und das Landleben zu genießen. Sie war fast fünfzig, und in ihrem prachtvollen roten Samtumhang mit aquamarinblauem Seidenfutter sah sie so majestätisch aus wie selten zuvor. Ihr Glitzerkleid fand seine Fortsetzung in einem juwelenbesetzten Kopfschmuck, aus dem afrikanische Flechten auf ihre Schultern herabfielen. Sie sang die alten Lieder »J'ai Deux Amours«, »La Petite Tonkinoise«, »Sur Deux Notes« und ihre neue Titelmelodie »Dans mon Village«. Es war dasselbe alte Volkslied, das sie auch vor zehn Jahren für die Insassen von Buchenwald gesungen hatte, doch jetzt hatte die Melodie einen neuen Text bekommen, der von ihrer Familie erzählte und nacheinander die Kinder beschrieb.

Jean Cocteau hielt eine kurze Rede, die mit einer Lobpreisung endete: »Joséphine war und bleibt eine der Karyatiden des internationalen Tempels, der das Zentrum von Paris schmückt. Wir grüßen sie, dies Idol aus Bronze, glänzendem Stahl, Elfenbein und Gold. Wir grüßen sie und danken ihr alle gemeinsam. Ein dreifaches Hoch auf Joséphine!«[10]

Nachdem die Militärkapelle eine Serenade gespielt hatte, folgte der Redeteil, und dann versammelte sich eine große Menschenmenge vor dem Theater, um Joséphines Namen in Form einer Lichterkette verlöschen zu sehen. Es war natürlich nicht das letzte Mal, doch alle Shows, die später noch folgen sollten, waren entweder ein Abschied oder ein Comeback, und sie konnte sich noch so sehr anstrengen: die legendäre Persönlichkeit, die sie nun verkörperte, war immer wichtiger als ihre Vorstellung.

14 Ihren fünfzigsten Geburtstag feierte Joséphine im Juni 1956 am Hochzeitstag ihres Bruders Richard, der die Postmeisterin von Les Milandes, Maire-Louise Daznière, zum Traualtar führte. Sie feierten gemeinsam, und Jo Bouillon half Joséphine beim Anschneiden des globusartigen Kuchens. Ihre sechs Kinder waren auch dabei. Im Laufe des nächsten Jahres sollten noch drei Adoptivkinder hinzukommen: zuerst Brahim und Marianne, die während des Algerienkrieges in einem Trümmerhaufen gefunden wurden. Sie waren aber keine Geschwister, denn Marianne stammte offensichtlich von Franzosen ab, und Brahim war Berber. (Als er älter wurde und zum Theater ging, anglisierte er seinen Namen und nannte sich Brian.) Im Jahr darauf kam noch Koffi von der Elfenbeinküste dazu.

Außenstehenden mag diese Zeit als der glücklichste Abschnitt in Joséphines Leben erscheinen – im Schoße ihrer Familie, mit einem attraktiven Ehemann und vielen Freunden. Doch Brian bezweifelt das: »Es ging ihr sicher nicht schlecht damals. Aber ich glaube, am glücklichsten war sie in den zwanziger und dreißiger Jahren, als sie jung, berühmt und schön war.«[1] Außerdem muß Joséphine, wie alle Menschen, die mit Schönheit und unerschöpflicher Energie gesegnet sind, in ihrer glanzvollen Jugend geglaubt haben, es würde ewig so weitergehen.

Doch nichts währt ewig. Schon ein Jahr später wurde bekannt, daß Jo Bouillon und Joséphine sich trennen wollten. Joséphine bemühte sich um das alleinige Sorgerecht für Koffi, außerdem sollte er auch nicht Bouillon, sondern Baker heißen. (Später haben sich Brian und andere Mitglieder der Familie für einen Doppelnamen entschieden und nannten sich Bouillon-Baker.) Vor dem Krieg stand das Sexualleben von Jo Bouillon in einem äußerst zweifelhaften Ruf, und dies schien die Wurzel des Problems zu sein.

Im Grunde genommen waren weder Jo noch Joséphine so richtig für das Landleben geschaffen. Jo sagte: »Ich habe meine Karriere als Bandleader an den Nagel gehängt, um all meine Energie für Joséphines Ideale einzusetzen. Zehn Jahre lang habe ich in Les Milandes den Dekorateur und Bauern gespielt. Jetzt muß ich mich wieder meiner Musik zuwenden. Wenn ich arbeiten gehe, kann ich wenigstens selbst für die Zukunft meiner Kinder sorgen. Eine Scheidung kommt für mich allerdings nicht in Frage, denn ich kann nicht für eine von Joséphines Launen den Seelenfrieden unserer Kinder aufs Spiel setzen.«[2]

Jo schickte nacheinander fünf Abgesandte aufs Schloß – darunter auch den Priester der nahegelegenen Stadt Castelnaud –, die sich bei Joséphine für ihn einsetzen sollten. »Ich tue nur, was ich für das Beste halte«, verkündete sie. »Ich muß zwischen meinem Ehemann und meinen Idealen wählen. Und ich wähle die Ideale. Die ersten zehn Jahre unserer Ehe waren Jo und ich die meiste Zeit getrennt. Das letzte Jahr, das wir zusammen verbracht haben, hat mir gezeigt, wie sehr wir uns eigentlich auseinandergelebt haben. Für mich zählt nur die Idee. Geld spielt keine Rolle. Wenn ich Les Milandes aufgeben muß, nehme ich die Kinder und schlafe in einem Zelt.«[3] Obwohl sie dort noch zehn Jahre wohnen sollten, bewies Joséphine doch eine ungewöhnliche Weitsicht, als sie schon so früh erkannte, daß nicht nur ihre Ehe, sondern letztendlich auch das Schloß auf dem Spiel stand. Denn es war Jos Geschäftssinn – er hatte jahrelang ein Orchester unterhalten und konnte mit Menschen umgehen –, auf den sich das ganze Unternehmen gründete.

Les Milandes war wirklich einzigartig. Aus der ehemaligen Schloßklause war das Hotel »Chartreuse des Milandes« geworden. Die Schlafzimmer »trieften vor Organdy und pastellfarbenem Chintz und waren berühmten Französinnen gewidmet, die sich in Geschichte und Literatur hervorgetan hatten«.[5] Da wurde natürlich Joséphine de Beauharnais verewigt, aber auch die Pompadour, die Du Barry, Agnès Sorel und Madame de Montspan wurden bedacht. Um das Ideal der weltweiten Brüderlichkeit noch stärker hervorzuheben, wurden manche Räume im Stil verschiedener Länder eingerichtet. Da gab es sogar ein Wildwestzimmer mit hölzernen Schwingtüren zum Badezimmer.

Anfangs waren das Hotel, das Restaurant und der Nachtclub recht erfolgreich und lockten zahlreiche Besucher an. Doch das war lange vor der motorisierten Tourismusindustrie, wie wir sie heute kennen, so daß Jo und Joséphine in hohem Maße auf die Einheimischen und deren Geschmack angewiesen waren. Da das Restaurant aber Pariser Preise verlangte, war es für die dort ansässige Landbevölkerung keine große Attraktion.

Im Hauptgebäude befanden sich ein Nachtclub mit Tanzfläche, in dem Joséphine ab und zu auftrat, und ein J-förmiger Swimmingpool. Das größte Kuriosum war aber sicherlich das Jorama, ein Wachsfigurenmuseum mit Szenen aus Joséphines Leben. Da war unter anderem eine romantisierte Darstellung ihrer Kindheit in St. Louis zu sehen, wo Joséphine sich im Keller vor anderen kleinen

Kindern verkleidet und Stegreiftheater spielt. Die Besucher des Schlosses und seiner Anlagen konnten gegen Entgelt auch den Kindern beim Spielen zusehen. »Wir wollten uns nicht gern beobachten lassen«, sagt Brian, »und meistens gingen wir weg und versteckten uns.«[6]

Die Kinder schließlich waren in einem umgebauten Stalltrakt untergebracht, der mit wildem Wein zugewachsen war, und dessen Zimmer im Erdgeschoß allesamt auf die Gärten hinausgingen. Geschlafen wurde in einem Schlafsaal, und zur Betreuung der Kinder standen mehrere Kinderpflegerinnen, Erzieherinnen und Hauslehrer zur Verfügung.

In allen großen Familien oder Gruppen haben Kinder zwangsläufig mehr Möglichkeiten, sich neben der Welt ihrer Eltern oder sonstiger Bezugspersonen ein eigenes Leben aufzubauen. In einer Kleinfamilie kann alles analysiert und diskutiert werden, während die Kinder einer Großfamilie ihre Geheimnisse für sich behalten können.

»Ja«, bestätigt Brian, »aber wir waren sowieso immer weit entfernt von den Erwachsenen. Wir lebten für uns und fühlten immer eine Art Barriere zwischen uns und unserer Mutter und den anderen Erwachsenen. Unsere Beziehungen waren nie einfach. Für diese Barriere war unsere ausgesprochen strenge Erziehung verantwortlich. Unsere Mutter war total überrascht, als sie feststellen mußte, daß wir ihr unsere Probleme nicht anvertrauen wollten. Wir haben nie so eine direkte Beziehung zu unseren Eltern gehabt wie normale Kinder. Unsere Gespräche waren nie sehr vertraulich.«[7]

Jean-Claude Baker kommentiert: »Es war wie in einem Roman aus dem neunzehnten Jahrhundert. Man sieht, daß durch die Erziehung mit Kindermädchen, Hauslehrern und so weiter diese Barriere zwischen Eltern und Kindern geschaffen wird. Vielleicht wollen die Eltern das gar nicht unbedingt, aber es kommt trotzdem so.«

Rückblickend muß man sagen, daß ihre Zimmer in Les Milandes – vor allem, wenn sie der Obhut der Privatlehrer überlassen waren – eher einer englischen Vorschule als dem »idyllischen Kinderparadies« glichen, das die französische Presse so gern beschrieb. »Haben Sie den britischen Film *If* gesehen?« fragt Jean-Claude. »Nun, es war eher so. Joséphine hatte in ihrer eigenen Kindheit nicht gelernt, wie man Kinder erzieht, und fragte lieber andere Leute um Rat. Und natürlich war sie auch die Hälfte der Zeit gar nicht da. Sie war irgendwo auf Tournee und sang.«[8]

Joséphine vermißte das Theater genauso sehr, wie Jo Bouillon sein Orchester vermißt hatte. Selbst als sie sich von 1956 bis 1958 von der Bühne zurückgezogen hatte (damals fing sie an, sich selbst als alte Frau zu bezeichnen, obwohl sie erst zweiundfünfzig war), reiste sie viel herum, hielt Vorträge über weltweite Brüderlichkeit und ließ sich zur UNICEF-Botschafterin ernennen. Schon im Juli 1957 hieß es, sie wolle eventuell einen neuen Film in Kopenhagen drehen, und im August 1958 wurde berichtet, sie werde wieder im Casino de Paris auftreten. Doch sie setzte ihre Karriere nicht in Paris, sondern in Wien und Skandinavien fort. Nachdem Jo nicht mehr da war, um zu Hause nach dem Rechten zu sehen, nahm sie eines der Kinder oder manchmal auch alle mit zu ihren Auftritten, wo sie dann das Leben im Kontinentalhotel kennenlernten. Margaret Wallace erinnert sich, daß ihre Mutter das gar nicht gern sah und meinte, so könne man keine Kinder erziehen.

Carrie MacDonald starb 1959, kurz bevor sie dreiundsiebzig wurde. Obwohl sie ihre Heimat Amerika verlassen hatte, waren ihre Jahre in Frankreich, laut Margaret, trotz alledem »die einzig glückliche Zeit ihres Lebens«. Sie war der einzige Mensch, der wirklich Einfluß auf Joséphine hatte, und sie war es auch, die ihre Tochter davon abhielt, sich scheiden zu lassen. 1959 wollte Joséphine es noch einmal mit Jo versuchen und machte mehrere Aufnahmen mit seiner neuen Band. Die Beziehung zwischen Jo Bouillon und Joséphine hatte mit Musik begonnen und so ging sie auch trotz aller ehelichen Differenzen weiter. Sie lieferten sich oft erbitterte Gefechte – wegen der schwierigen Finanzlage von Les Milandes und wegen der Kinder, die natürlich immer hocherfreut waren, wenn Jo mit Geschenken bepackt nach Hause kam und sehr viel lockerer mit ihnen umging als Joséphine.

»Unsere Erziehung war paradox. Manchmal wurden wir mit Geschenken überhäuft und manchmal hatten wir überhaupt nichts. Das konnte einen ganz schön aus der Fassung bringen.«

Den ersten Kontakt zur Außenwelt bekamen die Kinder in der örtlichen Grundschule, die die meisten von ihnen tagsüber besuchten. »Die erste Zeit in der Schule hatten wir mehr Taschengeld als alle anderen Kinder. Doch schon ziemlich bald sagte der Schulleiter: ›Madame, Sie geben Ihren Kinder zuviel Geld.‹ Danach bekamen wir dann gar kein Taschengeld mehr... Wenn wir uns etwas kaufen wollten, mußten wir Freunde anschnorren. Und das gab natürlich Ärger, denn sie sagten: ›Ihr, die Kinder von Joséphine Baker, habt kein Geld?‹ Es war schon extrem.«

»Als Papa einmal zu Besuch nach Hause kam, gingen wir morgens immer in sein Zimmer, um ihm ›bonjour‹ zu sagen. Nach ein paar Tagen merkte er, daß das Kleingeld von seinem Nachttisch verschwand.

Joséphine war wütend und drohte uns allen mit Strafe, falls der Schuldige sich nicht zu erkennen geben würde. Doch Jo sagte: ›Nein, sie stecken in Schwierigkeiten‹, und löste unser Problem mit dem *argent de poche*«.[9]

»Er war ein *großer* Mann für mich«, sagt Joséphines älteste Tochter Marianne Zinzen. »Er wollte uns den rechten Weg zeigen.«[10]

»Das Hauptproblem war, daß wir während unserer Schulzeit eigentlich immer benachteiligt waren«, sagt Brian. »Wir waren Waisen *und* dann auch noch Kinder aus einer kaputten Familie. Und da wir alle aus verschiedenen Ecken der Welt stammten, fehlte uns obendrein noch jegliche Orientierungsmöglichkeit.«

Trotzdem war es aus heutiger Sicht keine negative Erfahrung, sagt Jean-Claude: »Es ist schwierig zu beurteilen, weil es keine anderen Beispiele gibt. Wenn man eine Vergleichsmöglichkeit hätte, wäre die Sache leichter zu analysieren. Von der Zusammensetzung und Abstammung her war unsere Familie einmalig. Ich glaube, wenn wir unsere Kindheit in einer großen Stadt verbracht hätten, wäre unser Leben nicht so problematisch und geheimnisvoll gewesen. Dann hätten wir auch gesehen, wie eigenartig das Leben manchmal sein kann. Doch auf dem Schloß hatten wir eine sehr geordnete Existenz. Wir befanden uns mitten auf dem Land, und den Mittelpunkt unseres Lebens bildete diese außergewöhnliche Person: Joséphine Baker – ein Monument! Außerdem war es für uns kleine Kinder auch ziemlich unverständlich, daß unsere Geschwister alle verschiedene Hautfarben hatten.

Für uns war die Schule unser erster Kontakt zur Außenwelt, denn ansonsten beschränkte sich unser Aktionsradius fast nur auf das Schloß und unser kleines Dorf. Da unsere Brüder die einzigen Orientalen und Schwarzen im ganzen Umkreis waren, machten die anderen Kinder natürlich Bemerkungen. Es waren eigentlich keine rassistischen Bemerkungen – nur das, was Kinder eben so sagen. Doch unsere Mutter empfand sie als rassistisch und nahm uns deshalb aus der Schule.« In den darauffolgenden Jahren bis zur Aufnahmeprüfung für das Gymnasium wurden die Kinder zu Hause von Privatlehrern unterrichtet.

Wenn Joséphine nicht da war – und das war oft der Fall –, wurden die Kinder von verschiedenen Erzieherinnen oder auch von Margaret Wallace und ihrem Mann Elmo beaufsichtigt.

»Es waren einfache Leute. Sie waren der Aufgabe, einen Haufen Kinder im Zaum zu halten, eigentlich gar nicht gewachsen. Ihre Vorstellungen von Disziplin stammten aus dem neunzehnten Jahrhundert. Es wurden Grenzen gezogen, und wer sich darüber hinwegsetzte, wurde bestraft. Einfach so – ohne Diskussion. Man darf nicht vergessen, daß das alles ja noch vor 1968 stattfand, also bevor der Reformprozeß in der Kindererziehung einsetzte.« Margaret kommentiert dazu: »Ich muß zugeben, daß ich meine Nichten und Neffen unerträglich fand.« Für Margaret und Elmo waren sie verzogen und aufsässig. »Natürlich gab es auch Momente der Zuneigung zwischen uns«, bemerkt Jean-Claude. »Man darf nicht vergessen, daß Joséphine, unsere Tante und unser Onkel vierzig oder fünfzig Jahre älter waren als wir. Für uns stammten sie und ihre Freunde aus einem anderen Zeitalter.«

»Die Erzieher waren für gewöhnlich auf sich selbst gestellt. Sie waren vernünftiger als unsere Tante und unser Onkel, doch sie mußten ganz allein mit einer Horde kleiner Jungen fertig werden und griffen deshalb auch mehr oder weniger hart durch. Heute wäre das alles anders. Damals hieß es nur: ›So ist es.‹ Keine Widerrede.«[11]

Anfang 1950 adoptierte Joséphine ihr zehntes Kind: ein südamerikanisches Baby namens Mara. Im April war Joséphine in

Caracas wegen versuchter Kindesentführung festgenommen worden. Die Mutter eines anderen Kindes hatte behauptet, sie habe Joséphine das Sorgerecht für ihren Sohn übertragen, dabei aber nicht gewußt, daß er außer Landes gehen würde. Berichten zufolge waren die Eltern von Mara aber an Joséphine herangetreten und hatten ihn ihr als Mitglied der inzwischen berühmt gewordenen Regenbogenfamilie angeboten.

Joséphine verkündete, sie werde auf die Bühne zurückkehren, um Geld für die Ausbildung ihrer Kinder zu verdienen. Die neue Revue hieß *Paris mes Amours* und hatte im Mai 1959 Premiere im Olympia. In endlosen Proben bis in die frühen Morgenstunden brachte Joséphine die Truppe an den Rand der Erschöpfung. Am Ende kamen so viele Tänzer und Tänzerinnen vor Müdigkeit zu spät, daß Bruno Coquatrix der ganzen Truppe zwei Tage bezahlten Erholungsurlaub gab.

Bei der Eröffnung trat Joséphine im »Dschungel der Treibhausblumen« in einer rotweißen Nelkenreplik des Lothringerkreuzes auf.

Janet Flanner – »Genêt« des *New Yorker* – informierte ihre Leser: »Sie ist 53 und ein wenig molliger, doch wenn sie von Kopf bis Fuß in ihrem hautengen schwarzen Trikot steckt, hat sie noch immer dieselben wunderschönen Proportionen einer Ebenholzstatue, und ihre Stimme ist jetzt besser ausgebildet und klingt voller und reiner als je zuvor.«[12]

In *Paris mes Amours* wartete Joséphine mit einem ganz neuen Repertoire an Liedern auf. Da war zuerst einmal die Titelmelodie, dann kam die Zigeunerwahrsagerin mit »Donnez-moi la main«, dann ein Calypso »Don't touch my tomatoes«, bei dem Joséphine allerlei Früchte und Gemüse ins Publikum warf, und schließlich das zauberhafte »Avec«, das ihr in Zukunft oft als Eröffnungssong dienen sollte.

In einem Privatbrief an einen Freund kommentierte Janet Flanner: »Habe gestern mit Kenneth Tynan zu Abend gegessen. Sehr edle französische Küche bei Drouant ... Dann Wiederauferstehung der guten alten Joséphine Baker in ihrer Gala miterlebt . . . Eine drittklassige Follies, doch sie bekam viel Applaus. Warum versuchen sich alternde Schauspieler und Tänzer nur immer in gefährlichen Kunststücken, mit denen sie sich nie herumgeplagt haben, als sie noch jung genug waren, um dem Publikum Gefahrlosigkeit vorzugaukeln?«[13]

Kurz vor Weihnachten adoptierte Joséphine ihr elftes Kind. Das Baby, das von einem Pariser Lumpensammler in einer Mülltonne gefunden worden war, erhielt – passend zur Jahreszeit – den Namen Noël. Als die Meldung durch die Presse ging, fuhr Joséphine in das Krankenhaus, wo das Baby lag, und veranlaßte seine sofortige Verlegung nach Les Milandes. Noël hatte im Vergleich zu den anderen nicht soviel Glück. Im Gegensatz zu seinen Geschwistern hat er die Zeiten relativer Sicherheit, als Papa noch da war, nicht mehr miterlebt. Jo Bouillon kam nach 1960 nur noch selten aufs Schloß und lebte vorwiegend in Paris. 1963 beschloß er, nach Argentinien zu gehen und eröffnete dort ein Restaurant.

Der Riesenerfolg von *Paris mes Amours*, das noch bis Ende des Jahres laufen sollte, machte Joséphine auch für die Amerikaner wieder interessant. Seit 1951 hatte sie nur ein einziges Mal amerikanischen Boden betreten, und zwar auf der Durchreise von Mexiko nach Kanada. Dabei war sie von der Grenzpolizei in Gewahrsam genommen worden und hatte den Flughafen nicht verlassen dürfen. Nun war plötzlich die Rede von einer Rolle in Langston Hughes *Tambourines to Glory*, doch am Ende wurde nichts daraus. Dafür bekam sie aber ein Engagement am Huntingdon Hartford Theatre in San Francisco, und ein Visum bekam sie diesmal auch, so daß sie am 29. April 1960 Premiere feiern konnte. Am Ende der Vorstellung wiederholte sie noch einmal das Eröffnungslied »Oh, say I love the USA!« *Variety* berichtete, die Show habe in den ersten drei Tagen bereits $ 10 700 eingespielt – für damalige Verhältnisse eine Riesensumme. Präsentiert wurde die Revue von William C. Taub, und für die Inszenierung war Stephen Papich, ein ehemaliger Schüler von Katherine Dunham, verantwortlich. Papich erinnert sich:

Mir war damals schon klar, daß Joséphine so gut wie pleite war. Wenn sie überhaupt nach Amerika kommen sollte, mußte Bill ihr riesige Summen vorschießen. Sie brauchte eine neue Garderobe. Bevor sie überhaupt abreisen konnte, mußte sie wenigstens ihren dringendsten Verpflichtungen nachkommen, und dann waren da auch noch die Transportkosten – vor allem für die Unmengen von

Privat- und Theatergepäck, die ja alle per Flugzeug befördert werden mußten –, es steht also außer Zweifel, daß Bill ihr schon vorab eine beträchtliche Summe zukommen ließ. Viel später hat Joséphine das dann bestritten, aber lassen wir es damit bewenden.[14]

»Ihre vertraulichen Mitteilungen an die Zuschauer sind teilweise recht abgedroschen und langweilig, wenn sie zum Beispiel andauernd darauf hinweist, daß ›man sie wieder hereingelassen‹ habe«, kommentierte der Reporter von *Variety*. Vor der Premiere sagte sie in einem Interview mit der *New York Herald Tribune*: »Ich bin Winchell nicht böse. Ich glaube an Liebe und Brüderlichkeit.« Doch als ihr Tourneeplan sie dann nach Chicago führte, wurde in den New Yorker Zeitungen der ganze alte Streit wieder entfacht. »Jeder anständige Reporter oder Klatschkolumnist könnte im Archiv jeder halbwegs guten Zeitung Material dafür finden, warum ihre Show abgesetzt werden sollte«, schrieb das New Yorker *Journal America*.

Ende Mai, als die Premiere am Alcazar Theatre bevorstand, geriet Joséphine in Streit mit Taub, der sie im Verein mit dem Alcazar-Manager Randolph Hale und drei weiteren Personen vor dem Federal Court auf $ 157 000 Schadensersatz verklagte. Joséphine fuhr nach Kanada, um dort in Montreal aufzutreten. Währenddessen kam Taub auf die Idee, sie festnehmen zu lassen, weil sie ihre eigenen musikalischen Arrangements, irgendwelche Strohhüte und angeblich auch noch einige Pelze gestohlen habe. Die Klage wurde zwar vom Richter abgewiesen, doch der geplante Auftritt in New York fiel dadurch ins Wasser, und Joséphine kehrte nach Paris zurück, um dort im Olympia wieder in *Paris mes Amours* aufzutreten. Die USA waren ganz offensichtlich noch immer kein geeignetes Pflaster für sie.

Dem Bild von der alternden Joséphine haftet etwas Tragisches an, wie sie einerseits von Gläubigern und Managern verklagt und festgenommen wird und andererseits ihr Publikum zu Beifallsstürmen hinreißt. Wie sie sich verzweifelt an ihre Karriere klammert, um ihre *Idee* von Les Milandes und ihrer Familie zu finanzieren, für die sie letztendlich kaum Zeit hatte. Ihre Familie stand nicht nur als Symbol für ihre Idee von Brüderlichkeit, sondern auch für all die Verletzungen, die sie im Laufe ihrer Kindheit und ihrer späteren

Beziehung zu Amerika hatte erfahren müssen. Um Joséphine richtig zu verstehen, muß man wissen, daß sie vieles nur tat, um den Amerikanern irgend etwas zu beweisen, meint ihr Sohn Jean-Claude.

Es ist allerdings nicht unbedingt einfach, kleinen Kindern die Idee von weltweiter Brüderlichkeit nahezubringen. Doch ausgerechnet das brachte Joséphine zustande, auch wenn sie sonst nicht gerade die begabteste Mutter war. »Es war nicht schlecht, diese Dinge zu lernen. Es war eine gute Lektion. Eine ihrer Stärken war, daß sie uns schon sehr früh vermittelte, warum wir zusammengekommen waren. Sie erteilte uns eine Lektion in Menschlichkeit, die ihr so am Herzen lag. Das war das Wichtigste an ihr.«[15]

Joséphine führte fast immer ein Doppelleben, doch Anfang der sechziger Jahre war diese Tendenz besonders ausgeprägt. Sie war fast immer unterwegs und gab Gastspiele in Theatern, Nachtclubs und Hotels in ganz Europa. Nach außen hin war sie bezaubernd und immer nach der neuesten Mode gekleidet, doch ihr gesellschaftliches Leben war ebensogut ein Teil ihrer Vorstellung wie die Lieder und die Tänze auf der Bühne.

Und die Kinder warteten zu Hause auf Joséphines Rückkehr. Sie brauchten sie nur anzusehen und wußten sofort, ob sie Erfolg gehabt hatte oder nicht. Die Erzieher oder auch Joséphines Schwester und Schwager hielten bei Joséphines Ankunft immer Listen bereit, auf denen sämtliche Vergehen der Kinder vermerkt waren. Wenn sie gutgelaunt war, wurden die Listen schnell abgehakt. War dem aber nicht so, dann gab es Krach und Strafen. Sobald also eines der Kinder herausgefunden hatte, in welcher Stimmung sie sich befand, stoben sie – bei schlechter Laune – auseinander und versteckten sich vor ihr.

Wenn alles gut lief, war es Joséphine nur recht, wenn die Kinder zu ihr ins Schlafzimmer kamen. Ein oder zwei Kinder durften dann in ihrem großen Bett mitschlafen, und die anderen holten ihre Matrazen und breiteten sich auf dem Fußboden aus. Bei diesen Gelegenheiten bekamen sie dann plötzlich wieder all die Wärme und Geborgenheit, die ihnen im Alltag so sehr fehlte, und es herrschte vorübergehend Waffenruhe.[16]

Auf unzähligen Photos sieht man die Familie beim Spaziergang, beim Essen, ja sogar beim Fußballspielen mit Joséphine. Auch auf

Werbeplakaten der Getränkefirma *Pschitt* waren sie zu sehen. Auf späteren Bildern, die offensichtlich gestellt sind, wirken die Kinder nicht so, als würde ihnen dieses Posieren Spaß machen. Hinter der Kamera war das Leben doch ein wenig anders.

Schon bald herrschten wieder strengere Sitten. Der Gerechtigkeit halber räumen Joséphines Söhne heute allerdings ein, daß eine Horde widerspenstiger und oft rebellischer Jungen eigentlich gar nicht anders zu bändigen ist als mit diesen eher unmodernen Disziplinarmaßnahmen. Und ihre Tochter Marianne sagt: »Ich kann mich an keinen Tag ohne Küsse erinnern. Und sie (Joséphine) wollte mit uns allein sein, und es tat ihr immer leid, wenn sie wieder gehen mußte, um ein bißchen Geld für uns zu verdienen. Und manchmal durfte ich sie auch auf ihren Reisen begleiten und ich war sehr stolz darauf, daß alle Leute meine Mutter anschauten. Sie war eben nicht nur meine Mutter; sie war auch Joséphine Baker.«

Der glücklichste Moment des Jahres 1961 war, als Joséphine öffentlich das Kreuz der Ehrenlegion verliehen wurde. Es wird zwar oft behauptet, de Gaulle habe es ihr persönlich angeheftet, doch tatsächlich war er gar nicht anwesend und schickte nur einen Brief mit herzlichen Glückwünschen. (In den zahlreichen, noch vorhandenen Briefen de Gaulles an Joséphine ist auffällig, daß er am Ende auch die besten Wünsche seiner Ehefrau übermittelt. Es war allgemein bekannt, daß Madame de Gaulle nichts für Geschiedene übrig hatte, so daß es einer besonderen Auszeichnung gleichkam, wenn sie in Joséphines Fall eine Ausnahme machte.) Für das kleine Dorf war die Ordensverleihung ein recht vergnügliches Ereignis, doch schon im Jahr darauf befanden sich das Schloß und die dazugehörigen Einrichtungen in einer solch prekären finanziellen Lage, daß Joséphine der Bankrott drohte.

Im Frühsommer 1962 hielt Joséphine in Les Milandes ein »Festival des Jazz und Twist« ab und Ende August erfüllte sie sich ihren

Traum von einer dramatischen Rolle. Als Rose Mamaï in Alphonse Daudets *L'Arlésienne* landete sie einen Überraschungserfolg. Die Vorstellung fand unter freiem Himmel im hellerleuchteten Hof des Schlosses statt, wobei die Begleitmusik von Bizet und die Texte der Schauspieler in einer Art *son-et-lumière* schon vorher aufgenommen wurden. Der Kritiker von *L'Aurore* stellte fest:»Sie ist zweifellos eine hervorragende Besetzung für diese Rolle; eine ungekünstelte, menschliche Vorstellung voller Inbrunst. Am Ende, als sie sich über die Leiche von Frédéric beugt, stößt sie einen markerschütternden Schrei aus, den die Zuschauer nicht so schnell vergessen werden.«

Sicherlich fühlte sich Joséphine zu dieser Rolle auch ganz besonders hingezogen, denn ihr berühmtester Satz (gleichzeitig die wundervolle Arie in der Oper von Cilea, die auf diesem Stück basiert) lautet: »Etre mère est un enfer« – »Muttersein ist die Hölle«.

Am nächsten Tag schrieb Joséphine an Jo Bouillon, sie habe das Gefühl, daß dies ein neuer Anfang für sie sei. Doch als die Produktion dann nach Paris ins Olympia kam, war der ganze Zauber der Umgebung verschwunden, und Joséphine, die für das Auswendiglernen einer echten Theaterrolle zu zerstreut war, mimte in Paris genauso wie in ihrem Schloßhof. Das Stück wurde ein Mißerfolg und verschwand sehr schnell wieder vom Spielplan.

»Das ist mein letzter Versuch, dann gebe ich auf«, erklärte sie, und im Juni 1963 drohte dem Schloß mitsamt Inhalt die Zwangsversteigerung. In demselben Monat wurde in Les Milandes Städtepartnerschaft mit Roskilde in Dänemark gefeiert, und Joséphine wurde zum Ehrenoberst der lokalen Roskildegarde – sie bestand aus Jungen im Alter von 10 bis 18 – ernannt. Im August nahm sie in Paris an der Fête de Libération teil. Langston Hughes, der zufällig auch dort war, schrieb an Arna Bontemps: »In ihrer französischen Armeeuniform sang sie auf dem Rathausplatz vor einer riesigen Menschenmenge ›Mon Paris‹ und ›J'ai deux amours‹. Sie hatte sich all ihre Medaillen angeheftet und war völlig ungeschminkt – einfach phantastisch. Im Publikum waren alle Rassen dieser inzwischen sehr kosmopolitischen Stadt vertreten; es war bunter als je zuvor: Sehr viele Afrikaner, Algerier, Indochinesen, Marokkaner, Amerikaner. Ich lief drei farbigen Freunden aus den Staaten in die

Arme und wir ergatterten einen Platz genau unter dem Podium, wo Joséphine und Yves Montand auftraten . . .«[17]

Genau zu dem Zeitpunkt, als Joséphines Welt in sich zusammenbrach und es so aussah, als habe sie die ganze Zeit vergebens gekämpft, erfuhr die Bürgerrechtsbewegung in Amerika einen solchen Aufschwung, daß Leute wie Hughes und Joséphine, die ihr Leben lang genau darauf gehofft hatten, es kaum glauben konnten.

Als Joséphine 1963 in die USA zurückkehrte, kam sie gerade rechtzeitig, um mit vielen tausend anderen am großen Marsch auf Washington teilzunehmen. »Bis zum Marsch auf Washington hatte ich immer dieses gewisse flaue Gefühl im Magen«, sagte sie später. »Ich hatte ständig Angst. Ich konnte nicht mit weißen Amerikaner zusammenkommen. Ich wollte nicht in ihrer Nähe sein. Aber jetzt ist dieses leise nagende Gefühl verschwunden. Zum erstenmal in meinem Leben fühle ich mich frei. Ich weiß, jetzt ist alles in Ordnung. Ich konnte (gefühlsmäßig) nicht früher zurückkommen. Und dann kam ich gleich in meiner (Kriegs-) Uniform zurück, um an dem Marsch teilzunehmen.«[18]

Diese positive Wende eröffnete ihr ganz unverhofft die Möglichkeit, in Amerika ein wenig Geld zu verdienen und so den finanziellen Ruin daheim in Frankreich aufzuhalten. Sie gab vier Benefizkonzerte in der Carnegie Hall, deren Erlös zwischen der NAACP, drei anderen Bürgerrechtsorganisationen und »Miss Baker's international children's camp« aufgeteilt wurde. Es waren vielleicht die erfolgreichsten Vorstellungen in ihrer New Yorker Karriere. Der Kritiker der *New York Times*, John S. Wilson, schrieb: »Jeder Satz, den sie sang, jedes Wort, das sie sprach, ließ ganz eindeutig den Theaterprofi erkennen. In dem Moment, als sie auf die Bühne trat, war die ganze Halle von einer Spannung erfüllt, die bis zum Schluß anhielt. Am Ende der Vorstellung bereitete ihr das tosende Publikum Standing Ovations, und viele Zuschauer stürzten vor zur Bühne, um ihr die Hand zu schütteln.« Pierre Spiers, Joséphines regelmäßiger Begleiter bei europäischen Auftritten, ging nach der Vorstellung mit ihr zum Diner bei Duke Ellingtons Schwester. Nach dem Essen fingen Ellington und Sammy Davis Jr. gemeinsam an zu spielen und zu singen. »Auf besonderen Wunsch sang auch Joséphine einige Negro-Spirituals, in denen ihr schwarzes Blut voll zum Tragen kam. Das war der aufregendste und interessanteste

Abend in meiner gesamten musikalischen Laufbahn. Erst damals wurde mir klar, was für eine musikalische Begabung hinter dieser reinen, melodischen Stimme steckte.«[19] Der Impresario Jack Jordan wollte daraus Kapital schlagen und arrangierte an mehreren amerikanischen Theatern Vorstellungen für Joséphine.

Als John F. Kennedy ermordet wurde, war Joséphine noch immer in den USA. Sie telegraphierte an Jo in Argentinien: »Unsere Welt bricht zusammen. Mit herzlichen Grüßen.«[20] Sie blieb den ganzen Winter über in Amerika und trat am Broadway im Brooks Atkinson Theatre, in Henry Miller's Theatre und auch in Philadelphia auf. Zu ihrer Garderobe zählten Kleider von Lanvin und Dior, die allein schon so aufsehenerregend waren, daß man ihrer Bekleidung eine Sonderausstellung widmen wollte. Zu ihrer Ausstattung gehörten eine ganze Menge perlenverzierter oder schimmernder Hosen, die sie zu Beginn der Vorstellung unter riesigen Umhängen mit Feder oder Stickereien verbarg. Diese schleuderte sie dann wie alte Lumpen zu Boden, fing sie mit der Schuhspitze auf, schlurfte von der Bühne und zog sie hinter sich her. Vor allem in dem leuchtend roten Samtkleid, das Marc Bohan von Dior entworfen hatte, waren ihre sanften Tanzbewegungen ganz wunderbar zu sehen.

Manchen Leuten kam es indes merkwürdig vor, daß die einst so feurige Göttin bei ihren Auftritten jetzt plötzlich eine Atmosphäre der Behaglichkeit verbreitete. Ihr Geplapper auf der Bühne, die weichen Bewegungen, das freundliche Kopfnicken, das Lächeln und die unvermeidliche Einbeziehung des Publikums wollten so gar nicht zu ihrem sexbetonten Outfit passen.

Genau zum damaligen Zeitpunkt war der Unterschied zwischen Joséphine und Marlene Dietrich an ihrer Manieriertheit dem Publikum gegenüber abzulesen. Für die Dietrich war jedes Publikum eine Herausforderung, eine Armee, die bekämpft und besiegt werden mußte. In Tynans Bonmot sagte sie uns: »Welche Hölle du auch bewohnst, sie war schon vorher da und hat überlebt.« Bei Joséphine hingegen spielten Gedanken an Hölle, Krieg oder gar offene Sexualität gar keine Rolle. »Es ist kein Programm, sondern eine Familienversammlung«, erklärte sie im März 1964.

Eigentümlicherweise waren es in Amerika jetzt nicht mehr die Journalisten der rechten Skandalpresse, sondern junge Schwarze, die die härteste Kritik an Joséphine übten. Sie beanstandeten: »Sie war nicht wie Jackie Robinson (die die Rassenschranke im Profil Baseball durchbrach) oder Lorraine Hansberry (eine Dramatikerin) oder James Baldwin. Sie profitierte bei ihrer Rückkehr vom Leid und Blut anderer. Sie kam erst zurück, als die härteste Schlacht schon geschlagen war . . . Sie wird eine solche Kritik natürlich zurückweisen. Sie spricht voller Leidenschaft von ihren elf Adoptivkindern. Das ist ganz offensichtlich das Schlachtfeld, das Miss Baker für ihren sehr intensiven und persönlichen Kampf gegen Vorurteile gewählt hat. In Europa kam sie damit ganz groß heraus, doch diesseits des Atlantiks ist sie für viele eine große Null.«[21]

Joséphine feuerte zurück: »Seht mal, die Vereinigten Staaten und ich hatten immer ein Hühnchen miteinander zu rupfen. Jetzt ist das Hühnchen nicht mehr da. Ich weiß nicht, ob Ihr meine Freude verstehen könnt, aber ist es nicht wunderbar, sich so zu fühlen wie ich?«[22]

Eine Saison lang arbeitete Joséphine in Paris mit dem Tänzer und Choreographen Geoffrey Holder aus Trinidad zusammen. An einem Montagabend um 22.30 Uhr kam sie in Orly an und fuhr die ganze Nacht durch, um am nächsten Morgen um 7.30 Uhr in Les Milandes zu sein. Dort blieb sie nur einen Tag und fuhr dann gleich nach Paris zurück, um mit den Proben zu beginnen.

Einige Jahre zuvor hatte Holder gesagt: »Ich studiere nicht. Ich kann aus dem Stand heraus improvisieren. Ich verstehe den Tanz und die Musik. Ich glaube, ich habe durch Beobachten gelernt, durch Tanz- und Theateranalyse. Für mich muß ein Tänzer wie ein Kind sein, das im Park spielt.« Seine Tänze machten in Paris Furore. Leider war Joséphine inzwischen schon zu alt, um ihm als Tanzpartnerin für seine Art *danse sauvage* zu dienen, doch Holder sagte:

Ich vergleiche Duke (Ellington) mit der großen französischen Künstlerin Joséphine Baker, die zu meinen Lieblingsstars zählt, weil sie aus demselben Holz geschnitzt ist. Die herausragenden Künstler dieser Epoche ähneln sich. Die schönste Erfahrung, die ich in meiner Zusammenarbeit mit Joséphine Baker gemacht habe, war, als sie hinter dem geschlossenen Vorhang auf der Bühne stehenblieb, bis das Orchester ihre Titelmelodie zu Ende gespielt hatte. Sie trat erst von der Bühne ab, als sie sich beim Dirigenten dafür entschuldigt hatte, daß sie im ersten Teil falsch gesungen hatte. Das nenne ich eine *grande dame*. Leute wie Duke und Baker haben mich verwöhnt. Wenn ich mit anderen zusammenarbeite, bin ich immer auf der Suche nach dieser Charakterstärke. Alle wollen immer nur ein Star sein. Aber so etwas kann man nicht einfach wollen. Entweder man ist es, oder man ist es nicht.[23]

Joséphine beendete nach wie vor jede Vorstellung mit dem sentimentalen »Dans mon Village«, in dem sie alle ihre Kinder beschrieb. Inzwischen waren es zwölf geworden, da Joséphine auf Mariannes Betreiben hin noch ein weiteres Mädchen, Stellina, adoptiert hatte.

Bis zum Juni 1964 hatte sich die Lage in Les Milandes derart zugespitzt, daß Strom, Gas und sogar Wasser abgedreht wurden. Das Restaurant und die Bar mußten schließen, und einem Besucher des Jorama fiel auf, daß einige der Wachsfiguren keine Köpfe mehr hatten. Vertreter von Presse und Fernsehen statteten Joséphine regelmäßige Besuche ab, um rechtzeitig über ihre Kapitulation berichten zu können. Echte Hilfsangebote hingegen waren selten, bis dann Brigitte Bardot eine Fernsehansprache hielt. Daraufhin kam es aus ganz Frankreich und aus dem Ausland zu einer Welle der Hilfsbereitschaft und zu finanzieller Unterstützung, so daß Joséphine einen Teil ihrer Schulden begleichen und eine Hypothek aufnehmen konnte. Weitere Gelder flossen ihr durch eine Tanzvorführung mit Yvette Chauviré, Marcelle Marceau, Rosella Hightower, André Prokowski und anderen Stars im Pariser Théâtre des Champs-Elysées zu, und im Juli wurde ein Komitee unter dem Vorsitz von André Maurois gebildet, das sich um Joséphines geschäftliche Angelegenheiten kümmern sollte.

Nach dem Fernsehappell von Brigitte Bardot hatte man Joséphine geraten, das Geld nicht für das Schloß zu verwenden, sondern lieber einen Fonds zum Schutz der Kinder einzurichten, was sie ganz offensichtlich auch tat, denn vier Jahre später, als sie sich finanziell geschlagen geben mußte, schrieb sie: »Für das Wohl der Kinder habe ich seit langem vorgesorgt, und unsere derzeitigen Finanzprobleme im Dorf betreffen sie nicht persönlich – es besteht keinerlei Gefahr für ihre Zukunft.«

Joséphine gab eine Vorstellung nach der anderen. Am 12. Juli wurde sie im Casino de Knokke noch mit Blumen überschüttet und am 25. Juli hatte sie dann ihren ersten Herzanfall – mit diesem Problem sollte sie in den verbleibenden zehn Jahren ihres Lebens noch öfter zu kämpfen haben. Nach ihrer Entlassung aus dem Krankenhaus verbrachte die Familie ein paar Tage in Juan-Les-Pins.

In den nächsten drei Jahren wiederholten sich die Ereignisse von 1964. Joséphine nahm jede Gelegenheit wahr, irgendwo aufzutreten. Die Kinder waren inzwischen fast alle 20 Kilometer von Les Milandes entfernt als Internatsschüler am Gymnasium. Das Schloß und die Nebengebäude, die einst so voller Leben waren, lagen jetzt verlassen da; nur eine Handvoll Freunde war gekommen, um zu helfen. Die Kinder kamen am Wochenende nach Hause, sofern sie nicht wegen irgendwelcher Verfehlungen in der Schule bleiben mußten, was recht häufig vorkam. Joséphine warb weiter für ihr Ideal der Brüderlichkeit und bat überall um Unterstützung. Im November 1965 griff ihr König Hassan II. von Marokko finanziell unter die Arme. Im Februar darauf mußte sie wieder mit einem Herzanfall ins Krankenhaus und wurde operiert, doch zwei Monate später nahm sie in Dakar schon wieder an einer internationalen Konferenz teil.

Damals war auch im Gespräch, daß Joséphine in einer modernen Inszenierung von Lehárs *Lustiger Witwe* in Paris auftreten sollte. Einem amerikanischen Reporter sagte sie dazu, daß sie die Idee sehr amüsant fände, allein schon deshalb, weil sie gern einmal in einer Show auftreten würde, die ihre Kinder auch sehen dürften.

Jean-Claude erinnert sich, wie sie einmal alle zusammen vor dem Fernseher saßen und der Film mit ihrem Bananentanz gezeigt wurde. Sie sprang sofort hoch und schaltete den Fernseher aus. In Anwesenheit ihrer Kinder schämte sie sich ihrer lustbetonten Vergangenheit, doch gleichzeitig hielt sie auf der Bühne genau diesen Mythos aufrecht, um das Publikum anzulocken – und die Rechnungen zu bezahlen.[24]

In der Weihnachtszeit wurden die Kinder trotz alledem wieder nach Paris in eines der großen Kaufhäuser gebracht, in die Galeries Lafayette oder ins Printemps. Zwei oder drei Verkäuferinnen standen ihnen den ganzen Morgen zur Verfügung, und die Kinder konnten sich nach Belieben neue Kleider und Geschenke aussuchen. »Das große Problem meines Lebens ist, daß ich nie mit Geld umgehen konnte«, gesteht Joséphine.

Sie selbst hatte kaum eine Kindheit gehabt, und wenn es um die Probleme ihrer Familie ging, wußte sie meistens nicht, wie sie damit umgehen sollte. Da sie Geborgenheit aus ihren eigenen Kindertagen so gut wie gar nicht kannte, meinte sie nun, wie viele Außenstehende auch, daß die beschauliche Schönheit des Schlosses und seiner Umgebung den Mangel an echtem Familienleben kompensieren würde.

Die schönste Erinnerung an die Familienunternehmungen Mitte der sechziger Jahre ist der Urlaub auf Kuba im Juli 1966. Anfang des Jahres war Joséphine der Einladung zu einer Drei-Kontinente-Konferenz gefolgt, an der 500 Delegierte aus 100 Nationen in Afrika, Asien und Lateinamerika teilnahmen. »Es ist symbolisch für das, was ich mir immer für die ganze Menschheit gewünscht habe. Verständnis unter den Völkern ohne jedes Vorurteil«, sagte sie.

Auf die persönliche Einladung von Fidel Castro hin nahm sie im darauffolgenden Juli mit der gesamten Familie an den Feierlichkeiten zum 13. Jahrestag der kubanischen Revolution teil.

»Mutter war keine Kommunistin. Sie war Gaullistin! Das machte für sie keinen Unterschied. Für sie war wichtig, mit Menschen zusammen zu sein, die etwas auf die Beine stellen konnten. Ob sie Kapitalisten, Marxisten oder Kommunisten waren, spielte dabei keine Rolle«, erinnert sich Jean-Claude.

»Und man darf nicht vergessen, daß sie meine Mutter mochten – Castro, Tito, Golda Meir –, sie alle haben Joséphine eingeladen. Wir wohnten in einer wunderschönen Villa am Meer, ungefähr zehn Kilometer von Havanna entfernt. Es war herrlich. Obwohl die kubanische Revolution schon Jahre zurücklag, stieß man noch überall auf ihre Spuren. Einmal hörten wir uns eine Rede von Castro an, mit zehntausend Leuten im Stadion. Vier Stunden in der prallen Sonne.

Castro war auch sehr theatralisch. Wir trafen ihn erst am letzten Tag. Er kam zu unserem Haus. Wir sollten uns feinmachen und fragten: ›Warum denn?‹ Mutter kam und schaute nach, ob wir auch alle anständig angezogen waren, mit Schlips und so. Des Rätsels Lösung erfuhren wir erst, als wir mehrere Autos vorfahren hörten. Zwei Typen in Uniform rissen die Wagentüren auf, es war wie im

Film, und dann stieg Castro mit seiner Zigarre und Militäruniform aus. Und Mutter sagte: ›Das ist euer Onkel Fidel‹ – ja so nannte sie ihn wirklich! TanTan Fidel. ›Gebt ihm einen Kuß.‹ Er küßte Joséphine; wir sprachen alle ein bißchen Spanisch, denn es waren immer spanische Bedienstete im Haus, mit denen wir ein bißchen palaverten und von denen wir ein paar Brocken gelernt hatten.

Er hatte für uns alle kubanische Militäruniformen mitgebracht. Sogar die richtigen Größen. Wir waren alle noch ziemlich klein, die meisten zwischen zehn und zwölf Jahre alt. Er gab uns diese Militäruniformen und dazu noch Baseball-Trikots. Er sagte: ›Wenn ihr später nach Kuba zurückkommen und in die kubanische Armee eintreten wollt, befördere ich euch alle sofort zum Offizier.‹

Es war eine traumhafte Villa mit einem tropischen Garten, und im Swimmingpool schwammen riesige Krabben. Die Autos waren noch alle amerikanisch, aber an jedem fehlte etwas, eine Tür, ein Kotflügel, ein Fenster.

Das ist eine sehr schöne Erinnerung, dieser Sommer '66. Denn nach dem Aufenthalt in Kuba fuhren wir noch kurz nach Mexiko City, dann nach Bogota und dann nach Buenos Aires, um unseren Vater zu besuchen. Wenigstens dieses eine Mal schien es keine Reibereien zwischen ihnen zu geben.«[25]

Den nächsten Winter verbrachte Joséphine wieder ganz allein mit Margaret und Elmo in Les Milandes und wimmelte die Gläubiger ab. Seit Jahren trat sie zum erstenmal wieder in London auf, wo sie im Savoy Hotel spielte. In einem Interview mit Ernestine Carter erzählte sie der Reporterin: »Ich trage Handschuhe, wenn ich singe. Als meine Garderobiere mich nach dem Grund fragte, zog ich meine Handschuhe aus und zeigte ihr meine Hände. ›Schau‹, und sie streckte mir ihre Hände entgegen. ›Sie sind abgearbeitet – überall Schwielen und Verbrennungen – und meine Fingernägel sind alle abgebrochen.‹«[26]

Im Januar 1968 taten sich ihre Gläubiger zusammen und machten alle gleichzeitig ihre Forderungen geltend, woraufhin die Zwangsversteigerung des Schlosses mitsamt Inhalt für den 16. Februar anberaumt wurde.

Joséphine versuchte, die Versteigerung noch hinauszuzögern, indem sie sich mit einem freiwilligen Verkauf im Frühjahr einverstanden erklärte.

Am 20. Januar beantragte sie ein Visum für die USA, um sich dort eingehender mit den Plänen für ein Musical über ihr Leben zu beschäftigen. Doch die amerikanische Botschaft in Paris verweigerte ihr das Visum, offensichtlich wegen ihrer Aufenthalte in Cuba und ihrer Beteiligung am Marsch auf Washington. Sie mußte sich mit den USA direkt in Verbindung setzen und kontaktierte auch gleich Robert Kennedy, der die ganze Sache anscheinend aufklärte, denn am 25. Januar kam sie in New York an. Würde sie sich selbst auf der Bühne spielen, fragten sie die Reporter? »Ich bin doch schon zu alt«, antwortete sie. »Es wäre herrlich, unten im Parkett zu sitzen und jemand anderen die Rolle spielen zu sehen.«

Doch daraus wurde nichts, und der Verkauf von Les Milandes ließ sich nicht mehr aufhalten. Das Schloß kam für 270 000 Francs und das Hotel für 175 000 Francs unter den Hammer: Wenige Monate zuvor war der Gesamtwert des Anwesens noch auf 800 000 geschätzt worden.

Vielleicht konnte sie das Geld doch noch auftreiben und es selbst zurückkaufen? Bruno Coquatrix verschaffte ihr ein Engagement für die Ostersaison im Olympia. Als 1968 die Studenten mit ihren regierungsfeindlichen Parolen durch die Straßen zogen und immer mehr Zulauf bekamen, war Joséphine wieder da, sang die alten Lieder und gab die Vorstellung ihres Lebens. Ihr Gesicht strahlte noch immer all die ausgelassene Fröhlichkeit ihrer Jugend aus. Um die Spuren des Alters zu verwischen, hatte Joséphine ein neuartiges Make-up entwickelt und klebte sich Zechinen um die Augen herum und auf den Nasenrücken. In einer Auswahl aus *Hello, Dolly* trug sie einen echten Froufrou in Weiß und Blaßgrün und genoß ganz offensichtlich die Zeile: Wow, wow, wow – look at the old girl now, fellas.« Zu den Mitwirkenden gehörte auch ein Elefantenbaby, das sich mit Joséphine zusammen verbeugte und für den Beifall bedankte. EMI und RCA waren bereit, einige ihrer alten Aufnahmen neu herauszubringen. Joséphine fügte noch vier neue Titel hinzu, und schon war das SOS MILANDES-Album fertig. In den Galeries Lafayette signierte sie ihre Platten sogar höchstpersönlich, doch der Verkauf des Schlosses ließ sich nicht mehr rückgängig machen, obwohl das Album 20 000 Francs einbrachte.

In Zusammenhang mit den Ereignissen von 1968 wurde auch im Périgord gestreikt. »Wir waren zu jung, um an den Demonstrationen teilzunehmen«, erinnert sich Jean-Claude, »doch wir folgten dem Beispiel der älteren Jungen am Lycée, die die Lehrer mit Mißachtung straften und sich nur noch nach den älteren Schülern richteten.« Das Olympia war aufgrund der Unruhen in Paris geschlossen worden. Im Mai wurde Robert Kennedy ermordet.

»Die Ereignisse in Frankreich und der Verlust des Hauses hätten so manch anderen in den Selbstmord getrieben«, sagt Jean-Claude, »doch nicht unsere Mutter. Sie entschied sich ganz plötzlich für diese andere Sache, um Bob Kennedy zu ehren. Man könnte sagen, es war irrational, aber es war eben ein weiterer Aspekt ihrer Persönlichkeit, den ich als ganz außergewöhnlich bezeichnen möchte. Für sie waren die Kennedys immer gleichbedeutend mit der Hoffnung, daß sich die Rassensituation in Amerika eines Tages ändern würde. Heute, zwanzig Jahre später, sehen wir das natürlich etwas anders. Der Verlust von Les Milandes hatte sie tief erschüttert. Sie hatte das Schloß immerhin schon vor dem Krieg erworben. Es war ihr Leben, ihr Werk. Doch obwohl sie noch mitten in dieser Problematik steckte, entschied sie sich für diese Geste und sagte, dies ist wichtiger, und die Kinder sollen das begreifen.«

Im August 1964 erholt sich Joséphine im Krankenhaus von ihrem ersten Herzanfall. In der Presse wird spekuliert, daß sie wohl nie wieder tanzen wird.

Sie nahm die fünf ältesten Jungen mit nach New York zum Begräbnis von Robert Kennedy. Sie kaufte ihnen allen marineblaue Blazer und graue Flanellhosen und verbrachte den ganzen Flug via Chicago damit, eine blau-weiß-rote Trikolore und das Wort FRAN-CE auf die Jacke zu sticken. »Als wir in New York ankamen, war es furchtbar heiß – und die Leute sagten: ›Oh, da kommt das französische Team.‹ Es war schrecklich, überall klebten noch die Sticker und Plakate ›Bob Kennedy for President‹. Wir defilierten an seinem Sarg vorbei und wurden Jackie Kennedy-Onassis vorgestellt.«[27]

Die vier ältesten Söhne besuchten schon eine Jesuitenschule bei Paris. Nach ihrer Rückkehr aus den USA fuhren Joséphine und die Jungen zurück nach Les Milandes, um einen letzten gemeinsamen Tag dort zu verbringen. In Paris hatte sich die Lage gebessert, und das Olympia war wieder geöffnet. Joséphine trat dort noch in mehren Shows auf. Im Juni schien sich das Blatt zugunsten von de Gaulle und der Regierung zu wenden. Auf den Arm ihres Sohnes Akio gestützt, marschierte Joséphine mit über die Champs-Elysées und machte vor den Passanten voller Trotz das Siegeszeichen. Bisher hatte sie allen Konflikten tapfer standgehalten, doch dieses Mal erlitt sie einen Herzanfall und wurde wieder ins Krankenhaus eingeliefert.

Im Sommer fuhr die ganze Familie zur Erholung nach Algerien, nur Joséphine arbeitete weiter, um die Karre aus dem Dreck zu ziehen. Am 22. September wurde Joséphine offiziell mit der Zwangsräumung gedroht, falls sie das Haus nicht freiwillig verlassen würde. Sie verfaßte eine Erklärung, in der es hieß: »Wenn meine Familie und ich, meine Schwester, ihr Mann und ihr ebenfalls adoptiertes Kind unser jetziges Zuhause verlassen, werden wir arm an Geld sein . . . (doch) wir sind sehr reich im Geiste und im Herzen, so daß es uns keinen Schmerz bereitet, den Ort, der 26 Jahre lang unser Zuhause war, verlassen zu müssen – wir sind fest davon überzeugt, daß die Welt genug Platz bietet, und wir auch woanders weiter für unsere Ideale kämpfen können, denn genau das wollen wir tun.«[28]

Joséphine erntete allerdings auch viel Kritik von außerhalb. Warum konnte sie nicht einfach in einem Haus wohnen wie andere Leute auch? Brauchten ihre Kinder wirklich ein Schloß? Es klingt fast wie Ironie des Schicksals, wenn die Kinder heute sagen, daß sie bei ihrem Umzug zwar ein wenig traurig waren, ihnen dadurch aber im Endeffekt ein natürlicheres und freieres Leben ermöglicht wurde.

»Außenstehende betrachteten uns immer als kleine Prinzen, die umgeben von Gouvernanten und Privatlehrern auf einem Schloß wohnten. Doch wir empfanden es eher als ein Gefängnis, auch wenn die Gitterstäbe vergoldet waren«, sagt Jean-Claude. »Du übertreibst«, sagt Brian und fügt dann hinzu: »Natürlich waren wir traurig, als wir ausziehen mußten. Es war so eine Art Nostalgie. Doch der Gedanke, nach Paris und später dann an die Côte d'Azur umzusiedeln, machte uns nicht im geringsten unglücklich. Es war etwas Neues. Wir dachten nicht ständig an das Château. Für Joséphine und ihre Leute, ihre engsten Freunde, war es viel schlimmer.«[29]

Während ihrer Spielzeit im Olympia führte sie in der Bar ein Gespräch mit ihrem alten Freund Henri Jeanson. Jemand fragte sie: »Was empfanden Sie, als Sie zum erstenmal den Fuß auf Pariser Boden setzten? Was hatten Sie für einen Eindruck?« Sie antwortete: »Ich hatte das Gefühl, Freiheit zu atmen.« Daß die Kinder jetzt ähnliche Gefühle haben sollten, war wirklich der Gipfel der Ironie.

Als die Zeitschrift *Life* 1951 Joséphines New Yorker Triumph feierte, verwechselte der Verfasser des Bildtextes doch tatsächlich die Joséphine der Folies-Bergère von 1926 mit ihren Auftritten im Jahre 1949: Nicht einmal Joséphine hätte das »Ave Maria« im Bananengürtel gesungen. Dieser Fehler wurde später noch mehrmals abgedruckt. Die amerikanischen Journalisten erinnerten Joséphine immer wieder an ihre niedere Herkunft – tatsächlich war ihre Mutter aber gar keine Waschfrau, nur ihre Schwester hatte einmal eine Wäscherei betrieben. In Frankreich hat der Beruf der Wäscherin jedoch einen sehr viel romantischeren Beigeschmack als anderswo: Die Heldin von Sardous »Madame Sans-Gêne« ist eine Waschfrau, und Joséphines erster Tonfilm *ZouZou* spielte ebenfalls inmitten von Seife, Stärke und Bügeleisen.

LA
BAKER
S BACK

of the most famous American expatriates
s century came back home a few weeks ago.
phine Baker, daughter of a Negro washer-
an in St. Louis, had begun a sensational
er in Paris nightclubs in 1925 by singing an
Maria while clad only in a girdle of bananas.
went on a little less scandalously to become
aker," darling of Paris, a citizen of France
a legend to Americans. Now, at 45, she was
on Broadway, singing love songs in five
uages and making the Strand movie thea-
eem intimate as a boudoir. Swishing her
glooned gown, she crossed her eyes exuber-
, brought cheers from the packed theater
e shouted, "You make me so hap-py!" She
her managers so happy that they quick-
oked her for a U.S. tour at $7,500 a week.

Für den Umschlag des »Farewell«-Programms schuf Paul Colin eine neue Version seines berühmten Posters und trat auch selbst auf die Bühne.

Eine ergreifende Szene bei ihrer »Farewell to Paris«-Gala, als einer der Zuschauer ihr einen Blumenstrauß überreicht.

Nach der letzten Vorstellung verläßt Joséphine das Olympia Théâtre.

Erinnerungen an Joséphines »Farewell to Paris« 1956: Eine fröhliche Joséphine inmitten der Blumen, die ihr von ihrem begeisterten Publikum überreicht wurden.

au revoir ..

... Joséphine !

273

Eine Auswahl europäischer Zeitschriften, die Joséphine in den
vierziger, fünfziger und sechziger Jahren ihre Titelseite widmeten;
Charles Chaplin und Joséphine umarmen sich bei einem Wohl-
tätigkeitscabaret im Moulin Rouge 1953.

LE FACE A MAIN

PRIX
EXCEPTIONNEL
5 frs

Le rouge baiser
de
JOSÉPHINE
à CHARLOT

...MÉRIQUE SEMBLE N'ATTACHER
...E IMPORTANCE AU TÉMOI-
... D'ARTISTES INDÉPENDANTS
...: JOSÉPHINE BAKER ET CHA-
...APLIN, PARIS SAIT BIEN QUE LE
...X SE MÈLE A LA DRÔLERIE ET
...FEU DE ROUGE SUR LA JOUE
...ARLIE CHAPLIN, A LA SUITE DE
...ULANCE DE JOSÉPHINE BAKER,
...QUAND MÊME UNE IMAGE DU
...GE COSMOPOLITE DE LA CAPI-
...TALE FRANÇAISE.

VOIR NOTRE REPORTAGE :
Les Noces d'argent du Bal des Petits Lits Blancs

..ª Année ● Nº 22 ● 30 mai 1953 ● 5 francs ● En France : 35 fr. fr. ● Directeur : Marcel Beaulays ● Bruxelles, 44, rue aux Laines ● Tél. 12.47.18 et 12.46.14

275

Carrie Macdonald (links auf dem Sessel), Margaret Wallace
(stehend) und eine der vielen Helferinnen, die in Les Milandes
kamen und gingen. Joséphines Familie hatte sich an das ständige
Kommen und Gehen schon gewöhnt.

Rechte Seite:
Weihnachten in Les Milandes.

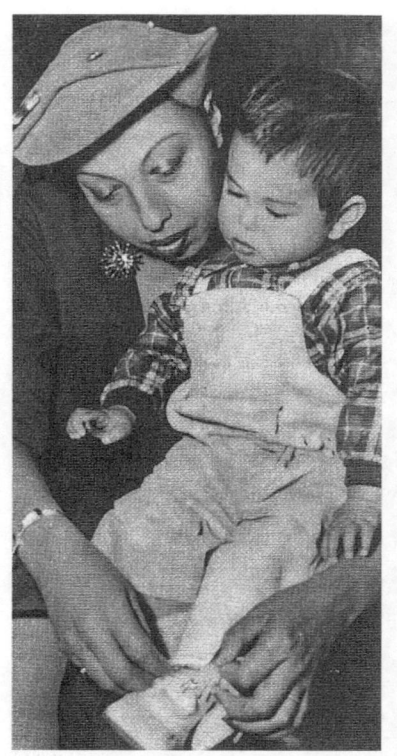

Brian Bouillon-Baker sagt, daß es trotz der Ungereimtheiten in ihrer Erziehung keine negative Erfahrung gewesen sei, zur »Regenbogenfamilie« zu gehören: »Wir hatten eine außergewöhnliche Kindheit. Das brachte uns aber nicht etwa auseinander, sondern schuf eine Atmosphäre der Solidarität zwischen uns. Wir waren vielleicht ganz unbewußt dazu gezwungen, eine eigene Minigesellschaft aufzubauen, um mit unserer Situation fertig zu werden.

Und dieses Gefühl ist heute noch da – natürlich sind manche Freundschaften zwischen uns enger als andere, aber das ist ja nur menschlich. Dennoch glaube ich, daß in unserer Jugend eine Bindung geschaffen wurde, die bis heute anhält.«

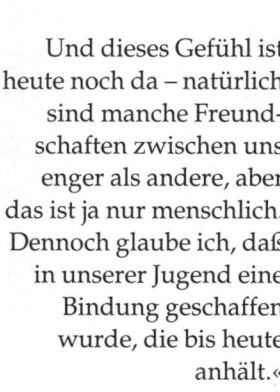

Auf den Song »Don't Touch My Tomatoes« aus *Paris mes Amours*
griff Joséphine später immer wieder zurück und nahm ihn auch
bei vier verschiedenen Gelegenheiten auf.

Rechte Seite:
Bei der Probe zu *Paris mes Amours*, der Show, mit der sie 1959
ihr Pariser Comeback feierte.

Am Ende von *Paris mes Amours* fingen viele Zuschauer an zu weinen; Und Joséphine auch. Der Kritiker des Londoner *Stage* schrieb: »Den täglich siebzehnstündigen Proben ist es zu verdanken, daß ihre Maße noch genauso sind wie mit siebzehn; ihre mit Diamanten und Perlen besetzten Kostüme kosten Millionen von Francs; doch es sind nicht die Zechinen auf ihren Augenlidern, die das Publikum so blenden, es ist das Feuer in ihren Augen.«

Rechte Seite:
Von ihren Teenagerzeiten bis zu ihrem Tode war Joséphine ein schier unermüdlicher Wirbelwind. Oben: Hinter den Kulissen von *Paris mes Amours* 1959: Die Herzogin von Windsor starrt wie gebannt auf die vielen Perlen in Joséphines Perücke. Von allen ausgebürgerten Amerikanerinnen in Europa waren Wallis Simpson und Joséphine Baker wohl die berühmtesten. Die Halskette der Herzogin wurde 1987 bei einer Auktion für $ 198 000 verkauft. Einige Wochen später kamen die spärlichen Überreste von Joséphines Theatergarderobe in Paris unter den Hammer. Die Zechinen und die Paste sprachen zwar ein ganz anderes Publikum an als die Perlen der Herzogin, doch selbst Joséphines glitzerndes Handmikro erbrachte mehrere Tausend Francs. Unten: Die unbekannte Empfängerin des Nahrungsmittelpaketes scheint sich mehr für Joséphine als für ihren fürstlichen Landsmann zu interessieren.

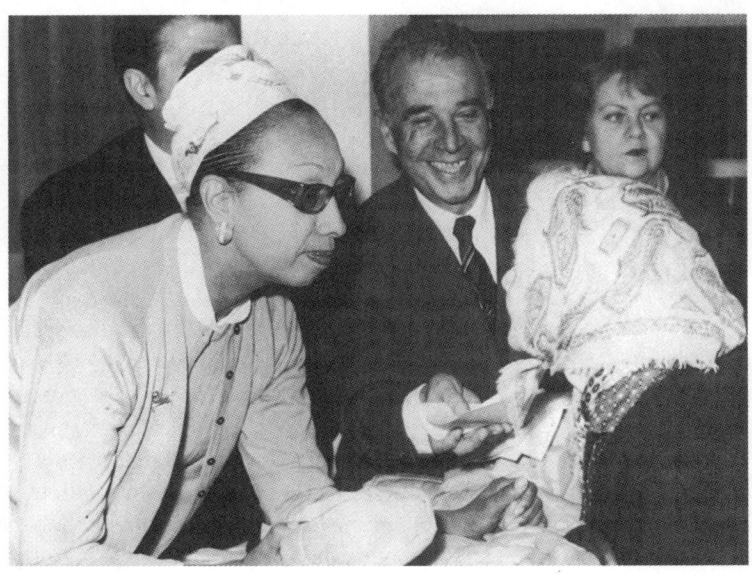

Joséphine bei einem Konzert
in den Niederlanden 1960.

Rechte Seite:
Joséphine hält ihre Federlarve, die eigens für einen Ball im
Hotel Astor im Februar 1960 angefertigt wurde. Die Jahre hatten
ihren Tribut gefordert, und Joséphine bezeichnete sich selbst
schon als »alte Frau«.

284

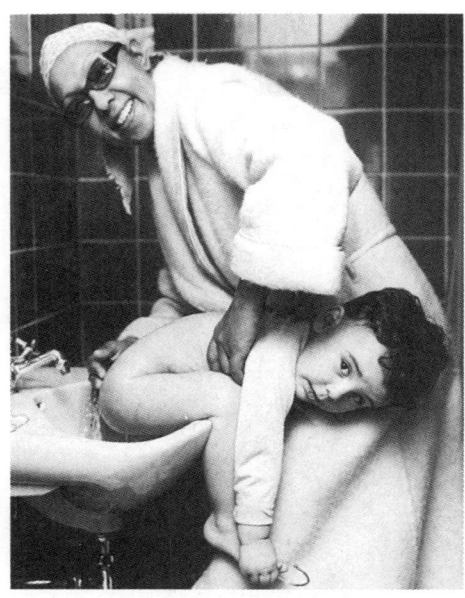

Joséphine
und die Kinder.

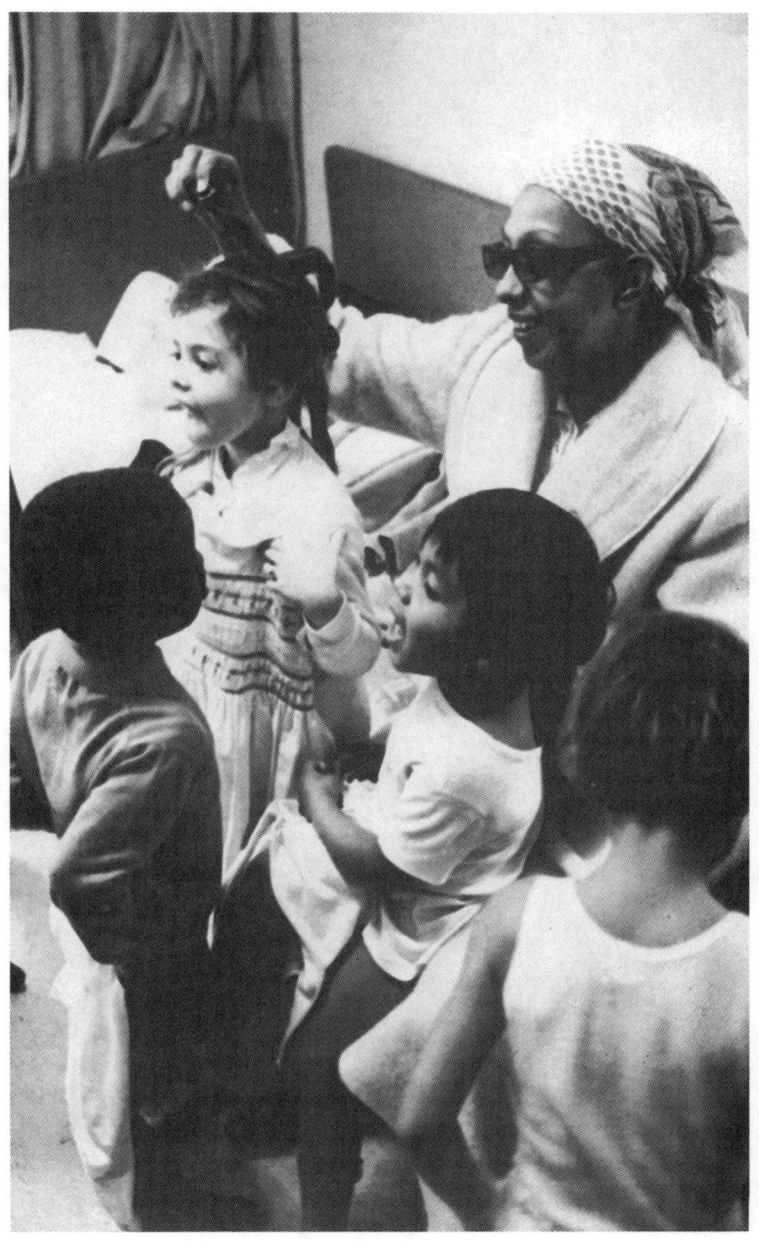

Joséphine probt für die Premiere in Bern's Nachtclub in
Stockholm, Januar 1963.

Sie singt »Dans mon Village« im Olympia 1964.

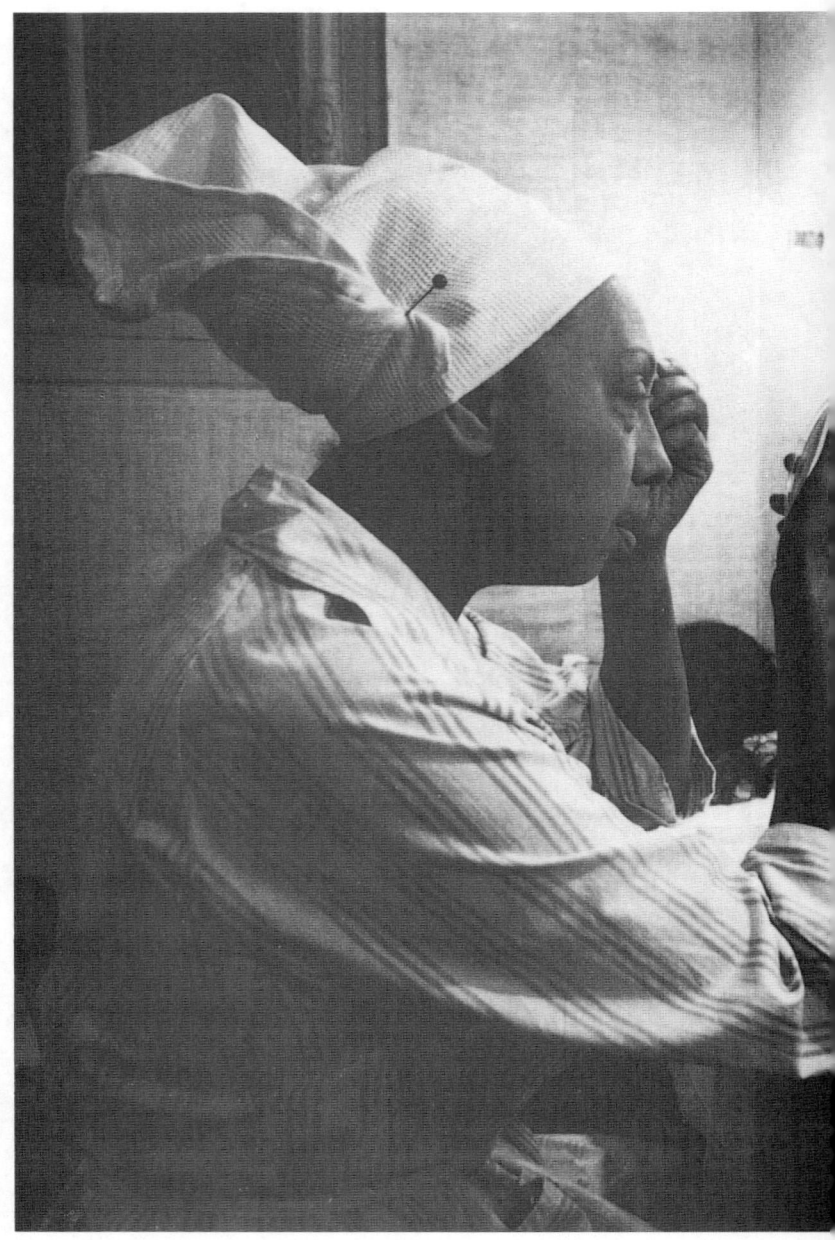

Auf dem Weg zu ihrem Cabaret-
Auftritt im Savoy Hotel 1967
(oben).
Hinter der Bühne des Cabarets,
wenige Tage nach ihrem einund-
sechzigsten Geburtstag (rechts).

Im Pariser Olympia 1968. *Hello, Dolly*.

Rechte Seite:
Ein Photo mit Autogramm von derselben Show.

15 *La Folie du Jour, Un Vent de Folie, En Super Folies, Féeries et Folies,* die Namen von Joséphines Shows an den Folies-Bergère wiesen alle gewisse Parallelen zu ihrem jeweiligen Privatleben auf: 1967 besuchte sie Michel Gyamarthy, um mit ihm über einen neuen Starauftritt in ihrer einstigen Hochburg zu diskutieren. Als Titel hätten sie *La Folie de Joséphine* ins Auge fassen können, denn so stellte sich inzwischen die Situation in Les Milandes dar.

Im September 1968 wurde der Termin für die Zwangsräumung auf den 1. Dezember verschoben. Das bedeutete, daß Joséphine nicht vor dem nächsten Frühjahr auszuziehen brauchte, da Delogierungen zwischen dem 15. Oktober und dem 15. März in Frankreich gesetzlich verboten sind. Nun wurden alle Jungen auf die Jesuitenschule bei Paris geschickt. »Diese Schule war die schlimmste. Ewig nur Gebete«, sagt Brian.[1] Als die Schule zu Ende war, wohnten sie in einer winzig kleinen Wohnung in Paris, die ihnen Joséphines Freundin Marie Spiers, die Frau ihres musikalischen Arrangeurs und Begleiters, besorgt hatte.

Joséphine versuchte immer noch, den Verkauf für unrechtmäßig erklären zu lassen. Die Unbarmherzigkeit der Gesetze war ihr unbegreiflich, und sie kehrte in das verlassene Schloß zurück, um sich darin zu verbarrikadieren. Eines Tages wurde sie von einem Gerichtsvollzieher überrascht, der den Verkauf der Inneneinrichtung überwachen sollte. Joséphine fing an, ihn zu beschimpfen. »Ich habe die Schläge nicht gezählt«, sagte sie später, »vielleicht waren es vier. Aber nach all dem Unglück, das meine Kinder und ich ertragen mußten, hatte er sie auch verdient.«[2] Trotz alledem wurde der Verkauf im Februar fortgesetzt. Am ersten Tag wechselte Joséphines golden angemaltes Louis XV.-Bett für 1000 Francs den Besitzer; insgesamt brachte der Tag 150000 Francs ein.

Im März bestätigte das Amtsgericht den Befehl zur Zwangsräumung, aber Joséphine sollte noch bis zum 15. bleiben. Als sie sich über die mangelnde Gesprächsbereitschaft seitens der neuen Besitzer beklagte, antworteten diese, es sei ja wohl nicht ihre Schuld, wenn Joséphine sich lieber in der Küche verbarrikadiere als in Paris zu bleiben. Die Reporter, die schon eine gute Story witterten, versorgten sie mit Essen und Mineralwasser. Es war eine großartige Vorstellung, und Joséphine bot der Presse Material im Überfluß. Als sie durch das Küchenfenster kletterte, zeigte sie ihre wohlgeformten Beine, was natürlich sofort photographiert werden mußte, und im Innern des Schlosses gab sie den Reportern Interviews. Doch als am Morgen des 12. März im Auftrag der neuen Besitzer acht kräftige Männer erschienen, folgte der letzte Akt des Dramas. Sie drangen mit Gewalt in das Gebäude ein und zerrten Joséphine um 7 Uhr morgens aus dem Haus. Sie war noch im Nachthemd und hatte eine Duschhaube auf dem Kopf. Die Katze, die ihr Gesellschaft geleistet hatte, bekam auch ein paar Fußtritte ab. Später schrieb sie an ihren alten Freund Hurford-Janes:

Sie schnappten mich früh morgens, noch im Nachthemd und barfuß (und das Lustigste: ich hatte meine Perücke nicht auf, und der *eine* falsche Zahn fehlte auch . . .). Ich wurde gepackt, gebissen . . . Mein Kopf schlug gegen den heißen Küchenherd . . . Draußen warfen sie mich dann einfach in den Schlamm, obwohl es in Strömen goß und stürmte. Ich konnte mich nicht mehr bewegen. Ich muß vor Schreck einen Moment lang das Bewußtsein verloren haben . . .[3]

Joséphine kauerte auf den Stufen und blieb den ganzen Tag dort sitzen, damit die Passanten und die Photographen ihr Elend auch hautnah miterleben konnten. Schließlich fand sich dann ein Richter des Amtsgerichtes, der den Eindringlingen gegen Abend Einhalt gebot und anordnete, daß Joséphine in ihre Küche zurückkehren und dort bis zum 15. bleiben dürfe, wenn sie wolle. Aber es war zu spät: Ihr Wille war ungebrochen, doch ihr Körper mußte sich geschlagen geben. Sie brach zusammen und wurde nach Périgueux ins Krankenhaus gebracht.

Nun schien das Ende gekommen zu sein. Es wurde schon die Nachricht verbreitet, daß sie im Sterben liege, aber sie erholte sich wieder, wie schon so viele Male zuvor. Schon zwei Wochen später gab sie wieder ihre erste Cabaret-Vorstellung im Pariser Restaurant La Goulue. Der neue Besitzer des Restaurants, der Schauspieler Jean-Claude Brialy, hatte ihr dieses Engagement im Vormonat angeboten. Er kannte Joséphine kaum, doch er bewunderte sie sehr und wollte ihr mit der Übernahme des Lokals auch helfen. Er war Mitglied der Theatergemeinde, die sich um Joséphine herum gebildet hatte. Außenstehende meinen oft, Theaterleute seien boshaft, weil die meisten von ihnen so frei heraus und manchmal auch gehässig ihre Meinung kundtun – aber das ist weit gefehlt. Im Vergleich etwa zu Bankleuten, Akademikern oder Politikern empfinden Künstler mehr Verantwortung füreinander, weil sie alle aus eigener Erfahrung wissen, wie es ist, wenn man aus dem Nichts, aus Spucke, Staub und Luft eine Show zusammenstellen muß. Ohne Vertrauen und gegenseitige Unterstützung wäre das unmöglich.

1969 stellte Joséphine fest, daß sie viele neue Freunde hatte, die selbst große Stars waren und sie nun in ihrem Sturz auffangen wollten. La Goulue wurde aus diesem Anlaß wieder in Chez Joséphine umgetauft – der letzte Nachtclub dieser Art. Noch einmal versammelte sich ein illustres Publikum, um Joséphine zu sehen: Anna Magnani, Marie Bell, Hélène Rochas, Géneviève Fath, Catherine Deneuve, Françoise Sagan, Elvire Popesco, Marc Bohan und auch Ludmilla Tscherina waren gekommen, um den Phoenix noch einmal aus der Asche steigen zu sehen.

Joséphine trug eine glitzernde Brokattunika und bewegte sich auf der Bühne wie in alten Zeiten. Sie gab 57 Vorstellungen hintereinander. Jeden Montag, wenn das Lokal geschlossen war, hatte sie frei und ließ wissen, daß sie an diesen Abenden für auswärtige Engagements zur Verfügung stehe.

Als die Kinder mit der Schule fertig waren, fuhren sie alle zu Freunden nach Spanien. Inzwischen war schon bekannt geworden, daß die neuen Besitzer von Les Milandes einen Teil der Inneneinrichtung zurückgekauft hatten und man nun für einen Eintritt von 5 Francs (3 Francs für Kinder und Soldaten in Uniform) Joséphines Schlafzimmer und die Räumlichkeiten der Kinder besichtigen konnte.

Am 25. Juli trat Joséphine beim Rot-Kreuz-Ball in Monaco auf. Unterstützt von einem erstklassigen Team, zu dem auch Brialy selbst gehörte, hatte sie beim Publikum in Monte Carlo einen Riesenerfolg. Als ihr jemand Komplimente für ihre Stimme machte, entgegnete sie: »O Monsieur, soviel Lob habe ich gar nicht verdient. Als ich damals im Bananenröckchen tanzte, war das Mikrophon noch nicht erfunden. Das hat die Stimmbänder gestärkt.«

Maria Callas, David Niven, Prinz Louis de Polignac und andere Mitglieder des Jet-set von Monte Carlo waren anwesend. Seit dem

Debakel im New Yorker Stork Club waren fast zwanzig Jahre vergangen, und Fürstin Gracia war sehr beeindruckt, daß Joséphine immer noch weiterkämpfte. Mit Hilfe des Roten Kreuzes gelang es ihr, Joséphine eine Mietvilla in Roquebrune zu besorgen. Im September kamen die Kinder mit dem Schiff aus Spanien zurück und fingen in der ungewohnten Umgebung der Côte d'Azur ein neues Leben an.

Kurz darauf trat ein ehrwürdiges Komitee zusammen und schlug Joséphine für den Friedensnobelpreis vor. Sie wies diesen Gedanken allerdings weit von sich und sagte:

Ich habe diese große Ehre nicht verdient. Den Preis sollten sich alle Frauen und Männer auf dieser Welt teilen, die für die Liebe kämpfen und mit sich und ihren Nachbarn in Frieden leben wollen. Wir alle wurden nach Gottes Ebenbild geschaffen und jeder von uns ist die Erlösung, die Auferstehung und das Wunder des anderen. Ich glaube an Erlösung. Ich glaube an Auferstehung. Ich glaube an Wunder.[4]

Und die folgenden Jahre sollten für Joséphine auch tatsächlich *anni mirabili* werden. Ihr ganzes Leben lang war eine gewisse Unruhe ein bedeutender Aspekt ihrer Persönlichkeit gewesen: Ihre unendlichen Energiereserven im Privatleben wie auch auf der Bühne – die beiden Bereiche überschnitten sich ohnehin die meiste Zeit – machten sie nicht gerade zu einer bequemen Freundin und Kollegin. Als sie sich diese Energie dann plötzlich einteilen mußte, löste das bei ihr große Bestürzung aus. Daß ihre Lebenskraft genau in dem Moment nachließ, als auch der Geldfluß zu versiegen drohte, konnte doch nur eine Tücke des Schicksals sein. »Ich würde der Bühne gern Adieu sagen, aber für den Ruhestand habe ich einfach keine Zeit«, sagte sie im Oktober 1970. »Meine Kraft darf mich nicht im Stich lassen. Ich muß eine Menge Geld verdienen. Manchmal schaue ich mich an und sage, ›vielleicht bist du nur ein Sklave‹.«

Joséphine gab eine Vorstellung nach der anderen. Obwohl sie Anfang der siebziger Jahre nicht so sehr im Licht der Öffentlichkeit stand, kam sie durch ihre Auftritte in Hotels, in Clubs und bei Wohltätigkeitsveranstaltungen doch in ganz Europa herum, und einmal fuhr sie auch nach Kanada. Sie reiste oft allein – welch trauriges Bild im Vergleich zu den Zeiten, als sie, wie Brian sich erinnert, immer mit mindestens achtzehn Familienmitgliedern einschließlich Dienstmädchen und Sekretärinnen unterwegs waren. Ihre Müdigkeit versteckte sie hinter einer riesigen, dunklen Brille, und raffinierte Perücken dienten als Umrahmung für ihr Gesicht. Angesichts einer zunehmend gleichgültigeren Generation, zu der zwangsläufig auch ihre eigenen Kinder zählten, klammerte sich Joséphine an ihre althergebrachte Vorstellung von Glamour. Die Kinder wuchsen heran und hatten mit ihren eigenen Wünschen und Problemen genug zu tun. In der Schule bei Monaco konnten sie ein wesentlich freieres Leben führen als zuvor. Joséphine gefiel es überhaupt nicht, daß die Jungen sich die Haare lang wachsen ließen und lässige Mode trugen. »Ihr seht aus wie ein Haufen Schwuler«, beklagte sie sich und fand es gar nicht komisch, wenn einer ihrer Söhne sie fragte, was sie denn dagegen habe; schließlich seien doch viele ihrer Freunde auch schwul. Die Schule ließ ihnen ihre Freiheit und machte nur zur Bedingung, daß sie sich schön anziehen sollten, wenn sie nach Hause gingen.[5]

Die Tatsache, daß Joséphine selbst von Kindesbeinen an eine Rebellin und Individualistin gewesen war, bedeutete keineswegs, daß sie ähnliche Ansätze bei ihren eigenen Kindern begrüßte. Sie war im Gegenteil extrem autoritär und verlangte blinden Gehorsam, wenn sie etwas wünschte. Nach Meinung eines ihrer Kinder war dies der Hauptgrund dafür, warum Jo Bouillon sie verlassen hatte, und ihre unbeugsame Haltung führte nicht selten zu einem riesigen Familienkrach. »Wie kannst du es wagen, so mit deiner Mutter zu sprechen?« Brian erinnert sich, wie Margaret einmal während einer hitzigen Familiendebatte diese Frage stellte. Es war unvermeidlich, daß eines Tages ein Kind antworten würde: »Du bist doch sowieso nicht unsere Mutter.«[6] Sie verstummte augenblicklich und zog sich für mehrere Stunden in ihr Schlafzimmer zurück. Aber sie hatte schon Schlimmeres überstanden, und das Leben ging schließlich weiter. Als sich kurz darauf jemand nach dem Wohlbefinden der Kinder erkundigte, antwortete sie, es gehe ihnen ausgesprochen gut: »Zu gut, denn sie haben sich gegen mich verbündet.«[7] Für die Kinder waren diese Auseinandersetzungen dramatisch und traumatisch zugleich – Joséphine schien das alles nichts auszumachen. Sie hatte ihren Traum noch nicht aufgegeben. Sie hatte schon so vieles überstanden, und wenn schon die eigene Familie ihren Idealen keine Ehre machte, dann würden es vielleicht andere tun.

Das Geldproblem war allgegenwärtig, und oft hatten die Kinder weniger Geld als ihre Altersgenossen. Joséphine beklagte sich, daß sie nur mit ihr redeten, wenn sie Geld brauchten. Jean-Claude vergleicht die Joséphine von damals mit dem Propheten, der im eigenen Land nichts gilt. Die müden Überreste der »Swinging Sixties«, die sie überall sah, schienen mit ihren Vorstellungen von Stil oder Chic nichts gemein zu haben. Natürlich ging auch sie mit der Mode: Sie trug weit ausgestellte Hosen und bewegte sich wieder auf Plateausohlen fort – jetzt waren sie sogar noch höher als in den vierziger Jahren –, aber für die Tänze, die sie in den örtlichen Diskotheken sah, hatte sie nur Verachtung übrig. Für sie und viele andere Vertreter ihrer Generation war der Twist der letzte annehmbare Modetanz gewesen, und für Rock hatte sie nichts übrig.

Sie erweiterte ihr Liederrepertoire um einige neue Titel und trat auch noch zweimal beim Rot-Kreuz-Ball in Monaco auf, bis dann schließlich ihr amerikanischer Impresario Jack Jordan, der 1960 und 1964 ihre Shows in Amerika präsentiert hatte, so umfangreiche Finanzmittel lockergemacht hatte, daß sie den fünfzigsten Geburtstag ihres Broadway-Debüts in New York feiern konnte.

1973 trat Joséphine mit einem Projekt an die Öffentlichkeit, das ihr genauso wichtig erschien wie ihr neues Comeback. Seit 1965 trug sie schon die hochtrabende, aber noch recht ungenaue Vorstellung von einem »Kolleg der Brüderlichkeit« mit sich herum, das sie in Les Milandes zu gründen gedachte. Letztendlich war es dieser Plan, der die Bevölkerung des Dorfes gegen sie aufbrachte. Joséphine versichert: »Sie wollten vor allem den Bau der Privatschule verhindern, die mir so sehr am Herzen lag.« Als sie ihre Vorstellungen erläuterte, meinten viele Leute, dieser Plan beinhalte doch nichts anderes als das, was sie heute schon mit ihren Kindern dort praktiziere:

Diese Jugendlichen werden hierherkommen, um Zusammenleben zu lernen. Bei ihrer Unterkunft, Verpflegung und Ausbildung darf Geld keine Rolle spielen – zahllose Professoren aus verschiedenen

Ländern, mit allen möglichen Hautfarben, Religionen und Lebens-standards werden den Schülern das Wesen der Brüderlichkeit nahebringen.[8]

Doch wie ernst war es ihr wirklich mit dieser Ausweitung ihrer Idee? In der Theaterwelt hatte sie genügend Leute kennengelernt, die das Geld wie ein Magnet anzogen. Warum sollte es also in die-sem Fall nicht auch funktionieren? 1925 hatte sie selbst völlig pro-blemlos das Milieu gewechselt und sich in einer neuen Welt zurechtgefunden. Warum sollten andere es ihr nicht gleichtun? Im Februar 1973 hatte Tito sie nach Jugoslawien eingeladen, wo sie mit ihm und seiner Frau über die Insel Brioni als möglichen Stand-ort für das Kolleg diskutierte. Brian erinnert sich: »Wenn sie aus dem Fenster schaute, hatte sie die Schule schon leibhaftig vor Augen. Wir konnten nur ein paar Felsbrocken erkennen. Sie aber glaubte fest daran, daß das Projekt eines Tages Wirklichkeit werden würde.«[9]

Dann tauchte wieder das leidige Finanzproblem auf. Um den Lebensunterhalt zu bestreiten, war die Amerikatournee das lukra-tivste Angebot. Seit neuestem inszenierte Jack Jordan auch Shows für die Armee; als Offizier im amerikanischen Justizministerium hatte Jordan unter anderem das erste »rein schwarze Mädchenor-chester gegründet und auf Skandinavientournee« geschickt. Sein Partner für Joséphines Show war »der Mann in dem grauen Anzug«, der Werbefachmann Howard Sanders. Er glaubte, daß »dieser Mann« der der neuentdeckten Zielgruppe der schwarzen Konsumenten Produkte und Ideen anzupreisen wußte, für die Werbung von großem Nutzen sein könne.«

Ende der sechziger Jahre standen bei der Jugend in Europa und Amerika die Lieder, Tänze und Moden der zwanziger und dreißi-ger Jahre wieder ganz hoch im Kurs. Die Wiederentdeckung der Art deco, nicht als veralteter Kitsch, sondern als Kunstrichtung, führte zu einer allgemeinen Begeisterung für Künstler wie Colin, Dunand, Erté, de Zamora und Brunelleschi, mit denen Joséphine zusammengearbeitet hatte. Auch sie hatte in jener Epoche ihre Blü-tezeit gehabt, doch eigenartigerweise wurde sie jetzt fast völlig übersehen. Zu ihrer *tour de chant* gehörten zwar auch ein paar alte Songs, doch sie sang jetzt meistens neue Lieder, die nicht speziell für sie geschrieben worden waren. Zu einem typischen Programm Mitte der sechziger Jahre gehörten Titel wie »Quando, Quando, Quando«, »La Novia« und eine Auswahl aus *My Fair Lady* und *Anatevka*. Doch für ihren Auftritt in der Carnegie Hall im Juni 1973 stellte sie eine kommentierte Retrospektive ihrer gesamten Karriere zusammen, und das Publikum bekam so manche Anekdote und Glosse zu hören. In Amerika hatten nur wenige Menschen die Chance gehabt, Joséphine in ihren besten Zeiten zu erleben, und so mußte das Gefühl von Nostalgie künstlich erzeugt werden.

Der Abend begann damit, daß Bricktop Joséphine vorstellte. In jenem Jahr hatte Bricktop mit Tennessee Williams ihren achtzigsten Geburtstag gefeiert. Er sagte: »Ich wünschte bei Gott, daß ich die Lebenskraft von Bricktop hätte; ihre Stimme, ihre Aussprache und ihre Phrasierung sind so wundervoll wie eh und je.«[11] Im Gegensatz zu Joséphine war Bricktop merklich älter geworden. Als sie auf die Bühne trat, meinten einige Zuschauer, sie sei Joséphine. Als die Begleitband dann wenige Minuten später »The Last Time I Saw Paris« spielte und Bricktop dazu Joséphines Auftritt ankündigte, machte sich der Eintrittspreis doch noch bezahlt, denn Joséphine versank förmlich in pinkfarbenen Straußenfedern und Zechinen, als sie auf die Bühne trat.

Als Finale der zweiten Hälfte sang Joséphine ein paar dramatischere Lieder, an die sie sich noch nie zuvor herangewagt hatte. Da gab es weder Flitter noch Federn. Ganz in schwarzen Samt gehüllt – erinnerte sie sich vielleicht an Damia? – sang sie »The times they are a'changin'«, »My Sweet Lord« und »My Way«. Als sie in der Ballade von Dylan zu der Zeile

And the first one now
Will later be last

kam, klang ihre Stimme wie bei einem Gottesdienst in den alten Südstaaten. Bei »My Sweet Lord« stand hinter ihr eine Reihe weißgekleideter Gospelsänger mit Kerzen in der Hand. Auf dem Höhepunkt des alten Sinatra-Schlagers »My Way«, den sie nicht als Bekenntnis zum Machismo interpretierte, sondern so wie 1942 in Casablanca, als sie »J'ai Deux Amours« zu einem Gebet gemacht hatte, hielt sie auch hier mitten im Text inne und schrie fast: »I did it! I did it my way, weil ich so fest an *allumfassende* Menschlichkeit glaube.«

Die Vorstellungen in der Carnegie Hall wurden zugunsten von UNICEF veranstaltet. Als Unterstützung für die Kinderhilfsorganisation Harlem Police Athletic League gab Joséphine noch eine Extravorstellung am Victoria Theatre in Harlem. Der Kritiker der *New York Times,* Robert McG. Thomas Jr., faßte die Vorstellung zusammen:

Bei der Extravorstellung in Harlem kam eine andere, intimere Kommunikation zwischen Star und Publikum zustande. Obwohl auch bei ihren Vorstellungen in der City rund 60% der Zuschauer Schwarze waren, richtete Miss Baker mit ihrem Auftritt in Harlem noch einmal das Augenmerk auf ihren triumphalen Feldzug gegen internationale Rassenschranken. Das Publikum gewann den Eindruck, daß die Frau auf der Bühne in gleichem Maße Heldin wie Künstlerin war.

Joséphine hegte keine besonderen Sympathien für die moderne schwarze Bürgerrechtsbewegung in Amerika. »Sie werden sagen, ich bin passé und ein alter Onkel Tom«, meinte sie zu John Vincour. »Erzählen Sie mir nichts von Black Power. Jede Form von Herrschaft ist eine Ausübung von Macht. Ich mag keine Diskriminierung. Ich bin schockiert, wenn ich unsere eigenen Leute sagen höre: ›Schwarze macht das‹, ›Schwarze macht jenes‹. Es beweist nur, daß wir es noch nicht sehr weit gebracht haben. Sie haben so viel Angst vor allem in Amerika.«[12]

Das Plattenalbum, das am 5. Juni von ihrer Carnegie-Vorstellung aufgenommen wurde, verkaufte sich sehr gut. Ihr Leben lang war ihre Beziehung zu New York ein einziges Auf und Ab gewesen, und es war fast schon zu erwarten, daß auch bei dieser Gelegenheit etwas schiefgehen würde: Ausgerechnet in jener Nacht war Joséphine nicht auf der Höhe; die Schwüle der Stadt hatte ihrer Stimme zugesetzt, und ihre gewohnte Sicherheit wurde von einer erschöpften Heiserkeit überschattet. An manchen Stellen tut das Zuhören fast weh, aber letzten Endes überzeugt die emotionale, religiöse Kraft ihrer Darbietung und läßt den Zuhörer und das begeisterte Publikum gebannt lauschen.

Die anstrengenden Auftritte hatten ihren Tribut gefordert, und als Joséphine nach Europa zurückkehrte, bekam sie in Kopenhagen einen weiteren Herzanfall. Trotz alledem stand sie schon im September wieder auf der Bühne, um in Los Angeles eine Reihe von Konzerten zu geben. Dort wurde ihr auch eine Auszeichnung »für ihre weltweiten humanitären Bemühungen« verliehen. Als Joséphine im Rainbow Sign in Berkeley auftrat, reihte sich der junge Schriftsteller Ishmael Reed in die Schar der Autogrammjäger ein. Er überreichte ihr ein Exemplar seines Romans, auf dessen Einband eine alte Photographie von Joséphine zu sehen war, die hier die Voodoo-Göttin Erzuli verkörpern sollte. Joséphine funkelte mit diesen phantastischen Augen und fragte: »Kennen Sie den jungen Mann, der dieses Buch geschrieben hat?« – »Ich war so von Ehrfurcht ergriffen«, schrieb Reed später, »daß ich antwortete: ›Ja, Ma'am, ich kenne ihn‹, und dabei vergaß ich völlig, daß ich ja selbst dieser junge Mann war. So war Joséphine Baker. Sie hatte ein solch göttliches Charisma, daß man sich selbst vergaß.«[13]

Für das neue Jahr hatte Joséphine ein Engagement für eine Spielzeit am Palace. Das bahnhofsähnliche, alte Theater bereitete ihr einen recht kühlen Empfang. »Und Sie konnten nicht einmal für Joséphine den Boden putzen? Nicht einmal das konnten Sie tun?« hörte Dotson Rader sie »niemand besonderen« fragen, als er sie am Nachmittag vor der Premiere bei der Probenarbeit interviewte. Er war ziemlich überrascht, als Joséphine ihn »Kindchen« nannte, und seine skeptische, zynische Beurteilung von 1970 verwandelte sich teilweise in Bewunderung, als er sie über die langweilige, nichtsnutzige Band, die Kälte und den Schmutz triumphieren sah:

In Paris. In den Zwanzigern. Wir waren jung. Und fröhlich. *Hemingway. Picasso. Colette.* Und *ich.* Wir rannten die Champs-Elysées auf und ab. Und die älteren Leute dachten, wir wären verrückt. Auch heute denken sie, die jungen Leute wären verrückt. Und sie sagten über uns: »Sie sind verrückt. Die wissen nicht, was sie wollen.«

Sie machte eine Pause, um die Spannung zu steigern.

»Nun, *jetzt wissen wir es!*« triumphierte sie mit schneidender Stimme.[14]

Wie viele Bandmitglieder oder auch Zuschauer mögen wohl geglaubt haben, daß sie die volle Wahrheit sagte (außer vielleicht, daß Colette *gerannt war*). Rader empfand ihren Gesang als schmalzig – aber unheimlich und sehr ergreifend. Das Theater sei zwar nicht ausverkauft gewesen, schrieb er, doch das Publikum habe sie mit Standing Ovations belohnt.

Während dieses letzten Abschnitts ihrer Karriere bestand ihr Programm eigentlich nur aus einer Mischung von aktuellen Schlagern und altbewährten Medleys, und meistens sang sie von jedem Lied auch nur ein paar Zeilen, doch viele junge Leute, die sie zum erstenmal sahen, waren absolut fasziniert von ihrer Erscheinung und meinten, sie sei der größte Star, den sie je gesehen hätten. Sie schien die ganze Bühne für sich einzunehmen. Mancher Zuschauer mag ihre Vertraulichkeit als aufdringlich empfunden haben, doch auch damals war es schon so, daß das Publikum durch Rundfunk und Fernsehen zur Passivität verleitet worden war und diese Distanz zum Künstler sich auch auf Live-Konzerte übertrug. Joséphine hingegen gab jedem einzelnen Zuschauer noch das Gefühl, speziell nur für ihn zu singen, und dadurch kam sie ihrem Publikum nahe. Ihr Bewegungsspielraum war inzwischen recht begrenzt, so daß sie die Tanzvorführungen auf eine Kostprobe nach jedem Liederkomplex beschränkte.

Joséphine blieb den ganzen Januar und Februar 1974 in New York und sang im Raffles Club, »eine Art Luxus-Café«. Zur Premiere kam Andy Warhol mit Paulette Goddard, die »in ihrem weißen Kleid, ihrer Zechinenstrickjacke und der Halskette aus Diamanten wie ein Scheinwerfer leuchtete«. »Das ist nicht die Kette aus meinen Eheringen. Für dieses Modell wurden lediglich die Überreste verwendet«, erklärte sie. Auch Anita Loos und Patrick O'Higgins, Mr. und Mrs. Wyatt Cooper, Janet Flanner, Tammy Grimes, Earl Blackwell, Drew Dudley und Debbie Reynolds waren da. Sie sang »alte französische und neue amerikanische Lieder und zog uns allesamt in ihren Bann«.[16] Ihre letzte New Yorker Vorstellung gab Joséphine am Sonntag, dem 24. März, im Red Rooster auf der 7th Avenue. Es war ein außerplanmäßiger Auftritt während ihres Abschiedsessens mit Charles und Bessie Buchanan und Florence Dixon. Sie ging zu Jimmy Hall auf die Bühne, um ihre Hochachtung für Helen Douglas, die Besitzerin des Cafés, und Howard Sanders, den »Promoter extraordinaire«, zum Ausdruck zu bringen.

In New York befand sich Joséphine in Begleitung ihres jungen Freundes Jean-Claude Rouzard, den sie oft scherzhaft als »mein dreizehntes Kind« bezeichnete. Als sie nach Frankreich zurückkehrte, blieb er in den USA, wo er unter dem Namen Jean-Claude Baker zuerst als Fernsehmoderator und später als Gastronom erfolgreich war: 1986 eröffnete er in der West 42nd Street in New York sein Chez Joséphine, das er mit riesigen Photos von Joséphines berühmtesten Nummern ausschmückte. Die Kinder stehen ihm mit gemischten Gefühlen gegenüber. Da er oft in Les Milandes zu Gast gewesen war, empfanden sie ihn als Freund, doch weil er vielleicht nicht dasselbe durchgemacht hatte wie sie mit ihrer Familie, konnten sie die freundschaftliche Beziehung zwischen ihm und ihrer Mutter nicht so ganz verstehen. Er selbst hat das Gefühl, daß »Joséphine über mich wacht«, und im New Yorker Fernsehen läuft ein Werbespot für sein Restaurant, in dem »die Legende weiterlebt«. »Joséphine war wie die Sonne«, sagt er: Du badest dich in ihrem Glanz und ihrer Wärme, doch wenn du ihr zu nahe kommst, verbrennt sie dich.[15]

Obwohl Joséphines New Yorker Auftritte beim Publikum gut ankamen und auch von den meisten Kritikern positiv beurteilt wurden, hatte sich eine gewisse Routine eingeschlichen. Sie versuchte, den richtigen Ton zu treffen, doch es mißlang ihr ständig. Als Joséphine im April im Beverly Hilton auftrat, war sie ganz offensichtlich erschöpft und krank. Sie sagte, sie würde gern in Amerika bleiben, weil sie dort »gebraucht« würde. Aber sie wollte wahrscheinlich einfach nur taktvoll sein, denn wirklich gebraucht wurde sie in Monaco. Gleich nach ihrer Rückkehr begann sie mit den Vorbereitungen für ihren in vielerlei Hinsicht bewegendsten Auftritt.

Dieses Mal war sie bei der alljährlichen Gala des Roten Kreuzes nicht einfach nur der Star des Abends. In jenem Sommer hatten Jean-Claude Brialy und André Levasseur, einer von Joséphines treuesten Kollegen, der über zehn Jahre lang Bühnenbilder und Kostüme für sie entworfen hatte, eine Autobiographie ihrer fünfzig Bühnenjahre zusammengestellt. Die Show war ein Rückblick auf ihre gesamte Tanz- und Gesangskarriere: Die Bananennummer und ein paar andere Abschnitte ihres Lebens wurden von jüngeren Tänzerinnen dargestellt, doch die meiste Zeit stand sie selbst auf der Bühne. Diesmal konnte auch Joséphines Familie dabei sein, und die Kinder sahen ihre Mutter zum erstenmal in einer Show, die etwas von der Pracht und Herrlichkeit vergangener Zeiten erahnen ließ. Jean-Claude erinnert sich, daß er jeden Abend hinging, weil er es so faszinierend fand, wie sie sich immer wieder neu erschaffen konnte. Eines Abends war er in ihrer Garderobe und focht mit ihr einen der üblichen Familienstreits aus. »Sie wurde wütend – es war wirklich ein nichtiger Anlaß – und schrie mich an, daß sie ganz heiser wurde. Brialy kam herein und sagte: ›Verschwinde, du hast kein Recht, hier hereinzukommen und sie so in Aufregung zu versetzen.‹ Ich ging zurück in den Zuschauerraum und machte mir entsetzliche Vorwürfe, weil ich dachte, ich hätte ihr den ganzen Abend kaputtgemacht. Sie würde nicht singen können. Dann gingen die Lichter aus, und die Band begann zu spielen. Als sie auf die Bühne trat und anfing zu singen, war in ihrem Auftreten und ihrer Stimme nicht die geringste Spur von Müdigkeit zu erkennen.«[17] In diesem Punkt sind sich alle alternden Künstler gleich. Die Schwingen des Theaters verleihen ihnen eine magische Kraft, die sie alle körperlichen und seelischen Leiden vergessen läßt, solange sie vor Publikum stehen.

In jedem Sommer kam Joséphine noch einmal nach London. Sie wohnte wie üblich im Savoy und gab jede Nacht zwei Vorstellungen im Palladium. Ich ging mit drei Freunden zusammen hin, denn wir wollten sie einfach einmal gesehen haben, obwohl wir nicht damit rechneten, daß die Legende noch immer lebendig sein würde. In der ersten Hälfte erzählten irgendwelche Komödianten uralte Witze, eine Rockband zerriß uns fast das Trommelfell und das »Schwarze Theater aus Prag« führte ein Schattenballett auf. Die Band spielte ein heiseres Medley von Pariser Songs, und als dann Joséphine auf zehn Zentimeter hohen Plateausohlen die Bühne betrat und drei lange taubenblaue Straußenfedern über ihrem Turban wippten, entfuhr vielen Zuschauern – genau wie mir – ein Jauchzer des Entzückens. Überall wurden die Operngläser wieder hervorgeholt, bis Joséphine mitten in der Vorstellung innehielt, mit dem Finger ins Publikum zeigte und sagte: »Oh, Madame, Sie erschrecken mich. Ja, Sie, die Sie da mit diesen kleinen Gläsern herumfummeln. Tun Sie das bitte nicht. Bewahren Sie sich Ihre Illusionen!« Sie sang ein altbewährtes Repertoire, doch als sie dann das Lied anstimmte, das die GIs und die britischen Soldaten während des Krieges in Nordafrika so gern gehört hatten, waren die Zuschauer plötzlich wie verzaubert: »Darling, je vous aime beaucoup.« Sie stieg ins Publikum hinab. »Sing ›Ram-pampam‹«, rief ihr jemand zu. »Kennen Sie das noch?« fragte Joséphine. »Ich habe es vergessen.« Am Ende der Vorstellung, als der Vorhang nach mehreren Zugaben zum letzten Mal fiel, blieb er auf einer Höhe von ungefähr einem Meter über dem Boden stehen, so daß man gerade noch Joséphines Beine sehen konnte, die einen schwungvollen Charleston aufs Parkett legten.

Im November sollte sie wieder bei der Royal Variety Show auftreten, doch zuvor stand noch eine Reise nach Südafrika auf dem Programm. Im Three Arts Theatre in Kapstadt gab es Bombendrohungen, doch Joséphine weigerte sich, das Theater während der Durchsuchung zu verlassen. Per Telephon gab sie einem Reporter in England ein Interview. »Die sind alle krank hier. Das Land erinnert mich an einen stinkenden Tümpel, der sich nicht bewegt und Malaria verursacht. Doch warum sollte ich davonlaufen? Viele Menschen hier sehen ganz genau, was um sie herum passiert, und laufen auch nicht davon. Warum sollte ich es also tun?«[18] Einige Jahre zuvor hatte Paul Tanfield berichtet, daß Joséphine, nachdem ihr die Einreise nach Südafrika mehrmals verweigert worden war, angeboten hatte, als Dienstmädchen dort zu arbeiten, um hautnah mitzuerleben, unter welchen Bedingungen die schwarze Bevölkerung dort lebte, »und den Vereinten Nationen anschließend Bericht zu erstatten«.[19] Bei ihrer Tournee im Jahre 1974 hatte sie für ihre Auftritte gemischtes Publikum verlangt, aber das war natürlich unmöglich, und die Tournee endete mit Streit und feindseligen Pressenotizen.

Die Revue von Monte Carlo war so erfolgreich gewesen, daß sich auch Sponsoren für Paris fanden. Joséphine wäre gern an den Folies-Bergère oder im Casino de Paris aufgetreten, aber am Ende fiel die Entscheidung für das Bobino im Quartier Montparnasse. Es war eine echte alte Pariser Music-Hall (die inzwischen abgerissen wurde) mit einer Wandelhalle im rückwärtigen Teil für Stehplatzinhaber und Leute, die während der Show etwas trinken wollten.

Im Bobino hatte man schon alle erdenklichen Formen von Theater gesehen.

Joséphine probte den ganzen Winter für ihre Pariser Premiere. Seit der *Revue Nègre* waren fünfzig Jahre vergangen. Jahre, in denen sich so vieles verändert hatte. Als Joséphine, Louis Douglas, Spencer Williams und ihre Zeitgenossen Anfang der zwanziger Jahre auf die Bühne traten, waren sie etwas ganz Besonderes. Im Sommer 1975 sang Grace Bumbry, die großartige Primadonna – die wie Joséphine aus St. Louis stammte – die Titelrolle in einer Neuinszenierung von Dukas' *Ariane und Blaubart* an der Oper: Die schwarzen Musiker aus Amerika hatten endgültig ihren Weg zu den Bühnen der Welt gefunden.

»Joséphine« eröffnete mit mehreren Probevorstellungen: Es stellte sich bald heraus, daß die Show ein Volltreffer war, und das Bobino buchte drei Monate im voraus. Für ihre Monte Carlo-Eröffnungsszene war Joséphine ganz in Weiß im Stil der Jahrhundertwende gekleidet. Im Laufe der Vorstellung war sie dann noch in einem brasilianischen Karnevalskleid, in einem Charleston-Rock, einer Motorradausrüstung, einer Luftwaffenuniform und schließlich in einem zechinenbesetzten Body-Stocking zu sehen, der den Blick auf ihre noch immer unglaublich jugendliche Figur freigab. Sie sang Lieder von Sissle und Blake, Gershwin, Kern und Porter, vier Titel aus *Paris Qui Remue,* den 1949-Folies und *Paris mes Amours:* Es hieß, sie würde auch die Maria Stuart-Nummer bringen, aber das war leider nur ein Gerücht. Am Ende sang sie halb singend und halb flüsternd ein neues Lied: »Paris-Paname«, das mit »J'ai Deux Amours« und »Paris, mes Amours« ein Chanson-Trio bildete, das exakt auf Joséphine zugeschnitten war, um der Stadt, die fünfzig Jahre lang ihre geistige Heimat gewesen war, ein Ständchen zu bringen.

Am 8. April fand eine Galavorstellung statt, bei der alle Freunde und Kollegen von Joséphine anwesend waren: die Rainiers, Sophia Loren, Jeanne Moreau und Alain Delon. Der französische Staatspräsident Giscard d'Estaing schickte ein Telegramm, das Jean-Claude Brialy auf der Bühne verlas:

In Anerkennung Ihres grenzenlosen Talents und im Namen eines dankbaren Frankreich, dessen Herz so oft mit dem Ihren geschlagen hat, sende ich Ihnen, liebe Joséphine, zu diesem goldenen Geburtstag die besten Wünsche. Paris feiert mit Ihnen.

Anschließend fand im Hotel Bristol eine Party für 300 Leute statt. Am nächsten Abend trat Joséphine wieder vor ausverkauftem Haus auf, und danach ging sie mit Mitgliedern des Ensembles ganz gemütlich in einem Restaurant gegenüber dem Theater essen.

Obwohl sie noch nicht einmal neunundsechzig war, stand sie bereits seit fünfundfünfzig Jahren auf der Bühne. Unzählige Male hatte sie schon Charleston getanzt, »J'ai Deux Amours« und »En Avril à Paris« gesungen. Es hieß, nach dieser Galavorstellung habe sie gesagt: »Maintenant je peux mourir.« Doch das waren nicht ihre letzten Worte. Als sie das Restaurant verließ, winkte sie zum Abschied und sagte: »Nächste Station London, Freunde. Und dann . . . New York!«[20] Sie wollte sich dem Kampf mit Amerika noch einmal stellen: Obwohl die Auftritte von 1973 und 1974 noch gar nicht lange zurücklagen, richtete Joséphine ihr Augenmerk schon wieder auf die nächste Amerikatournee.

Als Marcel Sauvage sie 1927 nach ihren Zukunftsplänen gefragt hatte, war Joséphine, damals einundzwanzig Jahre alt, sich ganz sicher gewesen: »Ich werde mein ganzes Leben lang tanzen. Ich bin zum Tanzen geboren, nur dafür. Leben ist Tanz, und auch sterben möchte ich am liebsten völlig erschöpft und außer Atem am Ende eines Tanzes.«[21]

Joséphine ging nach Hause in die Avenue Paul Doumer, wo alle Zimmer voller Blumen standen und auf dem Bett lauter Zeitungen und Illustrierte mit begeisterten Kritiken lagen. Sie ging schlafen, erlitt in der Nacht einen Herzanfall und fiel ins Koma. Was bedeuteten sie jetzt noch, die Federn, die Bananen, die Medaillen – nichts als alte Zeitungsausschnitte, die schon gelb wurden?

Tot, tot, tot: Pepito Abatinos Nichte Lélia, die extra aus Italien zu der Gala angereist war, versuchte sie aufzuwecken, doch es war vergebens. Sie wurde ins Salpêtrière Hospital gebracht. In Roquebrune erfuhr Margaret erst durch die Fernsehnachrichten vom Zustand ihrer Schwester. Vor Jahren hatte sie mit Joséphine einmal ausgemacht, daß sie sofort kommen würden, egal wohin, falls einer von ihnen etwas zustoßen sollte. Margaret nahm das nächste Flugzeug nach Paris. Bei der Ankunft konnte ihr zuerst niemand sagen, wo Joséphine war. Als sie zum Krankenhaus gelangte, kam auch Fürstin Gracia gerade durch die Hintertür herein, um den Reportern zu entgehen. Kurz darauf wurde Joséphines Tod bekanntgegeben. Die Fürstin äußerte sich vor der Presse: »Alle, die sie geliebt haben – wie ich auch – sollten wissen, daß sie in den letzten Jahren ihres Lebens sehr glücklich war.«

Joséphine bekam ein echtes Staatsbegräbnis in der Madeleine mit 21 Salutschüssen – die einzige gebürtige Amerikanerin, der je in Frankreich diese Ehre zuteil wurde. Tausende von Menschen säumten die Straßen und bevölkerten den Platz, um ihr Lebewohl zu sagen. Alain Weill schrieb: »All ihre bekannten und auch unbekannten Freunde erwiesen ihr die letzte Ehre. Alle wußten, daß mit ihr der letzte Star unserer wunderbaren Music-Hall gestorben war.«[22]

Bei einem Gedenkgottesdienst in der New Yorker St. Malachy's Church in der West 49th Street hielt Rosetta Lenoire eine Lobrede:

Sie starb nicht an gebrochenem Herzen oder am Ende ihrer Kräfte wie so viele andere große Künstler. Sie starb im Triumph, eine Frau von beinahe 70, die seit ihrer Jugend offensichtlich nichts an Stimme, Figur oder Lebenskraft eingebüßt hatte und ihr angeschlagenes Herz mit den Herzen ihrer begeisterten Zuschauer verband, die sie in ihrem geliebten Paris wieder willkommen hießen.[23]

In einer Zusammenfassung ihres Lebens sagt Jean-Claude heute: »Wenn man all die Dinge in Betracht zieht, die sie getan hat, und wie sie in ihrer Jugend war, und wie wir sie später kennengelernt haben, ist es schwierig, sie als ein und dieselbe Person zu sehen. Und ich glaube, nur so kann man sie verstehen. Sie betrachtete sich *selbst* auch nicht einfach nur als Schwarze oder Weiße. Sie war keine Französin, aber eine richtige Amerikanerin war sie auch nicht. Sie empfand sich selbst nicht als schön oder häßlich. Sie war alles und nichts zu gleicher Zeit. Darin liegt für mich die Erklärung, warum sie so viele verschiedene Dinge ausprobieren und verwirklichen konnte.«[24] Seiner Stimme ist das Bedauern anzumerken, daß es ihnen nie möglich war, solche Dinge zu diskutieren, als sie noch lebte. »Sie war ein Mensch, der zu viel Liebe in sich trug. Sie war *maladroite.* Sie konnte ihre Liebe nicht weitergeben.«[25] Am Ende war es für sie einfacher, Liebe zu geben und zu empfangen, wenn es sich um Tausende von Zuschauern handelte, und nicht um ein oder zwei – oder zwölf – Einzelwesen. Doch zu der Zeit, als Les Milandes verkauft wurde, schrieb sie:

Meine Kinder sind der lebende Beweis dafür, daß unser Ideal der Brüderlichkeit erfolgreich verwirklicht wurde. Ich habe meinen Frieden gefunden und bin jetzt sogar noch überzeugter als vorher, daß ich mich auf dem richtigen Weg zu menschlicher Würde und Eintracht befinde. Das Zeichen, das meine Kinder gesetzt haben, ist nicht nur richtig, sondern auch notwendig für die Zukunft und für all diejenigen, die nicht glauben wollen, daß es möglich ist. Ich habe jetzt zwar kein Geld mehr – aber was hat das mit unseren Idealen zu tun? Wenn ich sterbe, kann ich mein Geld sowieso nicht mitnehmen.[26]

Als ich eines Abends mit Jean-Claude auf der Terrasse der Closerie des Lilas in Paris bei einem Drink saß, fragte ich ihn, ob bei all dem Auf und Ab in ihrer Familie Joséphines Wunschtraum denn seiner Meinung nach wenigstens in Erfüllung gegangen sei: Ob sie andere Menschen unabhängig von Rasse, Hautfarbe und Religion akzeptieren könnten.

»Ja«, sagte er, »ich glaube, das können wir.«

Ein schöneres Denkmal hätte man Joséphine Baker, der Tochter von Eddie Carson und Carrie MacDonald, nicht setzen können.

Nach der Zwangsversteige-
rung ihres Besitzes wurde
Joséphine 1969 aus Les
Milandes vertrieben. Später
schrieb sie an Hurford-Janes:
»Jetzt weiß ich, wie trostlos
die Welt ist. Es wird alles
einfach so hingenommen,
nichts ist unmöglich, und ich
merke, daß es für Leute, die
so denken wie Du und ich,
einfach keinen Platz gibt –
die Welt ist schlecht, korrupt
und respektlos.«

Um Geld aufzutreiben,
zelebrierte sie am 27. März in
einem Cabaret im La
Goulue-Chez Joséphine ihre
»Wiederauferstehung« und
feierte den Erfolg später mit
Anna Magnani und anderen.

Ein begeisterter Zuschauer überreicht ihr ein Geschenk.
Im Hintergrund ihr Pianist Pierre Spiers. Auf ihrer Europatournee 1969/1970 lag ihr das Publikum zu Füßen.

Rechte Seite:
Joséphine feiert immer wieder neue Erfolge und begeistert
ihre zahlreichen Fans wie in alten Zeiten.

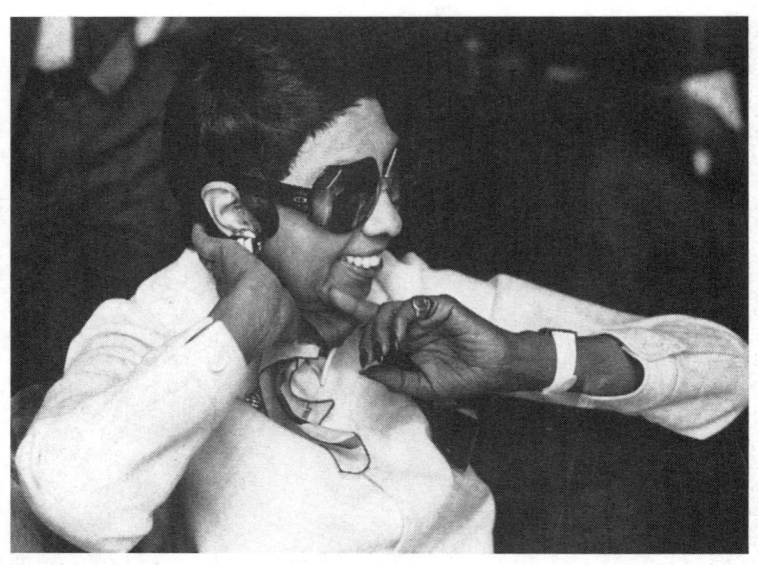

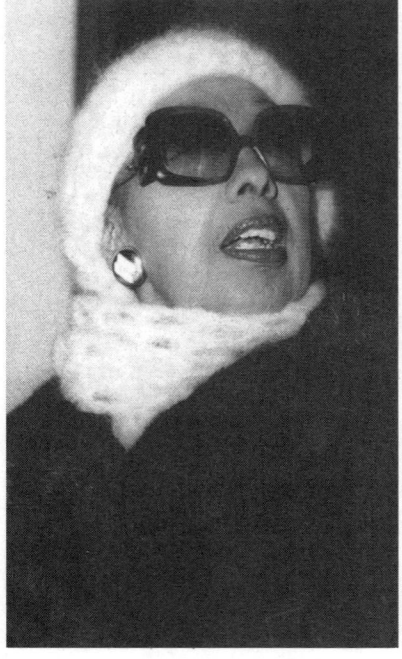

Oben: Auf einer Pressekonferenz vor ihrem Londoner
Auftritt im Palladium im
August 1974 – man beachte
die immer noch schönen,
ausdrucksvollen Hände.

Links: Die unvermeidliche
Sonnenbrille im Winter 1974,
als sie ihre letzten Vor-
stellungen in New York gab.

Rechte Seite:
Auf der Bühne im Palla-
dium. Die Kritiken waren
phantastisch, und im
November kehrte Joséphine
mit Perry Como zur Royal
Variety Performance zurück.

Zur Eröffnung des
zweiten Aktes der
Bobino-Revue
portraitierte Joséphine
das »Leben auf dem
Schloß« – ein Wunsch-
traum, der mit den
leidigen Finanz-
problemen von Les
Milandes nichts
gemein hatte.

Nach der Galavorstellung anläßlich ihres Geburtstags im
Bobino nahm Joséphine mit 300 Gästen an einem Empfang im
Hotel Bristol teil. Hier befindet sie sich in Begleitung von Jean-
Claude Brialy (links) und André Levasseur und wird von Sophia
Loren und Carlo Ponti begrüßt (oben).

Gleich wird Joséphine in Anwesenheit von Fürstin Gracia von
Monaco den Kuchen zur Feier ihres 50jährigen Pariser Bühnen-
jubiläums anschneiden.

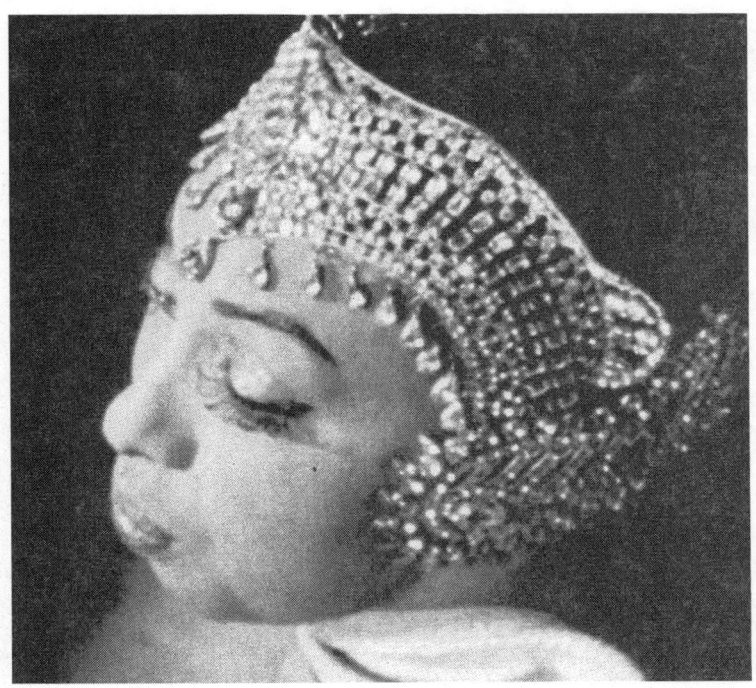

Die Begräbnisprozession für Joséphine Baker begann am Salpêtrière Hospital und ging am Bobino Theater vorbei zur Madeleine, wo Tausende von Menschen schon darauf warteten, ihr die letzte Ehre erweisen zu dürfen. Die riesigen Blumengebinde wurden später auf Pariser Denkmäler und Gedenkstätten für die Opfer des Krieges verteilt. »Ich mag es nicht, wenn Menschen gegeneinander kämpfen. Ich mag es einfach nicht. Wir verlieren nur unsere Zeit, wenn wir gegeneinander kämpfen, anstatt uns zu vereinen. Warum verschwenden wir unsere Zeit und versuchen immer, verschiedener Meinung zu sein? Ich wußte, daß ich etwas tun wollte, und kam auf die Idee, Kinder zu vereinen. Das wäre der erste Schritt. Denn wenn Kinder wie Brüder und Schwestern zusammenleben können, warum sollten Erwachsene es dann nicht auch können? ... Ist es nicht sonderbar, daß man Zusammenmenleben erst lernen muß?«
– Joséphine Baker

ANHANG

Anmerkungen

Ausführlichere bibliographische Einzelheiten entnehmen Sie bitte der Bibliographie. JB I–V bezieht sich auf die dort erwähnten fünf Bände von Joséphine Bakers Memoiren.

Kapitel 1

1 Baudelaire, *Les Fleurs du Mal* (übertragen von Carlo Schmid, Insel Verlag):

Zögt, Herrin, Ihr ins echte Land von Sieg und Kranz,
Zum Strand der Seine oder zu der Loire Grün,
Ihr schön genug zu höhn der alten Schlösser Glanz,

Da würden wohl durch Euch im Schein von Silbermonden
Viel tausend Lieder in der Dichter Herzen blühn,
Die Euren Augen mehr als Eure Neger fronten.

2 JB I, S. 52.
3 Tom Fletcher, *100 Years of the Negro in Show Business.*
4 JB V, S. 19.
5 JB V, S. 19.
6 JB III, S. 31.
7 JB I, S. 47.
8 JB V, S. 27.
9 Dotson Rader, »Down, But Not Out At The Palace«, *Esquire,* Juni 1974, S. 80.
10 Elliot M. Rudwick, *Race Riot at East St Louis, July 2 1917.*
11 JB V, S. 17.
12 JB III, S. 22.
13 W. C. Handy, *Blues,* Einleitung.
14 Lynn Haney, *Naked at the Feast,* S. 25.
15 Lynne Fauley Emery, *Black Dance in the United States from 1619 to 1970.*
16 JB V, S. 31.
17 JB V, S. 34.
18 JB III, S. 79.

19 »Chicago Man Says he is Mate Josephine Baker Forgot«, *Afro-American*, 22. Dezember 1934.
20 Orrin Evans, »Josephine Baker's Philadelphia Days«, *Sunday Bulletin*, Philadelphia, 23. Februar 1964.

Kapitel 2

1 Bruce Kellner, *The Harlem Renaissance*.
2 Henry T. Sampson, *Blacks in Blackface – A Source Book on Early Black Musical Shows*.
3 *Dance Magazine*, September 1927.
4 Marshall und Jean Stearnes, *Jazz Dance*.
5 Interview des Autors mit Elisabeth Welch, 1986.
6 Channel 13 – Fernsehinterview, 1977.
7 Interview mit Joséphine Baker von Timeri Murari, *Guardian*, 26. August 1974.
8 Gilbert Seldes, »Shake Your Feet«, *New Republic*, 11. April 1925.
9 Interview mit Alberta Hunter von Chris Albertson, 1975, aufgenommen für das Center for Jazz Studies, Rutgers University.

Kapitel 3

1 *Dance Magazine*, September 1927.
2 Interview mit Josephine Baker im *New Yorker*, Februar 1974.
3 JB I, S. 72.
4 Interview mit Spencer Williams, 1950, aus dem Archiv des Centers for Jazz Studies, Rutgers University.
5 Warren Vache, Sr, »I Would Do Anything For You – The Story of Claude Hopkins«, *The Mississippi Rag*, Februar–April 1986.
6 Interview mit Alberta Hunter von Chris Albertson, 1975, aufgenommen für das Center for Jazz Studies, Rutgers University.
7 JB V, S. 61.
8 JB V, S. 65.
9 Jack D. Flam, *Matisse on Art*, Phaidon, London, 1972.
10 W. C. Handy, *Blues*.
11 Zitat von Paul Achard in JB V, S. 67
12 Janet Flanner, *Paris Was Yesterday*, S. XX.

Kapitel 4

1 Pierre de Regnier, *Candide*, Oktober 1925.
2 Robert de Flers, *La Semaine Dramatique*, 16. November 1925.
3 Henri Jeanson, »Le Petit Nègre contre l'art nègre«, 1925.

4   Interview mit Damia, archiviert in der Collection Rondel, Bibliothèque de l'Arsenal, Paris.
5   Jean Cocteau, »Tours de Chant« in *Paris Qui Chante,* 1. März 1939.
6   André Beucler, The Last of The Bohemians, NY 1954.
7   Warren Vache, Sr, »I Would Do Anything For You – The Story of Claude Hopkins«, *The Mississippi Rag,* Februar–April 1986.
8   Ibid.
9   JB I, S. 98.
10 Harry Graf Kessler, *Tagebücher 1918–1937* (alle Zitate von Kessler stammen aus seinen veröffentlichten Tagebüchern).
11 Ibid.
12 Ibid.
13 Vache, op. cit.
14 JB I, S. 105.

Kapitel 5

1   e. e. cummings, in *Vanity Fair,* September 1926.
2   JB III, S. 109.
3   JB I, S. 89.
4   Elizabeth Kendall, *Where She Danced,* 1979.
5   Isadora Duncan, *My Life (Die Memoiren der Tänzerin Isadora Duncan),* 1969.
6   Interview des Autors mit Arletty, 1983.
7   A. E. Hotchner, *Papa Hemingway.*
8   Dotson Rader, »Down, But Not Out At The Palace«, *Esquire,* Juni 1974, S. 80.
9   Langston Hughes, *The Big Sea,* S. 179.
10 Bricktop, *Bricktop,* S. 107.
11 Interview des Autors mit Elisabeth Welch, 1986.
12 JB IV, S. 193.
13 Bricktop, op. cit., S. 109.
14 JB V, S. 88.

Kapitel 6

1   *Vogue,* Juni 1927.
2   Luis Buñuel, *My Last Breath,* S. 90f.
3   William Bolcom und Robert Kimball, *Reminiscing with Sissle and Blake,* Viking, New York, 1973.
4   Pierre Loiselet, »Paris la Nuit«, *Le Soir,* 30. Januar 1927.

5   Charles Odet, »Une Nuit chez la Vénus Noire«, *Candide,* 19.
6   André Rivollet, »Conférence sur le phonographe«, Université des Annales, 3. April 1930.
7   Fenton Bresler, *The Mystery of Georges Simenon.*
8   »A Salute to Alexander Calder«, MOMA, NY, 1970.
9   Dotson Rader, »Down, But Not Out At The Palace«, *Esquire,* Juni 1974.
10   *The Alice B. Toklas Cookbook,* Anchor Books, 1960, S. 127.
11   Gertrude Stein, *Useful Knowledge,* Payson & Clarke, New York, 1928, S. 60.
12   Paul Groenendijk, *Adolf Loos huis voor Josephine Baker,* S. 30.

Kapitel 7

1   Christopher Isherwood, *Christopher and His Kind,* Farrar, Straus & Giroux, New York, 1976, S. 29.
2   Louise Brooks, *Lulu in Hollywood,* Knopf, New York, 1982, S. 97.
3   Interview des Autora mit Lea Seidl, 1983.
4   JB II, S. 108.
5   JB II, S. 125.
6   Le Corbusier, *Der Modulor,* übersetzt von Richard Herre, Stuttgart, J. G. Cotta, 1953.
7   JB II, S. 109.
8   Brassai, *The Artists of My Life,* aus dem Französischen ins Englische übersetzt von Richard Miller, Thames & Hudson, 1982, S. 84.

Kapitel 8

1   JB IV, S. 208.
2   André Négis, »Vincent Scotto«, *Le Feu,* No. 104, Dezember 1913.
3   Vincent Scotto, *Souvenirs de Paris.*
4   Ibid.
5   *Le Petit Provençal,* 25. Oktober 1931.
6   Zeitungsausschnitt unbekannten Ursprungs vom 21. Januar 1934, Collection Rondel, Bibliothèque de l'Arsenal, Paris.
7   Dotson Rader, »Down, But Not Out At The Palace«, *Esquire,* Juni 1974.
8   Konzert in der Carnegie Hall, 1973.
9   Bricktop, *Bricktop,* S. 186.
10   Billie Holiday, *Lady Sings The Blues,* Doubleday, Garden City, NY, 1956, S. 87.
11   Paul Derval, *The Folies Bergère,* S. 95.
12   Louis Beydts et al, *L'Impromptu de Neuilly,* La Table Ronde, Paris, 1952, S. 43.

Kapitel 9

1 *Vanity Fair*, Januar 1935.
2 Vernon Duke, *Passport to Paris*.
3 Vincente Minelli, *I Remember It Well*, Angus & Robertson, London, 1974.
4 Robert Baral, *Revue*.
5 *Variety*, 1936.
6 Interview mit Artie Shaw im BBC-Fernsehen, 1984.

Kapitel 10

1 Colette, *La Jumelle Noire*, S. 351.
2 *The Advocate*, 1982.
3 JB IV, S. 269.
4 Jeffrey P. Green, »Spencer Williams: Composer«, *Storyville*, No. 123, Februar–März 1986.
5 JB IV, S. 270.

Kapitel 11

1 Jacques Abtey, *La Guerre Secrète de Joséphine Baker*, S. 19.
2 Ibid, S. 43.
3 Ibid, S. 142.
4 Interview mit Joséphine Baker, archiviert im Center for Jazz Studies, Rutgers University.
5 Interview mit Sidney Williams in Christopher Rallings' TV-Dokumentation »Chasing A Rainbow«.
6 Interview mit Joséphine Baker, op. cit.
7 Brief ohne Datum von Hurford-Janes (c. 1976), Beinecke Rare Book and Manuscript Library, Yale University.
8 Brief vom 11. Mai 1949 von Hurford-Janes an Josephine Baker.
9 Interview des Autors mit Bernard Ledwidge, 1987.
10 Marguérite Duras, *La Douleur*, S. 101.

Kapitel 12

1 Pressemitteilung von The Netherlands Information Bureau, 10 Rockefeller Plaza, New York, 2. Februar 1945.
2 JB V, S. 223.
3 JB V, S. 224.

4   Leighla Whipper, »Jo Baker Returns to New York«, *People's Voice*, 1. Januar 1948.
5   Ruth Beckford, *Katherine Dunham – a biography*.
6   Ibid.
7   Bericht unbekannten Ursprungs aus dem Archiv der Gumby Collection, Columbia University.
8   »Josephine Baker Turns Lecturer and Wows Them«, *New York Post*, 24. Juni 1951.

Kapitel 13

1   Aufzeichnung einer Radiosendung, veröffentlicht von Sincopado Atlantic, 1977.
2   Kopie des Kommissionsberichts aus dem Archiv des Schomburg Centers, NYPL.
3   Nicht identifiziertes Interview aus dem Archiv des Performing Arts Research Centers der New Yorker Public Library im Lincoln Center.
4   *Atlantic Monthly*, Dezember 1964.
5   Gespräch des Autors mit Alfredo Arias, 1987.
6   Bericht vom 20. November 1952.
7   Gespräch des Autors mit Charles Sinnickson, 1987.
8   *Marseille Matin*, Oktober 1931, Interview mit Hélène Saurel.
9   JB V, S. 229.
10 Cocteaus Rede, abgedruckt im Olympia-Programm, 10. April 1956.

Kapitel 14

1   Interview des Autors mit Brian Bouillon-Baker, Juni 1987.
2   Jo Bouillon in *France Dimanche*, 16. Januar 1958.
3   Joséphine Baker in *France Dimanche*, 9. Juni 1958.
4   Gespräch des Autors mit Brian Bouillon-Baker, November 1987.
5   James Egan, »Joséphine Baker Chez Elle«, *Atlantic Monthly*, Dezember 1964.
6   Interview des Autors mit Brian Bouillon-Baker, Juni 1987.
7   Ibid.
8   Interview des Autors mit Jean-Claude Bouillon-Baker, Juni 1987.
9   Ibid.
10 Interview mit Marianne Zinzen, Channel 4 TV, 1986.
11 Interview vom Juni 1987.
12 Janet Flanner, *Paris Journal*, 1944–1965.
13 Janet Flanner, *Darlinghissima*.
14 Stephen Papich, *Remembering Josephine*.

15   Interview vom Juni 1987.
16   Gespräch des Autors mit Brian Bouillon-Baker, November 1987.
17   Langston Hughes, *Arna Bontemps-Langston Hughes Letters*.
18   Interview in *The National Observer*, 1964, aus dem Archiv des Schomburg Centers, NYPL.
19   JB V, S. 369.
20   JB V, S. 329.
21   Interview in *The National Observer*, 1964, aus dem Archiv des Schomburg Centers, NYPL.
22   Nicht identifiziertes Interview in der Bibliothèque de l'Arsenal, Paris, aus dem Jahre 1964.
23   Geoffrey Holder, Zitat aus Don George, *The Real Duke Ellington*.
24   Interview vom Juni 1987.
25   Ibid.
26   Ernestine Carter, »The Two Faces of Joséphine Baker«, *Sunday Times*, 1967.
27   Interview vom Juni 1987.
28   Joséphine Baker, »Declaration for the World Press«, 22. September 1968.
29   Interview vom Juni 1987.

Kapitel 15

1   Interview des Autors mit Brian Bouillon-Baker, Juni 1987.
2   *France Soir*, 24. Januar 1969.
3   Brief von JB an Hurford-Janes, veröffentlicht im Sotheby's Katalog, 15. Dezember 1987.
4   Nicht identifiziertes Interview aus dem Archiv des Performing Arts Research Centers der New York Public Library im Lincoln Center.
5   Gespräch des Autors mit Jean-Claude Bouillon-Baker, November 1987.
6   Gespräch des Autors mit Brian Bouillon-Baker, November 1987.
7   Timeri Murari Interview im *Guardian*, 1974.
8   Paris UPI, 14. März 1965.
9   Gespräch des Autors mit Brian Bouillon-Baker, November 1987.
10 Anmerkung im Programmheft zu Joséphines Auftritt in Los Angeles, 1973.
11 Tennessee Williams, *Memoirs*, Doubleday, New York, 1975.
12 *Chicago Sunday Times*, 13. September 1970.
13 *New York Times*, Buchbesprechung, 12. Dezember 1976.
14 Dotson Rader, »Down, But Not Out At The Palace«, *Esquire*, Juni 1974.
15 Interview mit Jean-Claude Bouillon-Baker, Channel 4 TV, 1986
16 *New Yorker*, Februar 1974.

17 Gespräch des Autors mit Jean-Claude Bouillon-Baker, November 1987.

18 Interview mit Joséphine Baker, *Radio Times*, 21. November 1974.

19 Paul Tanfield, *Daily Mail*, Dezember 1959.

20 JB V, S. 402.

21 JB I, S. 149.

22 Alain Weill, *Folies Bergère*, Images Graphiques, New York, 1977, S. 16.

23 Kopie der Lobrede aus dem Archiv des Performing Arts Research Centers der New York Public Library im Lincoln Center.

24 Gespräch des Autors mit Jean-Claude Bouillon-Baker, Dezember 1987.

25 Interview des Autors mit Jean-Claude Bouillon-Baker, Juni 1987.

26 Joséphine Baker, »Declaration for the World Press«, 22. September 1968.

Bibliographie

Abatino, Pepito *Joséphine Baker vue par la Presse Française*, éditions Isis, Paris, 1931
– *Mon Sang dans tes Veines*, Éditions Isis, Paris, 1931
Abtey, Jacques *La Guerre Secrète de Joséphine Baker*, Éditions Siboney, Paris, 1948
Anderson, Jervis *This Was Harlem*, Farrar Straus Giroux, New York, 1982
(Anon.) *Schwarz auf Weiss… und Joséphine Baker*, Katalog des Österreichischen Theatermuseums, Wien, 1980
Apollonio, Umbro *Futurist Manifestos*, Thames and Hudson, London, 1973
Astruc, Gabriel *Le Pavillon des Fantômes*, Bernard Grasset, Paris, 1929
Baker, Joséphine *Les Mémoires de Joséphine Baker*, Kra, Paris 1927 (JB I)
– *Voyages et Aventures de Joséphine Baker*, mit Marcel Sauvage, 1931 (JB II)
– *Une Vie de Toutes les Couleurs – souvenirs presentés par André Rivollet*, B. Arthaus, Grenoble, 1935 (JB III)
– *Les Mémoires de Joséphine Baker recueillis et adaptés par Marcel Sauvage*, Corrêa, Paris, 1949 (JB IV)
– *La Tribu Arc-en-Ciel* (mit Jo Bouillon, illustriert von Piet Worm), Opera Mundi, Paris, 1957
– *Joséphine* (mit Jo Bouillon, unter Mitarbeit von Jacqueline Cartier), Robert Laffont, Paris, 1976 (JB V)
Balanchine, George *Choreography, A Catalogue of Works*, Viking, New York, 1984
Baral, Robert *Revue – A Nostalgic Reprise of the Great Broadway Period*, Fleet Publishing, New York, 1962
Basie, Count *Good Morning Blues* (nach Interviews mit Albert Murray), Heinemann, London, 1985
Beauvoir, Simone de *In den besten Jahren* (übersetzt von Rolf Soellner), Rowohlt, Reinbek, 1961
Bechet, Sidney *Treat It Gentle*, Twayne Publishers und Cassell & Co., New York, 1960
Beckford, Ruth *Katherine Dunham – a biography*, Marcel Dekker, New York, 1979
Bodeen, de Witt und Ringgold, Gene *Chevalier – The Films and Career of Maurice Chevalier*, Citadel Press, Secaucus, N. J., 1973

Bolcom, William und Kimball, Robert *Reminiscing with Sissle and Blake*, Viking, New York, 1973

Bresler, Fenton *The Mystery of Georges Simenon*, Heinemann, London, 1983

Bricktop, *Bricktop* (mit Jim Haskins), Atheneum, New York, 1983

Brunschwig, Chantal, Calvet, Louis-Jean und Klein, Jean-Claude *100 ans de Chanson Française*, Éditions du Seuil, Paris, 1972

Buñuel, Luis *Mon dernier Soupir*, Paris: Laffont, 1982, Collection »Vécu«.

Calder, Alexander *An Autobiography with Pictures*, Pantheon Books, New York, 1977

Champsaur, Félicien *Nora La Guenon devenue femme*, Ferenczi et fils, Paris, 1929

Chevalier, Maurice *Tempes Grises*, René Julliard, Paris, 1948

Cocteau, Jean *La Comtesse de Noailles Oui et Non*, Librairie Académique Perrin, Paris, 1963

Colette *La Jumelle Noire – Critique dramatique*, Oeuvres Complètes de Colette, Flammarion, Paris 1949

Crosland, Margaret *Piaf*, Hodder & Stoughton, London, 1985

Cunard, Nancy *Negro*, Wishart & Co., London, 1934

Daix, Pierre *Aragon une vie à changer*, Éditions du Seuil, Paris, 1975

Damase, Jacques *Les Folies du Music-Hall*, Éditions »Spectacles«, Paris, 1960

Delaroche, Robert und Bellair, François *Marie Dubas*, Candeau, Paris, 1980

Derval, Paul *Folies-Bergère*, éditions de Paris, 1954

Duke, Vernon *Passport to Paris*, Little, Brown & Co., Boston, 1955

Duncan, David Douglas *Picasso's Picassos*, Macmillan, London, 1961

Duras, Marguérite *The War: A Memoir*, Pantheon Books, New York, 1986. (In London 1986 bei Collins unter dem Titel *La Douleur* verlegt.)

Emery, Lynne Fauley *Black Dance in the United States from 1619 to 1970*, National Press Books, Palo Alto, Kalifornien, 1972

Erismann, Guy *Histoire de la Chanson*, Pierre Waleffe, Paris, 1967

Farnsworth, Marjorie *The Ziegfield Follies*, Peter Davies, London, 1956

Ferber, Christian *Die Dame*, Ullstein Verlag, Berlin, 1980

Flanner, Janet *Paris Journal 1944–1965* (herausgegeben von William Shawn), Atheneum, New York, 1965

– *Paris Was Yesterday*, Viking, New York, 1972

– *Darlinghissima: Letters to a Friend*, (herausgegeben mit Kommentar von Natalia Danesi Murray), Random House, New York, 1985

Fletcher, Tom *100 Years of the Negro in Show Business*, Burdge & Co., New York, 1954

Fox, Ted *Showtime at the Apollo*, Holt, Rinehart & Winston, New York, 1983

Gajdusek, Roberte *Hemingway's Paris*, Charles Scribner's Sons, New York, 1978

Garnier, Guillaume, Villien, Bruno U. A. *Pierre Balmain 40 ans de Création*, Musée de la Mode et du Costume, Paris, 1985

Garnier, Guillaume U.A. *Paris Couture – Années Trente,* Musée de la Mode et du Costume, Paris, 1987

George, Don *The Real Duke Ellington,* Robson Books, London, 1982

Georges-Michel, Michel *Nuits d'Actrices,* éditions de France, Paris, 1933

Gershwin, Ira *Lyrics on Several Occasions,* Omnibus Press, London, 1978

Gill, Brendan *Tallulah,* Michael Joseph, London, 1973

Goffin, Robert *Aux Frontières du Jazz* (Vorwort von Pierre MacOrlan), Éditions Sagittaire, Paris, 1932

Groenendijk, Paul U. A. *Adolf Loos huis voor Joséphine Baker,* Rotterdam, 1985

Guild, Leo *Joséphine Baker,* Holloway House, Los Angeles, 1976

Handy, D. Antoinette *Black Women in American Bands & Orchestras,* Scarecrow Press, Metuchen, N. J., 1981

Haney, Lynn *Naked at the Feast – A Biography of Josephine Baker,* Robson Books, London, 1981

Haskins, Jim *The Cotton Club,* Robson Books, London, 1985

Hélian, Jacques *Les Grands Orchestres de Music-Hall en France,* Filipacchi, Paris, 1984

Hotchner, A. E. *Papa Hemingway,* Random House, New York, 1966

Hughes, Langston *The Big Sea,* Alfred A. Knopf, New York, 1940

– *I Wonder as I Wander,* Rinehart, New York, 1956

– *Black Magic* (mit Milton Meltzer), Prentice Hall, Englewood Cliffs, N. J., 1967

– *Arna Bontemps-Langston Hughes Letters 1925–1967* (ausgewählt und herausgegeben von Charles H. Nichols), Dodd, Mead & Co., New York, 1980

– *The Ways of White Folks,* Alfred A. Knopf, New York, 1934

Jacques-Charles *La Revue de ma Vie,* Arthème Fayard, Paris, 1958

– *Cents ans de Music-Hall,* Éditions Jéhéber, Genf, Paris, 1956

Katkov, Norman *The Fabulous Fanny – The Story of Fanny Brice,* Alfred A. Knopf, New York, 1953

Kellner, Bruce *The Harlem Renaissance – a Historical Dictionary for the Era,* Greenwood Press, Westport, 1984

– *Keep A-Inchin' Along – Selected Writings of Carl Van Vechten about Black Art and Letters,* Greenwood Press, Westport, 1979

Kessler, Harry *Tagebücher 1918–1937,* Insel, Frankfurt/Main, 1961

Klurfeld, Herman *Winchell, His Life and Times,* Praeger, New York, 1976

Kriegel-Valrimont, Maurice *La Libération,* éditions de Minuit, Paris, 1964

Kühn, Dieter *Josephine,* Suhrkamp, Frankfurt, 1976

Langeron, Roger *Paris Juin 1940,* Flammarion, Paris, 1946

Le Boterf, Hervé *La Vie Parisienne sous l'Occupation,* éditions France Empire, Paris, 1974

Le Corbusier *Sketchbooks,* Thames & Hudson, London, 1981

Ledwidge, Bernard *De Gaulle,* Weidenfeld & Nicolson, London, 1982

Leslie, Peter *A Hard Act to Follow*, Paddington Press, London, 1978

Lipman, Jean *Calder's Universe*, Viking Press, New York, 1976

Lord, Tom *Clarence Williams*, Storyville Publications, Chigwell, Essex, 1976

McWilliams, Wilson Carey *The Idea of Fraternity in America*, University of California Press, Berkeley, 1973

Mapp, Edward *Directory of Blacks in the Performing Arts*, Scarecrow Press, Metuchen, N. J., 1978

Mollica, Vincenzo und Di Tano, Beppino *Chez Josephine: Omaggio a Josephine Baker*, Katalog von Taormina Arte, Editori del Grifo, Montepulciano, Italien, 1987

Morand, Paul *Magie Noire*, Bernard Grasset. Paris, 1928

Noël, Édouard und Stoullig, Edmond *Les Annales du Théâtre et de la Musique*, Charpentier, Paris, 1876

Noguères, Henri *Histoire de la Résistance en France de 1940 à 1945*, Robert Laffont, Paris, 1967

Padgette, Paul *The Dance Photography of Carl Van Vechten*, Schirmer Books, New York, 1971

Papich, Stephen *Remembering Josephine*, Bobbs-Merrill, New York, 1976

Patterson, Lindsay (Herausgeber) *Anthology of the American Negro in the Theatre, A Critical Approach*, Publishers Co., New York, 1967

Peter, Frank-Manuel *Valeska Gert*, Fröhlich & Kaufmann, Berin, 1985

Poiret, Paul *My First Years* (aus dem Französischen ins Englische übersetzt von Stephen Haden Guest), Victor Gollancz, London, 1931

Prasteau, Jean *La Merveilleuse Aventure du Casino de Paris*, Denoël, Paris, 1975

Préjan, Albert *The Sky and the Stars* (aus dem Französischen ins Englische übersetzt von Virginia Graham), Harvill Press, London, 1956

Rose, Al *Eubie Blake*, Schirmer Books, New York, 1979

Rossiter, Margaret L. *Women in the Resistance*, Praeger Special Studies, New York, 1986

Rudwick, Elliott M. *Race Riot at East St Louis, July 2, 1917*, Southern Illinois University Press, Carbondale, 1964

Sampson, Henry T. *Blacks in Blackface – A Source Book on Early Black Musical Shows*, Scarecrow Press, Metuchen, N. J., 1980

Sauvage, Marcel *Voyages et Aventures de Joséphine Baker*, M. Séheur, Paris, 1931

Scotto, Vincent *Souvenirs de Paris*, éditions S. T. A. E. L., Toulouse, 1947

Serge *Histoire du Music-Hall*, éditions de Paris, Paris, 1954

Sperr, Monika (Herausgeberin) *Das Große Schlager-Buch: Deutsche Schlager 1800–Heute*, Rogner & Bernhard, München, 1978

Stearns, Marshall und Jean *Jazz Dance – The Story of American Vernacular Dance*, Schirmer Books, New York, 1962

Stein, Charles W. (Herausgeber) *American Vaudeville as seen by its Contemporaries*, Alfred A. Knopf, New York, 1984

Traubner, Richard *Operetta*, Victor Gollancz, London, 1984

Vache, Warren, Sr »I Would Do Anything For You – The Story of Claude Hopkins«, *The Mississippi Rag*, Feb.–April 1986

Verne, Maurice *Les Amuseurs de Paris*, éditions de France, Paris, 1932

– *Aux Usines de Plaisir*, éditions des Portiques, Paris, 1933

Waters, Ethel *His Eye is on the Sparrow*, W. H. Allen, London, 1951

Wolff, Charles *Répertoire Critique du Phonographe*, Bernard Grasset, Paris, 1929

Diskographie

Diese Diskographie ist der Versuch einer Zusammenstellung aller offiziell aufgenommenen Joséphine Baker-Songs zwischen 1926 und 1975, wobei auch diverse Raritäten berücksichtigt wurden – auch das gesprochene Wort. In Frankreich erschien der Großteil ihrer Produktion anfänglich bei vier Schallplattenfirmen: Odéon, Columbia, Pacific und RCA. Später arbeitete sie gelegentlich auch mit anderen Firmen zusammen.

Die Angaben in dieser Diskographie beziehen sich jeweils nur auf das Originalformat, d. h. 78, 45 oder 33 Upm. Aus Platzgründen war es nicht möglich, auch noch all die Aufnahmen zu erwähnen, die später in einem anderen Format herausgebracht wurden. Ebenso mußten die zahlreichen Neuzusammenstellungen und Neuauflagen, die weltweit noch bis zur Fertigstellung dieses Buches erschienen, ausgeklammert werden. Wird ein Titel mehrfach erwähnt, so deutet dies, sofern nichts anderes vermerkt ist, auf eine völlig andere Version dieses Liedes hin.

Bei den 78 Upm-Schallplatten (vor allem von Odéon) ist es sehr gut möglich, daß in einigen Fällen verschiedene Aufnahmen von demselben Lied – mit derselben Katalognummer – gleichzeitig in Umlauf waren. Geringfügige Abweichungen in einigen Matrixnummern deuten darauf hin. Die Detailinformationen (Titel, Komponisten, etc.) entsprechen für gewöhnlich den Angaben auf der Originalplatte. In einigen Fällen kann die Schreibweise der Namen unterschiedlich sein.

Unseres Wissens ist dies die erste veröffentlichte Gesamtdiskographie aller Aufnahmen von Joséphine Baker.

Odéon-Schallplatten

Matrixnummer		Katalognummer

Begleitet von unbek. Jazzband. Aufgenommen in Paris, Dezember 1926

Ki 920	Who? (Jerome Kern)	49.170
Ki 921-2	That Certain Feeling (Gershwin)	49.171
Ki 922	Dinah (Harry Akst)	49.172
Ki 923	Sleepy Time Gal (Lorenzo Whiting)	49.173
Ki 924	I Wonder Where My Baby Is Tonight? (Walter Donaldson)	49.174
Ki 925	Bam Bam Bamy Shore (Ray Henderson)	49.175
Ki 926	I Want to Yodel (Spencer Williams)	49.180

Begleitet von unbekanntem Ukulelespieler. Dezember 1926

Ki 938	You're the only one for me (Monaco/Warren)	49.181
Ki 939	Feeling Kind of Blue (Wohlman/Ruby/Cooper)	(?)
(?)	Brown Eyes	(?)

Begleitet von unbekanntem Pianisten

Ki 957	I love my Baby (Warren-Green)	49.224
Ki 958	I found a new Baby (Jack Palmer-Spencer Williams)	49.227
Ki 959	Skeedle Um	49.227
Ki 960	Always (Irving Berlin)	49.224

Begleitet von Le Jacob's Jazz. Aufgenommen in Paris, Januar 1927

Ki 1177	Pretty Little Baby (Bernié)	166031
Ki 1178	Where'd you get those eyes? (Donaldson)	166031
Ki 1179	After I say I'm sorry (Donaldson/Abe Lyman)	166032
Ki 1180-2	Then I'll be happy (Cliff Friend/Sidney Clare / Lewe Brown)	166032
Ki 1181-2	Bye Bye Blackbird (Henderson-Dixon)	166033

Begleitet von Fray und Braggiotti (Pianoduett). Paris, Februar 1927

Ki 1241-2	Lonesome Lovesick Blues (Spencer Williams)	166040
Ki 1242-2	I Love Dancing (Spencer Williams)	166040

Begleitet von Le Jacob's Jazz. Aufgenommen in Paris, Februar 1927

Ki 1245	Breezing Along With The Breeze (Gillespie)	166041

Ki 1246-2	Hello Bluebird (Cliff Friend)	166041
Ki 1247	Blue Skies (Irving Berlin)	166042
Ki 1248	He's the Last Word (Donaldson)	166042
Ki 1249-2	I'm Leaving for Alabamy (Tony Town)	166033

Columbia-Schallplatten

Begleitet von Melodic-Jazz vom Casino de Paris, dirigiert von Edmond Mahieux. Aufgenommen in Paris, Juli 1930

WL-2508-1	La Petite Tonkinoise (Géo Koger/	
	Henri Varna/Vincent Scotto)	DF 229
WL-2509-1	Suppose! (Billy Dixon/J. Demon)	DF 230
WL-2510-1	Pretty Little Baby (Silvers/Baker & Bernie)	DF 230
WL-2511-2	J'ai Deux Amours (Géo Koger,	
	Henri Varna/Vincent Scotto)	DF 229
WL-2512-1	Voulez-vous de la Canne à Sucre?	
	(Léo Lelièvre/ H. Varna/Paddy)	DF 228
WL-2513-1	Dis-moi Joséphine? (Léo Lelièvre/	
	H. Varna & Marc Cab/Zerkowitz Bela)	DF 228
L 2791	Pardon si je t'importune	
	(H. Varna/ A. Bay & Marc Cab/Cesare Celani)	DF 406
L 2792	Aux Iles Hawaii (Pascal/Bastia)	DF 406
L 2793-1	Love is a Dreamer (S. H. Stept/B. Green)	DF 407
L 2794-1	King for a Day! (Lewis & Young/Ted Fiorito)	DF 407
WL 3236-2	My Fate is in your Hands (Andy Razaf/T. Waller)	DF 710
WL 3237-1	Confessin' (E. Reynolds/Al. J. Heiburg/D. Daugherty)	DF 710
WL 3238-1	You're Driving me Crazy! (Donaldson)	DF 709
WL 3239-2	You're the One I Care For	
	(Harry Link/Bert Lown & Chauncey Gray)	DF 709
WL 3285-1	Madiana (Maiotte Almaby)	DF 711
WL 3286-1	Mon Rêve c'était vous (A. Bay & J. Reale/J. Grant)	DF 711

Begleitet von ihrem eigenen Orchester, Paris, November 1932

CL-4081-1	Si j'étais blanche (H. Varna/L. Lelièvre/L. Falk)	DF 1070
CL 4082-1	Sans Amour (A. Farel/Charles Borel-Clerc)	DF 1071
CL 4083-1	Les Mots d'Amour	
	(H. Varna/Pierre Paul Fournier/Virgilio Ranzato)	DF 1070
CL 4084-1	Ram-Pam-Pam (J. H. Tranchant/A. de Vita)	DF 1071

Das obige Stück ist ein Trio mit Jacques Pills und Georges Tabet
Alle vier o. g. Lieder stammen aus der Revue *La Joie de Paris* am Casino de Paris

Begleitet von Studioorchester, Paris, Februar 1933

| CL 4218-4 | Sans Amour (A. Farel/Borel-Clerc) | DF 1180 |
| CL 4219-1 | Si j'étais blanche (H. Varna/L. Lelièvre/L. Falk) | DF 1180 |

Paris, März 1933
CL 4264-1	Madiana (Maiotte Almaby)	DF 1192
CL 4265-1	Les Mots d'Amour	
	(H. Varna/Pierre Paul Fournier/Virgilio Ranzato)	DF 1192

Begleitet von le Jazz du Poste-Parisien, unter der Leitung von Al Romans, Paris, November 1934

| CL 5099-1 | C'est lui (R. Bernstein/Georges Van Perys) | DF 1623 |
| CL 5100-1 | Haiti (G. Koger-Audiffred/Vincent Scotto) | DF 1623 |

Die beiden o. g. Titel entstammen dem Film *Zou Zou*

Begleitet von den Comedian Harmonists (Männerstimmensextett) und Erwin Bootz am Piano, Paris, August 1935

CL 5462-1	Sous le Ciel d'Afrique	
	(André de Badet/Jacques Dallin)	DF 1814
CL 5463-1	Espabilate (Riancho/Grenet)	DF 1814

Der erste der beiden o. g. Titel stammt aus dem Film *Princess Tam Tam*

Paris, Ende 1936

Begleitet von Orchester unter Leitung von John Ellsworth

CL 5919-1	Partir sur un Bateau tout blanc	
	(P. de Rose/M. Hermite)	DF 2027
CL 5920-1	Nuit d'Alger (M. Hermite/Larrieu)	DF 2026
CL 5921-1	Doudou (Pothier & Hermite/Pipon & Hermite)	DF 2026
CL 5922-1	Nuits de Miami (Joe Burke/Nita Corelli)	DF 2027

Alle o. g. Titel stammen aus der Revue *En Super Folies* an den Folies-Bergère

Begleitet von The Lecuona Cuban Boys, Paris, November 1936

| CL 5973-1 | Mayari (Armando Oréfiche/André de Badet) | BF 30 |
| CL 5974-1 | La Conga Blicoti (Armando Oréfiche/André de Badet) | BF 30 |

Begleitet von Wal Berg und seinem Orchester, Paris, März 1937

CL 6116-1	Vous faites partie de moi	
	(I've got you under my skin) (Cole Porter)	DF 2130
CL 6117-2	C'est si facile de vous aimer	
	(Easy to love) (Cole Porter)	DF 2130

CL 6118-1	C'est un Nid charmant (There's a small hotel)	
	(Rogers & Hart/Louis Hennève & L. Palex)	DF 2116
CL 6119-1	Toc-Toc Partout (Charyls/Vandaue)	DF 2116

Begleitet von Wal Berg und seinem Orchester, Paris, November 1937

CL 6432-1	Comme une Banque	
	(Nacie Herb Brown & Jean Féline)	DF 2263
CL 6433-1	I'm Feelin' Like a Million (Französische und	
	englische Version desselben Liedes von	
	N. H. Brown, Arr. Wal Berg)	DB 1743
CL 6434-1	J'ai un Message pour toi	
	(Jean Féline/ Kaper & Jurmann)	DF 2275
CL 6435-1	A Message from the Man in the Moon	
	(Französische und englische Version desselben	
	Liedes von Kahn, Kaper & Jurmann)	DB 1743
CL 6436-1	J'attends votre Retour (Gordon & Revel/Jean Féline)	DF 2293
CL 6445-1	Afraid to Dream	DB 1742
CL 6446-1	J'ai peur de rêver (Französische Version des o. g.	
	englischen Titels von Gordon & Revel/J. Féline)	DF 2263
CL 6447-1	Bonsoir my love (Gordon & Revel/	
	H. Lemarchand & J. Monteux)	DF 2275
CL 6448-1	The Loveliness of You (Gordon & Revel)	DB 1742
CL 6449-1	Plus tard (Henri Lemarchand/Browning & Starr)	DF 2293

Begleitet von Wal Berg und seinem Orchester, Paris, Januar 1939

| CL 6995-1 | Sur Deux Notes (Paul Misraki) | DF 2576 |
| CL 6996-1 | De Temps en Temps (André Hornez/Paul Misraki) | DF 2576 |

Paris, 1930 – 40

CL 7202-1	O Mon Tommy (Betore/Joe Bridge)	DF 2682
CL 7203-1	Mon Coeur est un Oiseau des Iles	
	(G. Koger/H. Varna/Marc Cab/V. Scotto)	DF 2682
CL 7204-1	London Town (W. Thomas/L. Lelièvre/Wal Berg)	DF 2692
CL 7205-1	Tout n'est qu'un Chant d'Amour	
	(Marc Cab-H. Varna/Gonzalo-Curiel)	DF 2691
CL 7206-1	Tu reverras les Beaux Jours	
	(Marc Cab/H. Varna/Canaro)	DF 2691
CL 7207-1	(a) If You were the only Girl in the World	
	(Nat. D. Ayer); (b) It's a Long Way to Tipperary	
	(Jack Judge & Harry Williams)	DF 2692

Begleitet von Jo Bouillon und seinem Orchester, Paris 1944/45

CL 7958-1	Zoubida (J. H. Tranchant/J. Tranchant)	DF 3003
CL 7959-1	L'Amour est un Jeu (J. H. Tranchant/J. Tranchant)	DF 3003
CL 7960-1	Besame Mucho (S. Skylar/C. Velasquez)	DF 3002
CL 7961-1	Brazil (B. Russel/A. Barroso/Rodriguez)	DF 3002

Pacific-Schallplatten

Begleitet von Jo Bouillon und seinem Orchester, Paris 1949

AI 0981-1	Minuit (Georges Tabet/Lull Michaelli/ Musique Jo Bouillon und Pierre Guillermin)	Pacific 3283
AI 0982-3	Bahiana (G. Negrette/D. Caynni)	Pacific 3284
AI 0983-1	Revoir Paris (A. Hornez/J. Mareuil/A. Lara)	Pacific 3283
AI 0984-2	Olele Olela (A. Hornez/M. Salina/J. Bouillon)	Pacific 3284
AI 1034-1	Paris, Paris (Georges Tabet/Augustin Lara)	Pacific 3298
AI 1035-2	Boneca de Pixe (Luiz Iglezlas/Ary Barroso)	Pacific 3300
AI 1036-2	Te Voyo Benn (Roger Lucchesi/Bruno Bidoli)	Pacific 3300
AI 1037	Romance aux Etoiles (Jacques Larne/Orlando de la Rosa)	Pacific 3298
AI 1187-4	Sérénade Céleste (Georges und André Tabet/G. Fiorelli/M. Ruccione)	Pacific 3391
AI 1188	You're the Greatest Love (Jimmy [Loverman] Davis/Jo Bouillon/Pierre Guillermin)	Pacific 3392
AI 1189-2	Pecadora (Jacques Darue/Augustin Lara)	Pacific 3391
AI 1190	Princess sans Amour (Pierre Larrieu)	Pacific 3392

Alle o. g. Titel stammen aus der Revue *Féeries et Folies* an den Folies-Bergère

BU 048	Peg de Mon Coeur (René Nazelles/ Alfred Bryan/Fred Fisher, Arr. Jo Bouillon)	Pacific 3522
BU 049-M-1	Chiquita Madame (Paul Misraki/Joao Dobarro, Arr. Misraki)	Pacific 3523
BU 050	Y a pas trois Moyens (Paul Misraki)	Pacific 3522
BU 051-M-1	Santa Chiara (Michele Galdieri/ Alberto Barberis)	Pacific 3523

Columbia Schallplatten

Begleitet von Jo Bouillon und seinem Orchester, Paris, 1953

| CL 9476 | J'ai Deux Amours | BF 573 |
| CL 9478 | La Petite Tonkinoise | BF 573 |

Diese zwei Neuaufnahmen ihrer größten Erfolge aus *Paris Qui Remue* wurden gleichzeitig mit ihrer ersten Langspielplatte gemacht: Diese Ausgabe war anscheinend Joséphines letzte 78 Upm-Schallplatte.

JOSÉPHINE BAKER DIE REGENBOGENKINDER: Die Regenbogen-
kinder (Kreuder-Schwabach), Dans Mon Village (Lopez); Don't Touch My
Tomato (Bouillon), Quand on s'aime (Bartek), Peter Kreuder und sein
Orchester, Deutsch, Bertelsmann 76666.

L'ARLESIENNE (Alphonse Daudet-Georges Bizet): Joséphine Baker als
Rose Mamaï (Sprechrolle). Conseil de Famille; Etre Mère c'est l'Enfer. Mit
R. Pizani, P. Mirat & Hubert Noel. Französisch, RCA 76.591 S (erschienen
1962).

GALA DES VARIÉTÉS: Auswahl mit Sidney Bechet, Carmen Amaya Trou-
pe, Jean Sablon, Lena Horne usw. Joséphine Baker singt Come Prima –
begleitet von Jo Duval & seinem Orchester. Französisch, Vargal Gala des
Variétés G 101/102. (Doppelalbum).

UNE SOIRÉE AVEC . . . JOSÉPHINE BAKER: Mon Manège à moi (Glanzberg-Constantin), Souvenir d'Italie (Luttazzi-Scarmicci-Tarabusi); Tomatoes (Dullard), Mélodie perdue (Giraud-Broussole), On The Street Where
You Live (Loewe-Lerner). Jo Duval und sein Orchester. Französisch, Vargal Gala des Variétés G. 103. (Titel 1 und 3 schon vorher erschienen).

LEND YOUR EAR (Willy Andresson-Erik Bye). Skandinavisch, EMI 006-
39076 –Single 45 Upm, eine Seite nur Joséphine Baker (erschienen 1973).

33 UPM-Schallplatten   (* Ohne Zuordnung)

10'' LPs

JOSÉPHINE BAKER: Ma Tonkinoise* (Henri Christine-Vincent Scotto),
Sur Deux Notes (Paul Mistraki), C'est lui (Roger Bernstein-Georges Van
Parys), J'ai Deux Amours (Geo Roger & Henri Varna-Vincent Scotto); Piel
Canela (Henry Lemarchand-Bobby Capo), J'ai lu dans les Étoiles (Henry
Lemarchand-Augustin Lara), Dans Mon Village (Henry Lemarchand-
Francis Lopez), C'est ça le vrai Bonheur (Esto es Felicidad) (Henry Lemar-
chand-O. de la Rosa: B. Collazo-C. Menandez). Jo Bouillon & sein Orche-
ster. Französisch, Columbia 33 FS 1023 (erschienen 1953).

JOSÉPHINE BAKER PARIS MES AMOURS: Paris Mes Amours (André
Hornez-Bruno Coquatrix & Henri Betti), Moi »Io« (Jacques Larue-Domini-
co Modugno) Avec (André Hornez-Henri Betti & Bruno Coquatrix), Terre
Sèche (H. Barroso-A. Bossy); Donnez-moi la Main (André Hornez-Margue-
rite Monnot), Je voudrais (A. Salvet-R. Berthier & Bruno Coquatrix), Don't
Touch My Tomatoes (Henry Lemarchand-Jo Bouillon). Orchester unter der
Leitung von Jo Bouillion. Französisch, RCA 130.101 (Mono), 140.001 (Ste-
reo) (erschienen 1959).

JOSÉPHINE BAKER DE BONHEUR: Le Marchand de Bonheur (Calvet-Broussolle), La Seine (Parsons-Momod-Lafarge), Mon p'tit Bonhomme (Maireve-Revel), J'attendrai (Rastelli-Poterat-Olivieri), Sonny Boy (Henderson-De Sylva-Brown-Al Jolson), La Ballade des Rues de Paris (Lemarchand-Trianda-Bouillon), Clopin-Clopant (Whitney-Kramer-Dudan-Coquatrix), Sag Beim Abschied Leise »Servus« (Lengsfelder-Hilm-Kreuder). Orchesterleitung Jo Bouillon. Französisch, RCA 130.104 (erschienen 1959).

*Titel eins und vier auf dieser Schallplatte gibt es auch als 78 Upm, BF 573 in unserer Diskographie.

12" LPs

THIS IS PARIS: In Teil II (Seite 2) spricht Joséphine über einige bekannte Sehenswürdigkeiten und Lieder von Paris und stellt mehrere französische Kabarettkünstler vor, indem sie Auszüge entsprechender Lieder aus deren Repertoire vorträgt. Bei diesem Album spendete Vox Productions Inc. den Verkaufserlös für die Waisenkinder der Französischen Widerstandsbewegung im Zweiten Weltkrieg. American Vox, PL 7170 (erschienen 1951).

JOSÉPHINE BAKER CHANTE L'AMOUR: Ma Petite Tonkinoise (Scotto-Christine-Lascombe), Mon Manège à moi (Glanzberg-Constantin), Sonny Boy (Jolson-De Sylva-Brown-Henderson), Je pars (Craft-Bonifay), J'attendrai (Oliviera-Poterat), Night and Day (Porter), Tomatoes (Dullard), Mon Coeur (*), Voilà Paris (Morino-Pierre), In My Solitude (Ellington-Mills-Lang), Ni Toi ni Moi (Micheyl); Begin The Beguine (Porter), Parlez-moi d'Amour (Lenoir). Jo Duval und sein Orchester. Französisch, Concert Hall SPS 1219 (erschienen ca. 1962).

JOSÉPHINE CHANTE PARIS: J'ai Deux Amours (Vincent Scotto), Ça c'est Paris (L. Boyer-Jacques Charles-Padilla), Sous les Ponts de Paris (Rodor-Scotto), Mon Paris (L. Boyer-J. Boyer-Scotto), C'est Paris (A. Willlemetz-M. Yvain); En avril à Paris (Charles Trenet), April In Paris (Vernon-Duke), Sous les Toits de Paris (Nazelles-Moretti), La Romance de Paris (Charles Trenet), Fleur de Paris (Vandair-Bourtayre). Zusätzlich 6 Instrumentalstücke nur mit Chor. Französisch, RCA 430.058 (Mono), 440.009 (Stereo) (erschienen 1961).

JOSÉPHINE BAKER AT TIVOLI: Avec (Henri Betti & Bruno Coquatrix-A. Hornez), Make Believe (Kern & Hammerstein II), You Are My Lucky Star (N. H. Brown-A. Freed), Quand tu m'embrasses (Aznavour-E. Barclay), Quando, Quando, Quando (Tony Renis), La Seine (Lafarge-F. Monod); Hello, Young Lovers (Rodgers-Hammerstein), Bill (Kern & Hammerstein II), Enamorada (Augusto Alguerro-Leon Arias Rafael), I've Got A Feeling

You're Fooling (N. H. Brown-A. Freed), La Novia (J. Prieto), Je pars (Morton Craft & Selma Craft). Orchester dirigiert von Otto Lington. Dänisch, Metronome MLP 15133 (erschienen 1963).

JOSEPHINE DE NEW YORK A PARIS – ENREGISTREMENT PUBLIC A L'OLYMPIA: Paris Mes Amours (Coquatrix-Betti-Hornez), Quand tu m'embrasses (Aznavour), Quando, Quando (T. Renis-Rouzard), Don't Touch My Tomatoes (Bouillon-Lemarchand-Barclay), Mélodie perdue (H. Giraud-J. Broussolle); En Avril à Paris (Trenet), April In Paris (Vernon-Duke), Enamorada (R. De Leon-A. Alguero), Hava Naguila (Belafonte-Lorin), Bateau blanc (G. Bécaud-Vidalin), Dans Mon Village (Lopez-Lemarchand). Orchester: Daniel Janin. Französisch, RCA 430.164 S (erschienen 1964).

JOSEPHINE BAKER – OLYMPIA PALMARES DES CHANSONS: J'ai Deux Amours (V. Scotto & Geo Koger-H. Varna), La Petite Tonkinoise (V. Scotto & Christine-Villard), Piel Canela (Bobby Capo-Henry Lemarchand), Dans Mon Village (Fr. Lopez-H. Lemarchand), Avec (B. Coquatrix-A. Hornez & H. Betti), Paris Mes Amours (B. Coquatrix-A. Hornez & H. Betti); Clopin-Clopant (Whitney & Kramer-B. Coquatric & P. Dudan), Demain (Una Casa in Cima al Mondo) (P. Donaggio-Pallavicini, Bearbeitung J. C. Annoux & R. Valade), Quand je pense à ça (P. Spiers-R. Desbois), La Vie en rose (Louiguy-E. Piaf), Hello Dolly (J. Herman-J. Herman, Bearbeitung P. Delanoe). Die letzten vier Titel wurden 1968 neu aufgenommen – Orchester unter der Leitung von Pierre Spiers. (Alle anderen Titel wurden schon vorher veröffentlicht.) Französisch, Columbia CCTXHS 240.684 (erschienen 1968).

JOSÉPHINE BAKER RECORDED LIVE AT CARNEGIE HALL: Einführung von Bricktop, People (J. Styne-B. Merrill), Sourire (P. Spiers), Avec (B. Coquatrix-H. Hornez & H. Betti), Si me faltas tu (Manzanero), It's Impossible (Wayne Manzanero), J'ai Deux Amours (V. Scotto & Geo Koger-H. Varna); Melodie und Ansage von Bricktop, On The Street Where You Live/I Could Have Danced All Night (Loewe-Lerner), Demain (P. Donaggio-Pallavicini, Bearbeitung J. C. Annoux & R. Valade); Anekdoten aus Joséphines Leben, Hello Young Lovers (Rodgers-Hammerstein), Potpourri-Memory Lane: When You're Smiling (Larry Shay-M. Fisher-J. Goodwin), I'm Just Wild About Harry (Noble Sissle-Eubie Blake-A. von Tilzer), Love Will Find A Way (Sissle-Blake), Stormy Weather (Harold Arlen), There's An Island in The West Indies (I. Gershwin-V. Duke), Begin The Beguine (Cole Porter), Tea For Two (Caesar-Youmans), Honeysuckle Rose (A. Razaf-Waller), I'm A Little Blackbird (*), California Here I Come (Meyer-De Sylva-Jolson), The Man I Love (Gershwin), Bill (Kern-Hammerstein II), When You're Smiling (Wiederholung); The Times (they) are A-Changin' (Dylan), La Vie en rose (Louiguy-E. Piaf); My Sweet Lord (George Harri-

347

son), My Way (Anka-François-Reyaux-Thibault). Musikalische Leitung Karl Hampton Porter. Amerikanisch, ohne Label, JB-001 (Doppelalbum) – Aufgenommen von Tele General Studios, Inc. (erschienen 1973).

JOSÉPHINE A BOBINO 1975: *Joséphine Baker singt* Me Revoilà Paris (D. Revel), La Couleur des Yeux (F. Botton), Monte Carlo (H. Contet-A. Barelli-H. Astric), Sonny Boy (Al Jolson-De Silva-Brown-Henderson); When You're Smiling (L. Shay-M. Fisher-J. Goodwin), I'm Just Wild About Harry (N. Sissle-E. Blake-A. von Tilzer), Love Will Find A Way (N. Sissle-E. Blake), Stormy Weather (Arlen), Begin The Beguine (C. Porter), California Here I Come (Meyer-De Sylva-Jolson), Tea For Two (Caesar-Youmans), Honeysuckle Rose (Razaf-Waller), Old Man River (Kern), The Man I Love (Gershwin), Bill (Kern), There's No Business Like Show Business (I. Berlin); J'ai Deux Amours (H. Varna-V. Scotto-Koger), Dites-moi Joséphine (Lelièvre-Varna-M. Cab-Zerkovitz-Bela), Voulez-vous de la Canne à Sucre? (H. Varna-Lelièvre-Paddy), La Petite Tonkinoise (Henri Christine-Vincent Scotto), Paris Mes Amours (A. Hornez-B. Coquatrix); Coin de Rue (C. Trenet), La Vie en rose (Louiguy-E. Piaf), Parlez-moi d'Amour (J. Lenoir), La Seine (G. Lafarge), C'est si bon (H. Betti), Sourire à la Vie (P. Spiers), My Yiddishe Momme (J. Yellen-L. Pollack), Donnez-moi la Main (M. Monnot-A. Hornez), New Yorker-Broadway-Chicago (F. Botton); Baia (Aribarroso), Si me faltas tu (Manzanero), Vivre (Bécaud-Delanoe), Paris-Paname (F. Lopez-D. Ringold). Französisch, Festival FLD 643 (Doppelalbum) (erschienen 1975).

THE THIRTIES' GIRL: *Raritäten aus Radiosendungen der dreißiger Jahre, Joséphine Baker* singt Time Was *und* Dream Ship. Amerikanisch, Totem Records 1026 (erschienen 1977).

GERTRUDE NIESEN & JOSEPHINE BAKER: *Livesendungen im Radio. Joséphine Baker singt* Bonjour From Gay Paree (J'ai lu dans les Étoiles), Down In Cuba Town (Esto es Felicidad), There's Just One Way to Love (Y a pas trois moyens), J'ai Deux Amours, Sketch mit Tallulah Bankhead, Bonjour From Your Gay Paree (Wiederholung), Esto es Felicidad (Wiederholung), J'ai Deux Amours (Wiederholung). Amerikanisch, Sincopado Atlantic JBGN 078 (erschienen 1977).

Unveröffentlicht

LA JAMAIQUE/BERCEUSE: Diese zwei Titel aus *La Créole* wurden wahrscheinlich 1934 von der französischen Columbia aufgenommen, dann aber nicht herausgebracht/veröffentlicht (Matrixnummern CL 5231/CL 5232)

348

C'EST VOUS/PARIS CHERI: Diese zwei Titel (von Henri Varna & Marc Cab/V. Scotto) wurden anscheinend 1944 von der französischen Columbia aufgenommen, um als 78 Upm-Schallplatte zu erscheinen. Sie blieben jedoch unveröffentlicht bis »Paris cheri« 1975 in die LP-Zusammenstellung *50 ans de Chansons* mitaufgenommen wurde. »C'est vous« wurde nicht veröffentlicht (Matrixnummer CL 7957).

Danksagung

Für die Genehmigung zur Wiedergabe von Bildern möchten die Autoren und Verleger an dieser Stelle ihren Dank aussprechen: aus dem Besitz von James Abee – S. 54 unten; AGIP Robert Cohen, Paris – Seiten 207, 289, 312, 320, 321 oben; BBC Enterprises, London – S. 166 oben; Jane Bown – S. 316 oben; Casino de Paris – Seite 161; Editions Choudens, Paris – S. 172 oben & unten; Bernard Delfont Ltd. – S. 168 oben & unten; EMI Music, London – Seiten 227 unten (von einer Photographie von Studio Harcourt, Paris); éditions Max Eschig, Paris – Seiten 105, 222 (Zeichnung von Charles Kiffer, © ADAGP, Paris und DACS, London 1988); Friedhelm von Estorff – S. 316 unten; Folies-Bergère, Paris – Seiten 91, 98/99, 103, 104 oben, 217 links (Poster von Michel Gyarmathy, Photo freundlicherweise von Poster Auctions International Inc., New York), 217 rechts (Bild von Jean-Gabriel Domergue © DACS 1988); *France-Dimanche* –S. 268; J. Paul Getty Museum, Santa Monica – S. 57 (Photo von Baron Adolphe de Meyer); International Magazine Service, Stockholm – Seiten 230, 231 oben & unten (Ahlens & Akerlunds Archives), 286 unten (Photo von Jan Ehnemark), 286 oben und 287 (Photos von Gösta Glase), 321 oben & unten (Ahlens & Akerlunds Archives), 323 (Photo von Roland Andersson); Jours de France – S. 279 oben; Keystone Collection, London – Seiten 233, 236 (Photo freundlicherweise von Michael Everson), 283 oben & unten; Keystone, Paris – Seiten 155, 158 oben, 165 oben rechts, 169; Kippa, Amsterdam – S. 314; aus dem Besitz von Osbert Lancester – S. 153; Serge Lido – Seiten 220, 221, 232; Life Picture Service, New York – S. 271 (Photo von Alfred Eisenstaedt/*Life*, © Time Inc. 1951); Musée National d'Art Moderne, Centre Georges Pompidou, Paris – S. 85 (Drahtskulptur von Alexandre Calder, © ADAGP, Paris und DACS, London 1988), National Archives, Washington – Seiten 101 oben (Photonummer 306-NT-66970), 118 (Photonummer 306-NT-51180), 235 unten (Photonummer 306-NT-9A-Y); Théâtre de l'Olympia, Paris – Seiten 272 oben; *Paris Match* – Seiten 282; Pathé Cinéma – Seiten 170, 171 oben & unten, Phillips Collection, Washington – S. 72 rechts (Zeichnung von André Dunoyer de Segonzac, © DACS 1988); Pictorial Press, London – Seite 279 unten; *Point de Vue* – Seite 274 oben rechts; Popperfoto, London – S. 285; Press Association, London – S. 291 unten; Pressens Bild, Stockholm – Seite 288; David Redfern, London – S. 317; Rex Features, London – S. 322; Roger-Violett, Paris – Seiten 58/59, 157 unten, 159, 163 oben, 216, 223, 226

Musik-/Revuetheater, Night-Clubs

Revuen, Filme, Musicals

Kursiv gedruckte Seitenzahlen verweisen auf Abbildungen

Chansons, Lieder

Kursiv gedruckte Seitenzahlen verweisen auf Abbildungen

Personenregister

Kursiv gedruckte Seitenzahlen verweisen auf Abbildungen

361

HEYNE BIOGRAPHIEN

**Biographien
zum Thema
Zeitgeschichte**

12/197

12/211

12/193

12/139

12/109

12/23

12/15

12/48

── **Wilhelm Heyne Verlag München** ──

HEYNE BIOGRAPHIEN

Das literarische Bild der Frau

HEYNE BIOGRAPHIEN

H. F. Peters
LOU ANDREAS SALOME
Das Leben einer außergewöhnlichen Frau

12/8

HEYNE BIOGRAPHIEN

Karen Monson
ALMA MAHLER-WERFEL
Die unbezähmbare Muse

12/129

HEYNE BIOGRAPHIEN

Ruth Jordan
GEORGE SAND
Die große Liebende

12/47

HEYNE BIOGRAPHIEN

Lisa Appignanesi
SIMONE DE BEAUVOIR
Eine Frau, die die Welt veränderte

12/184

HEYNE BIOGRAPHIEN

Mary Lavater-Sloman
ANNETTE VON DROSTE-HÜLSHOFF
Einsamkeit und Leidenschaft

12/77

HEYNE BIOGRAPHIEN

Jakob Hessing
ELSE LASKER-SCHÜLER
Ein Leben zwischen Bohème und Exil

12/156

HEYNE BIOGRAPHIEN

Janet Morgan
AGATHA CHRISTIE
Das Leben einer Schriftstellerin – spannend wie einer ihrer Romane

12/167

HEYNE BIOGRAPHIEN

Jürgen Klein
VIRGINIA WOOLF
Genie – Tragik – Emanzipation
Originalausgabe

12/114

— **Wilhelm Heyne Verlag München** —

Heyne Sachbuch

Frauen im Islam

Erfahrungsberichte und Schicksale –
authentisch erzählt

19/2008

19/106

01/8196

19/176

19/175

19/2009

Wilhelm Heyne Verlag München

HEYNE SACHBUCH

Neues Bewußtsein –
Neue Realitäten –
Neues Leben

19/173

19/49

19/83

19/1

19/95

19/70

19/19

19/63

Wilhelm Heyne Verlag München